oekom

ClimatePartner°
klimaneutral
Verlag | ID: 128-50040-1010-1082

CO_2-Emissionen vermeiden, reduzieren, kompensieren – nach diesem Grundsatz handelt der oekom verlag. Unvermeidbare Emissionen kompensiert der Verlag durch Investitionen in ein Gold-Standard-Projekt. Mehr Informationen finden Sie unter www.oekom.de.

Bibliografische Information der Deutschen Nationalbibliothek: Die Deutsche Nationalbibliothek verzeichnet diese Publikation in der Deutschen Nationalbibliografie; detaillierte bibliografische Daten sind im Internet über http://dnb.d-nb.de abrufbar.

Gesellschaft für ökologische Kommunikation mbH,
Waltherstraße 29, 80337 München

Lektorat: Uta Ruge
Korrektorat: Maike Specht
Umschlaggestaltung: www.buero-jorge-schmidt.de
Grundgestaltung & Illustrationen:
Carsten Abelbeck Konzept & Design, München
Satz: Reihs Satzstudio, Lohmar
Druck: CPI books GmbH, Leck

Dieses Buch wurde auf FSC-zertifiziertem Recyclingpapier und auf Papier aus anderen kontrollierten Quellen gedruckt. Circleoffset Premium White, geliefert von Igepagroup, ein Produkt der Arjo Wiggins.

ISBN 978-3-86581-706-8

FSC
www.fsc.org
MIX
Papier aus verantwortungsvollen Quellen
FSC® C083411

KARLHEINZ A. GEISSLER
JONAS GEISSLER

Time is honey

Vom klugen Umgang mit der Zeit

Inhalt

Es ist an der Zeit

Es ist an der Zeit

Das Leben ist eine Reise: Zwischen Anfang und Ende liegt das, was wir »Zeit« nennen. Gibt es einen wichtigeren Grund, sich mit dieser treuesten aller Freundinnen zu befassen? Der Umgang mit Zeit ist wie kein anderes Tun zum Gegenstand von Hinweisen und Ratschlägen sowie Lebens- und Spruchweisheiten geworden: »Morgenstund hat Gold im Mund«, »Eile mit Weile«, »Spare in der Zeit, dann hast du in der Not«, »Die Zeit heilt alle Wunden« und so weiter und so fort. Doch brauchen wir diese »Weisheiten«, diese Ratschläge wirklich? Hin und wieder hat man den Eindruck, dass es zuweilen sinnvoller und besser wäre, nicht den abgenutzten »Sprüchen« und »Weisheiten« zu folgen, sondern sich erst einmal ein wenig zu entspannen.

Zeit ist für uns in den allermeisten Fällen gleichbedeutend mit Zeitmangel. Da geht's uns nicht anders als Kurt Tucholsky, der sich 1919 (!) in einem Brief an seine Freundin Mary beklagt: »… dieses Tempo, diese irrsinnige preußische Art, sich das Leben kaputtzumachen – und ohne Sinn! Und ohne Zweck und Ziel! Anderswo wird auch gearbeitet, und sicherlich so intensiv wie bei uns – aber man macht nicht solchen Salat daraus.«

Doch nicht nur das Tempo ist verrückt – oft ist es auch das, was wir gegen den Zeitdruck und den Zeitmangel tun. Wir sparen und verknappen das, von dem wir angeblich ohnehin zu wenig haben. Das ist verwirrend und widersprüchlich. Dass wir ohne Zeit nicht leben können, ist evident, fast aber sieht es so aus, als könnten wir es *mit* ihr auch nicht so richtig. Klagen die einen (die meisten) über zu wenig Zeit, so beschweren sich andere über zu viel. Mit der zur Verfügung stehenden Zeit zufrieden scheinen jedenfalls die wenigsten zu sein. Ach ja, die Zeit, sie ist ein sonderbares Ding! Wirklich?

Nein, denn es ist nicht die Zeit, die sonderbar ist, die Menschen sind es. Denn wir könnten alles auch ganz anders machen, wir müssten es nur *tun*, wir müssten den Mut haben, etwas auszuprobieren, und sei es auch noch so ungewöhnlich. Leisten könnten wir es uns, denn wir haben genug Zeit dafür. Wir leben länger als jemals zuvor in der Geschichte der Menschheit – statistisch gesehen jedenfalls. Die Lebenserwartung war noch nie so hoch wie heute. In Deutschland liegt sie derzeit bei rund 80 Jahren und hat sich damit in den letzten 130 Jahren verdoppelt. Zugleich vermindert sich die statistische Arbeitszeit, die mittlerweile auf weniger als 38 tarifvertraglich festgelegte Wochenstunden gesunken ist. Trotz alledem: Wir tun zu viel und arbeiten über unsere Verhältnisse. Nicht unsere Faulheit, Bequemlichkeit oder Neigung zum Ausruhen machen uns Probleme und gefährden den Wohlstand unserer Gesellschaft. Es sind das maß- und endlose Machen, das hektische Tun, das Immerzu-auf-dem-Sprung-Sein und das »Nie-genug-Haben«. Tempo, Stress und Zeitdruck ohne Ende. Die Gesellschaft huldigt dem Prinzip des immer schneller, immer weiter und immer mehr. Einflussreiche Positionen bekommen die Schnellen, die Langsamen landen auf der Straße, unter der Brücke – oder in Zeitmanagementseminaren.

Und doch steigt langsam, aber sicher das Empfinden, nicht mehr über unser Leben, unseren Alltag und unsere Zeit verfügen zu können. Das erzeugt ein Gefühl des Hin- und Hergeworfenseins, löst Ohnmacht und Orientierungslosigkeit aus. Entsprechend gewinnen Aufrufe zum Entschleunigen und Initiativen, die mit dem »Slow«-Versprechen werben, immer mehr an Attraktivität: Slow Food, Slow City, Slow Media, Slow Travel, Slow Motion … Man kann diese »Gegenbewegungen« als Zeichen für die Einsicht deuten, dass das Immer-so-weiter-Machen zunehmend problematisch und belastend wird. In Wirtschaft und Politik ist das inzwischen offensichtlich. Die Tempoexzesse der Finanzbranche haben uns vor nicht allzu langer Zeit in eine der tiefsten Wirtschaftskrisen bugsiert, der stete und permanent ansteigende Druck zur Beschleunigung führt zu immer mehr Kurzfristmanagement und damit einem wachsenden Abbau von demokratischen Verfahren und Rechten. So wird die Demokratie marktkonformer, nicht jedoch der Markt demokratischer.

In der Tat drängt sich immer mehr die Frage auf, ob unser Fortschritts- und Wohlstandsideal nicht doch in eine Sackgasse führt – politisch, sozial, ökonomisch und ökologisch – und unsere Lebensqualität ernsthaft bedroht. Jeder Stau ist ein Warnzeichen für die Grenzen der energie- und raumfressenden Beschleunigung des Verkehrs; das Wirtschaftswachstum überfordert die Regenerationszeiten der ökologischen Systeme; das Innovationstempo der Märkte verkürzt die Lebenserwartung der Unternehmen; die mit der Zeitverdichtung einhergehenden steigenden Leistungsanforderungen überstrapazieren die Zeitmaße und Zeitelastizitäten der Zeitnatur von Mitarbeitern und Mitarbeiterinnen. Wissenschaftler haben in Experimenten nachgewiesen, dass die durch Eile und Hetze verursachte Reduktion der Nachdenk- und Besinnungszeiten die Innovationsfähigkeit mindert und die ethisch-moralischen und die sozialen Kompetenzen bedroht. Es können also wohl nur mehr hartnäckige Ignoranten meinen, dass es immer so weitergehen kann.

Jede Neuausrichtung verlangt die Überprüfung unseres gewohnten Umgangs mit Zeit. Aber die mit der Schnecke als Emblem werbende Entschleunigung ist *nicht* die Lösung. Schnelligkeit durch Langsamkeit auszubremsen führt nicht weiter, der Wechsel vom Gas- aufs Bremspedal ist kein Allheilmittel. Ein solches Allheilmittel können und wollen wir unseren Leserinnen und Lesern auch nicht versprechen. Wir sind aus Erfahrung und guten Gründen bescheidener. Was wir anbieten können, deckt sich mit dem, was Mephisto Goethes Faust verspricht:

»Mein guter Herr, ihr seht die Sachen,
Wie man die Sachen eben sieht;
Wir müssen das gescheiter machen,
Eh' uns des Lebens Freude flieht.«

»Time is money – Zeit ist Geld« – die Erfolgsformel aus Benjamin Franklins »Ratschläge an einen jungen Kaufmann« – steht inzwischen für die hektische und maßlose Suche nach mehr Tempo und immer mehr Geld- und Güterwohlstand. »Verschwende weder Zeit noch Geld, sondern mach das Beste aus beidem«, mahnte Franklin in seinem Traktat.

Was aber, wenn das Beste gar nicht in Geld verrechenbar ist? Was, wenn im Leben hauptsächlich diejenigen Zeiten zählen, die nicht gezählt werden und auch nicht gezählt werden können? Was, wenn Time nicht »Money«, sondern »Honey« wäre? Dann hätten die wichtigsten Dinge und Zeiten des Lebens keinen Preis. Und so ist es ja auch: Die Zeiten der Liebe, der Freundschaft, des Genusses und des Geschmacks, des Vertrauens, der Zuneigung und viele andere Zeiten mehr, sie alle sperren sich gegen ihre Verrechnung mit Geld. Folgt man ausschließlich »Zeit ist Geld«-Imperativen, bleiben die Zeitqualitäten auf der Strecke. Dann wird die »Liebe auf den ersten Blick« zu einer wohlkalkulierten Zeitsparstrategie, die Tiefkühlpizza zur Familienmahlzeit und der Klappentext zum Ersatz für die zeitaufwendige Romanlektüre. Wer in der Zeit ausschließlich ein monetäres Gut sieht, der wird blind für die Farben und taub für die Töne der Zeit, wird die Zeit weder schmecken noch genießen können. Es ist daher an der Zeit, die Zeit aus ihrer Umklammerung durch das Geld zu befreien und ihr ihre honigsüßen Qualitäten wiederzugeben. Das ist unser Anliegen, dafür engagieren wir uns, unter anderem mit diesem Buch.

Dieses Buch macht Sie also nicht schneller, und wir sagen Ihnen auch nicht, wie Sie mehr Aktivität in den Tag packen können. Enttäuscht werden jene Zeitgenossen und Zeitgenossinnen von diesem Buch sein, deren Ideal es ist, ihr Leben wie eine Checkliste abzuarbeiten. Sie finden in diesem Buch auch keine Hinweise und Ratschläge, die Ihnen doppelten Lohn und erhöhte Anerkennung versprechen, wenn Sie auch am Wochenende arbeiten, werktags länger im Büro bleiben und an jedem zweiten Tag die Mittagspause durcharbeiten.

Auch ist es nicht unsere Absicht, Sie bei Ihren Anstrengungen zu unterstützen, Ihre Zeit noch effizienter für das Wachstum Ihres Geld- und Güterwohlstands einzusetzen. Schließlich und endlich geht es uns auch keineswegs darum, Sie beim detektivischen Aufspüren jener Hirngespinste, die von Zeitmanagern »Zeitdiebe« und »Zeiträuber« genannt werden, kompetenter zu machen.

Diejenigen jedoch, die sich vorgenommen haben, ihren Zeitwohlstand zu verbessern, ihr Zeitleben zufriedenstellender zu gestalten und ihre Zeitlust zu erhöhen, die werden bei uns jede Menge Anregung und Inspiration finden! Wenn es uns also gelänge, mit diesem Buch dem einen und der anderen den Weg zu »besseren Zeiten« zu zeigen, dann hätte sich gelohnt, es zu schreiben. »Bessere Zeiten«, das sind unseres Erachtens jene Zeiten, die es nicht notwendig machen, in den Urlaub zu flüchten, um die Zeit leben, lieben und genießen zu können. »Bessere Zeiten«, das sind jene Zeiten, in denen die Schnellen nicht die Besseren und Erfolgreicheren, die Langsamen nicht die Verlierer sind.

Was wir anstreben, ist die Mehrung Ihres zeitlichen Wohlergehens, Ihrer Zeitzufriedenheit und Ihrer Lust an der Zeit. Der Weg dorthin ist oftmals weniger schwierig, als man denkt.

Um den besseren Zeiten eine Chance zu geben, muss man hin und wieder Abstand zur Uhr und deren diktatorischen Zeitzeichen gewinnen. Für den Uhrzeitmenschen hört Zeit auf, wo sie verspricht, lebendig, bunt und abwechslungsreich zu werden. Die farblosen und zählbaren Zeiteinheiten der Uhr sind berechenbar und kalkulierbar, sind zurechtgestutzt wie der Buchs vom Gärtner. Von ihnen gehen keine Überraschungen aus. Solch eine begradigte, inhaltsleere und überraschungslose Zeit braucht das »Zeit ist Geld«-Denken, und das Zeitmanagement benötigt es, um aus der Zeit einen manipulierbaren Gegenstand zu machen. Uhrzeit, Zeitmanagement und Ordnung gehen immer zusammen auf Reisen und schaffen so die Illusion der grenzenlosen Machbarkeit. Für die Ökonomie und die Verwaltung ist das von Vorteil. Dort ist es sinnvoll, weil nützlich und produktiv, die Zeit zu sparen, zu managen und zu gewinnen – dort ist Zeit »Money«.

Im Leben, bei der Liebe, der Erziehung, der Bildung, dem Genuss und der Kultur ist das ganz anders – dort ist Zeit süß, dort ist sie »Honey«. So gesehen, ist der Titel des Buchs zugleich auch Programm: Es ist Zeit, das Geld durch ein nahrhaftes Lebensmittel zu ersetzen.

Bevor es nun aber wirklich losgeht, wollen wir noch kurz erläutern, wie dieses Buch aufgebaut ist. Den Anfang macht ein protokolliertes Gespräch über die Grenzen, die Widersprüche und die nicht einzuhaltenden und falschen Versprechen des Zeitmanagements. Es macht deutlich, dass und wie wir uns von den Vorstellungen des gängigen, allseits bekannten Zeitmanagements abgrenzen. Im ersten Kapitel wird's dann erst einmal ein bisschen grundsätzlicher: »Zeit, was ist das?« heißt die dort erörterte Frage. Wir betrachten und diskutieren Bilder und Vorstellungen, die sich die Mitteleuropäer, aber auch andere Kulturen von der Zeit machen. Was die Zeitvorstellungen der Physik angeht, so haben wir uns beim Astrophysiker Harald Lesch Rat geholt. Thema des zweiten Kapitels ist die häufig anzutreffende Verwechslung der Zeit mit der Uhr. Wir legen dar, dass wir heute in und mit zwei Zeiten und Zeitordnungen leben, der Naturzeit und der Uhrzeit. Anschließend beschreiben wir im dritten Kapitel unterschiedliche Zeitmuster, das Zeitmuster »Rhythmus« (Naturzeit) und das Zeitmuster »Takt« (Uhrzeit). Was wir »Zeit« nennen und als Zeit erfahren, zeigt sich stets als ein Strauß bunter Zeitformen und vielfältiger Zeitqualitäten – denn alles und jedes hat bekanntlich seine Zeit. Im vierten Kapitel beschreiben wir einige davon. Unser Interesse gilt dabei in erster Linie jenen Zeitformen, die in unserer Gesellschaft der Gefahr ausgesetzt sind, unter die Räder der Beschleunigung zu geraten, und deren produktive Qualitäten zu wenig gesehen und gewürdigt werden. Dazu gehören Pausen, dazu zählen das Warten wie auch die anderen Zwischenzeiten des Augenblicks, der Muße und der Langeweile.

Das letzte Kapitel schließt an die eingangs geäußerte Kritik des Zeitmanagements an, indem es eine Alternative aufzeigt. Es handelt sich dabei um das praxisnahe Modell »Zeitgeflecht«, welches die Autoren im Rahmen ihrer Zeitberatung einsetzen. Es zielt auf die Aufklärung, die Erklärung, die Bewertung und die Bewältigung des Zeithandelns in alltagsnahen Zeitsituationen, die als schwierig bzw. problematisch erlebt werden. Mithilfe des Modells können ihre Ursachen analysiert werden und realitätsgerechte Veränderungen erarbeitet und in die Wege geleitet werden; um besser verstehen zu können, wie unsere Zeitnatur »tickt«, haben wir hier einen kurzen Text des Chronobiologen Till Roenneberg über den »Sozialen Jetlag« integriert. Konkret geht es um die realitätsgerechte Wahrnehmung und eine zufriedenstellende Balance zeitlicher Spielräume und Zeitzwänge, zeitlicher Möglichkeiten und zeitlicher Abhängigkeiten. Erläutert wird das produktive Verhältnis von zeitlicher Flexibilität und Zeitstabilität, die Unverzichtbarkeit zeitlicher Grenzen und die der Maße des »Genug«, und thematisiert werden die heutzutage unverzichtbaren Kompetenzen im Auswählen, im Verzichten und im Ignorieren.

Es geht uns ums Zeit-Leben, nicht geht es uns ums Zeit-Managen und auch nicht um die Lösung von Zeitproblemen. Es geht in allererster Linie darum, die schönen und angenehmen Aspekte der Zeit wahrzunehmen, herauszufinden und schätzen zu lernen.

Die Kapitel sind jeweils dreigeteilt. Sie beginnen mit dem, was es zum jeweiligen Zeitaspekt an Wissenswertem zu berichten gibt. Anschließend werden diese Erkenntnisse im Hinblick auf die Praxis des Zeithandelns unter der Überschrift »Was nun?« »durchforstet«. Der dritte Teil – »Was tun?« überschrieben – liefert schließlich konkrete Anregungen fürs Zeithandeln. Diese auf die Praxis ausgerichteten Impulse und Anregungen zielen nicht auf die Ausgestaltung eines möglichst funktionstüchtigen Lebens, sondern auf das Arrangement eines zufriedenstellenden und zufrieden machenden Zeitlebens – kurz gesagt: auf das »gute« Leben.

Das Buch ist ein gemeinschaftlich erstelltes Produkt von Vater und Sohn. Das Risiko, das eine solche Konstellation naturgemäß mit sich bringt, wurde durch eine arbeitsteilige Vorgehensweise in Grenzen gehalten. Die Teile, in denen vor allem Erkenntnisse referiert werden, wurden von Karlheinz Geißler (Vater) entworfen, die auf die Gestaltung der Zeitpraxis zielenden Ausführungen und Anregungen von Jonas Geißler (Sohn). Die den Zusammenhang zwischen Theorie und Praxis herstellenden Scharniertexte unter der Überschrift »Was nun?« wurden in enger Kooperation und Abstimmung zwischen beiden verfasst. Diese verlief, wie bei solcher Konstellation nicht anders zu erwarten, nicht immer problemlos. Diese Probleme und die Arbeit an ihnen haben dazu geführt, dass es dieses Buch gibt, wie es ist.

Nicht zu vergessen: Dank an unsere Freunde, Unterstützer und Ratgeber: an Martin Hartmann, Christoph Hirsch, Harald Lesch, Frank Orthey, Till Roenneberg und Manuel Schneider. Dank ebenso, aber ganz anderen, an unsere Frauen, Kinder und Enkelkinder, die ihre berechtigten Zeitansprüche nicht selten zurückstecken mussten, damit dieses Buch geschrieben werden konnte.

Ein Interview

Zeit leben, nicht managen!

Zeit leben, nicht managen!
Ein Interview

▸ *Herr Karlheinz Geißler – Sie sind der Meinung, dass Zeitmanagement nicht funktionieren kann, halten Zeitmanagement sogar für problematisch. Was genau kritisieren Sie?*
Zeitmanagement versucht aus fleißig Zeit sparenden Menschen noch fleißigere und effizientere Zeitsparer zu machen. Zeitmanagementseminare werden mit diesem Ziel besucht und Zeitratgeber mit dieser Absicht gekauft. Ohne Kalender und ohne ein ausgefeiltes Zeitplansystem kann sich heutzutage keiner mehr sehen lassen. Alles muss zeiteffizient organisiert, alles fixer und schneller gehen. Was aber bringt's? Burn-out für die Sieger, Depressionen für die Loser. Nur eines bringt es nicht: mehr Zeit. Im Gegenteil, Zeitmanagement tut viel dafür, die unter Zeitdruck leidenden Zeitgenossen und die Zeitgenossinnen auch weiterhin auf Trab zu halten. Das Zeitmanagement lehrt, sich dem schnellen Leben anzupassen und es noch schneller zu machen. Insofern war es äußerst erfolgreich: Ein historisch beispielloser Geld- und Güterwohlstand geht zusammen mit einer historisch beispiellosen Zeithetze. Die Zeitnot beginnt dabei in dem Moment, in dem der Zeitmanager vorgibt, ihr ein Ende zu bereiten. Der Preis ist hoch, und ich meine, in den allermeisten Fällen zu hoch.

▸ *Wie begründen Sie Ihre Ansicht? Was genau macht das Zeitmanagement?*
Zeitmanager versuchen, den Alltagswahnsinn von zeitlicher Unordnung, Zeitwidersprüchen und Zeitkollisionen, den wir gemeinhin »Leben« nennen, in ein Zahlenkorsett zu zwingen. In das Korsett der Uhrzeit. Es ist nicht, wie behauptet, die Zeit, die beim Zeitmanagement in den Griff genommen wird: Man ist es selbst. Die unzähligen Techniken, Ratschläge und Tipps führen die Zeitrat suchenden Menschen gewöhnlich noch tie-

fer in jenen Strudel der Zeitnöte und des Gehetztseins, aus dem sie hofften entkommen zu können. Folgt man den Tipps und Empfehlungen, findet man sich unversehens im Terminkäfig eines verplanten und durchkalkulierten Lebens und Arbeitens wieder. Der vom Zeitmanagement eingeschlagene Weg zum Zeitwohlstand führt nicht – wie versprochen – zu mehr Zeitgenuss, sondern zu umfassender zeitlicher Selbst- und Fremdkontrolle. Die meisten Zeitmanagementtipps lauten so: Betrachten Sie Ihren Alltag, und zerlegen Sie ihn in kleine Teilschritte! Setzen Sie Prioritäten! Planen Sie! usw. All das ist nicht falsch, aber es trifft nicht das Problem, das die Ratsuchenden angehen wollen. Dem modernen Zeitmanagement geht es in erster Linie um Selbstdisziplinierung, Selbstkontrolle und umfassende Berechenbarkeit des Zeitlebens. Warum? Lassen Sie es mich zuspitzen: Zeitmanager lieben die Zeit nicht. Sie sehen in ihr ein Problem. Das aber ist die Zeit ebenso wenig wie das Leben. An der Zeit gibt es so wenig zu lösen wie am Leben. Wer es versucht, muss mit bösen Folgen rechnen.

▸ *»Böse« Folgen – übertreiben Sie da nicht?*
Ich halte die Folgen eines derartigen Umgangs mit sich und der Zeit für fatal! Die Angebote für die Eiligen und Gehetzten dieser Welt laufen nämlich nicht auf weniger Zeitdruck hinaus, obwohl sie dies permanent versprechen. Ergebnis und Folge eines konsequent durchgeführten Zeitmanagements sind weiter steigender Zeitdruck und letztlich mehr Stress. Zeitmanagement bringt die Menschen dazu, jede nicht verplante Stunde oder Minute zweckdienlich zu nutzen, um zusätzliche Inhalte in sie hineinzupacken, noch mehr Aktionen und Sensationen in die Zeiteinheiten zu quetschen. Zeitmanagement zielt auf rigide Selbstbeherrschung.

▸ *Versprechen uns die Vertreter des Zeitmanagements nicht das Gegenteil?*
Sicherlich – und diesem Versprechen möchten wir auch gerne glauben. Nur: Das Zeitmanagement lebt zwar von seinen Ver-

sprechen, nicht jedoch von deren Einlösung. Allein die Tatsache, dass die Klagen über Zeitprobleme und Zeitkonflikte zunehmen, obgleich es doch nun schon seit längerer Zeit von Zeitratgebern der unterschiedlichsten Art nur so wimmelt, nährt den Verdacht ihres Versagens. Sowenig die Finanzcrashs zur Selbstbesinnung über das Tempo der Finanzmärkte geführt haben, so wenig führt die Zunahme der Zeitprobleme zum Nachdenken über die Fragen, wie schnell man eigentlich leben will und ob man Zeit nicht vielleicht weniger managen, dafür aber mehr leben sollte.

▸ *Aber geht es in unserem Alltag nicht gerade darum, die Zeit zu beherrschen, zu meistern?*
Mit genau diesen Worten ziehen die Zeitmanager ja auch ins Feld. Und verraten dabei doch nur, was für ein Verständnis von Zeit sie haben. Die Art, wie das Zeitmanagement der Zeit begegnet, trägt in nicht wenigen Fällen gewalttätige Züge. Es ist ein gut ausgestattetes Arsenal von Waffen, das vom Zeitmanagement gegen das Lebenselixier Zeit in Stellung gebracht wird. Ziel der Kampfhandlungen ist es – Sie sagten es eben selbst –, die Zeit »zu beherrschen, anstatt sich von ihr beherrschen zu lassen«. Begleitet und angetrieben wird die Konfrontation mit der Zeit durch eine rhetorische Begleitmusik, die Trommelfell gefährdend aufspielt, um die an jeder Ecke lauernden »Zeitfresser« und die überall lauernden »Zeitdiebe« zu identifizieren, sie umgehend zu eliminieren und dabei den hinterhältigen und bedrohlichen »Zeitfallen« geschickt auszuweichen.

▸ *Bedeutet das auch, dass Sie sich gegen das Zeitsparen aussprechen, Herr Geißler?*
Nein, das tue ich nicht, vorausgesetzt, es ist erfolglos. In Sachen Zeitsparen hat Erfolglosigkeit nämlich etwas Beglückendes. Im Ernst: Zeitsparen, das funktioniert nicht. Ließe sich Zeit sparen, läge es ja nahe, die gesparte Zeit, wie es die Schildbürger mit Sonnenstrahlen versucht haben, zu sammeln und

zu lagern, um sie zu gegebener Zeit zu nutzen. Es gibt aber kein Leben und auch kein Nachleben aus gesparter Zeit. Zeit ist nicht speicherbar, es gibt für sie kein Speichermedium. Zeitsparen zaubert nicht ein Stück zusätzliche Zeit herbei, im Gegenteil, es führt zu verpassten Lebenschancen. Ich plädiere fürs Zeitlassen, schlage vor, Zeit mehr zu genießen, die unterschiedlichen Zeitformen bewusst und lustvoll zu leben. »ZeitenLeben statt Zeitmanagement«, so lautet mein Motto.

▸ *Was heißt dies für das Zeithandeln?*

Ein Beispiel: Die Herren A und B möchten 14 Tage Urlaub in Rom machen. Die Person A bucht einen Flug und jettet in knapp zwei Stunden von Frankfurt in die italienische Hauptstadt. Herr B hingegen entscheidet sich, mit dem Zug nach Florenz zu fahren, um sich von dort mit dem Fahrrad durch die Toskana nach Rom durchzuschlagen. Wer von beiden hat Zeit gewonnen, wer Zeit verloren?

▸ *Klingt das nicht ein wenig naiv? Nach einem Leben ohne Uhr, nach Langsamkeit und einer Zeit, in der uns der Hahn geweckt und die Hühner an die Bettruhe erinnert haben?*

Zeit hat man nicht, Zeit ist man. Es sind die Uhren, die man hat, nicht die Zeit. Wo also Zeit gespart, gewonnen, organisiert und gemanagt wird, geht's immer nur um eine bestimmte Zeit, um die von der Uhr gemessene Zeitquantität. Die Qualitäten der Zeit dagegen, die dem Dasein dessen Buntheit, Wildheit und seine Vielfältigkeit verleiht, werden vom Gang der Zeiger ignoriert. Die quantitative, inhaltsleere, zählbare Zeit ist berechenbar und kalkulierbar. Das ist ihr Vorteil, das ist ihre Stärke und ihre Attraktivität, und das macht ihre Nützlichkeit, insbesondere im Terrain des Ökonomischen aus. Wir brauchen die Uhr für eine gute Verwaltung, brauchen sie für eine präzise Ordnung des Zeitlichen, benötigen sie zur Berechnung der Welt und ihrer Verläufe. Zu einem friedlichen, sozialverträglichen, glücklichen und zufriedenstellenden Dasein brauchen wir die Uhr und ihre in Zahlen konservierte

Zeit nicht. Um Missverständnisse zu vermeiden: Das Uhrzeitdenken und Uhrzeithandeln haben den Vorteil, die Zeitereignisse erwartbar und berechenbar zu machen. In dieser Planbarkeit und Kalkulierbarkeit der Uhrzeit ist ihre Attraktivität begründet – zugleich aber auch ihre Beschränktheit.

▸ *Sie sind also nicht gegen die Uhr?*

Aber nein! Ich schlage nicht vor, wieder mit den Hühnern zu Bett zu gehen, um beim ersten Hahnenschrei aus den Federn zu springen. Wer aber den Hahn nicht mehr hört und Hühner nur mehr aus der Legebatterie kennt, wer seinen Tagesablauf nur nach dem Diktat der Uhr gestaltet und kontrolliert, wird zum Zeitautomaten und muss auf all die schönen Erfahrungen und Erlebnisse verzichten, die man nur kennenlernt, wenn man die Uhr seinen Kindern als Spielzeug überlassen hat. Nein, es geht mir nicht um simple »Entschleunigung«! Lebendige Zeitvielfalt heißt für mich die Alternative. Dazu gehört die Schnelligkeit genauso wie die Langsamkeit, die Hektik ebenso wie das Trödeln, das unermüdliche Ranklotzen genauso wie die Pausen und die Zeiten der Erholung oder der Langeweile.

▸ *Nun arbeiten Sie mit Menschen und unterstützen diese dabei, ihr persönliches ZeitenLeben zu verwirklichen. Zeitberatung nennen Sie dies. Wie sieht der erste Schritt aus?*

Zeitberatung interessiert sich für Zeitqualitäten, beschäftigt sich mit lebendiger Zeit. Die Herstellung von Zeitzufriedenheit ist eine qualitative, keine quantitative Aufgabe, und sie ist keine Frage der Technik. Es geht darum, auf das Prinzip »Überleben« zu verzichten.

▸ *Was heißt das für die Praxis?*

Wer sich angewöhnt hat, der Zeit immer nur als Feindin zu begegnen, wer dauerhaft mit ihr im Kriegszustand ist, dem gelingt die Umsetzung nicht von heute auf morgen. Man muss, um mit Zeit sinnvoll umzugehen, mehr tun, als ein Buch lesen, ein Seminar besuchen oder einem Tipp folgen. Alles braucht nun mal seine Zeit – auch der Perspektivwechsel vom Zeitmanagement zum ZeitenLeben. Voraussetzung dafür ist die Akzeptanz der Tatsache, dass menschliches Zeithandeln nicht beliebig gestaltet werden kann, sondern auf unterschiedliche Weise gebunden und vorgeprägt ist. Ich hole da jetzt ein bisschen aus: Menschliches Zeithandeln ist zum einen an biologische Maßverhältnisse, die rhythmische Organisation des Leibes gebunden. Kein Lebewesen kann sich von den Zeitmustern und Zeitimpulsen abkoppeln, die aus ihm selber kommen. Das gilt für den Wechsel von Aktivität und Passivität, für die Leistungsfähigkeit, die Aufmerksamkeit, die Regeneration nach Anstrengung oder Krankheit und für vieles Weitere. Wir Menschen sind, zeitlich gesehen, kein unbeschriebenes Blatt, wir sind an die uns von Geburt an eingeschriebenen Zeitmuster und Zeitmaße unserer Zeitnatur gebunden. Das wiederum bedeutet, dass die zeitlichen Gestaltungsmöglichkeiten des Menschen begrenzt sind. Gesund und zeitzufrieden kann nur leben, wer den biologisch vorgegebenen Zeitmustern folgt und ihnen Respekt entgegenbringt. Gebunden sind wir Menschen in unserem ZeitenLeben und Zeithandeln zum Zweiten auch an die Zeitvorgaben und Zeitansprüche des sozialen und organisationalen Umfeldes. Der Mensch ist ein Lebewesen, das auf Vergemeinschaftung hin angelegt ist und sich als Sozialwesen konstituiert. Gemeinschaften, Familien, Unternehmen, Vereine überdauern und gedeihen nur unter bestimmten zeitlichen Bedingungen. Und diese muss man zur Kenntnis nehmen und sie mit den übrigen zeitlichen Anforderungen und Ansprüchen koordinieren, um zu einer Zeitbalance zu kommen. Die Zeitbalance beispielsweise einer Familie lässt sich nicht ohne Rücksichtnahme auf unterschiedliche Zeitmuster ihrer Mitglieder herstellen. Es ist problematisch, wenn Familienväter und -mütter ihren Nachwuchs schon im Kindergartenalter den Zwängen eines rigiden Zeitmanagements unterwerfen und die kreativen und produktiven Zeiten des Spielens, Trödelns, Sichlangweilens und Dahinträumens opfern – etwa zugunsten vermeintlich sinnvollerer Alternativen, wie dem Lernen einer Fremdsprache. Zum Dritten ist auf jene Zeiten Rücksicht zu nehmen, welche die jeweiligen Aufgaben, die zur Bearbeitung anstehen, verlangen. In der Landwirtschaft sind das die Zeiten des Wachsens, des Reifens und des Erntens. In der Musik sind es die Tempi, welche die jeweilige Komposition verlangt. Was auch immer man plant, einen Arbeitsablauf, eine Ferienreise oder einen Theaterbesuch: Jede Form des Erlebens braucht seine je eigene Zeit.

▸ *Das klingt nach einer sehr zeitraubenden Aufgabe?*
Da ist sie wieder – die Sprache eines Zeitkriegers in Gestalt des zeitsparenden Managers! Aber sonst haben Sie recht: Das Verstehen und die Balance dieser drei hier angedeuteten Zeitsysteme wollen erneut erlernt werden. Ich rede hier nicht von etwas Neuem! Diese Art des ZeitenLebens gab es schon immer. Vielen scheint sie jedoch im Rausch des Immer-mehr-in-immer-weniger-Zeit und des Alles-jederzeit-und-sofort abhandengekommen zu sein. Wenn ich meinen Tag lückenlos und kleinteilig aufteile und verplane, bleibt keine Luft mehr für Gemeinschaften, für die Zeitbedürfnisse meines Körpers oder für die Dauer, die es objektiv braucht, ein komplexes Problem erfolgreich zu lösen.

▸ *Wenn ich Sie richtig verstehe, versucht das Zeitmanagement, uns beizubringen, die wachsende Zahl der auf uns einprasselnden Angebote, Anforderungen, Erlebnismöglichkeiten und Erwartungen auf die Reihen zu bekommen, um im Anschluss daran gleich noch eine Schippe oder gleich mehrere draufzulegen. Glauben Sie, dass Gegenbewegungen, wie ZeitenLeben oder Zeitberatung noch Chancen haben?*
Nun, da mischen sich bei mir Skepsis und Zuversicht. Als Gegenbewegungen haben sie keine Chance, aber als Wegweiser in eine eventuell bessere Zukunft. Solange die Menschen Anspruch auf ein glücklicheres, zumindest zufriedenstellendes Leben erheben und der Überzeugung sind, selbst etwas dazu

beitragen zu können, kommen sie nicht umhin, sich über die Gestaltung ihres ZeitenLebens Gedanken zu machen. Zeitberatung kann dabei unterstützen. Probleme mit der Zeit und dem Umgang mit ihr werden die Menschen immer haben. Da die Verursacherin der Probleme aber nicht die Zeit ist, sondern die Menschen dafür verantwortlich sind, kann Zeitberatung vielleicht dabei helfen, sich angenehmere Zeitprobleme zu machen.

▸ *Kann man mit einem solchen ZeitenLeben im modernen Berufsleben Erfolg haben?*
Gestatten Sie mir, dass ich dazu auf eine Geschichte zurückgreife, die Sie vielleicht schon einmal gehört haben. Sie geht folgendermaßen: »Jeden Morgen wacht in Afrika eine Gazelle auf und weiß, dass sie, um den Tag zu überleben, dem schnellsten Löwen entkommen muss. Jeden Morgen wacht in Afrika auch ein Löwe auf, der weiß, dass er schneller sein muss als die langsamste Gazelle, damit er nicht verhungert. Ganz gleich, ob du Gazelle oder Löwe bist: Bevor die Sonne aufgeht, musst du losrennen.« Das ist die Unternehmensberaterversion dieser Geschichte. Das ist Zeitmanagement nach Kannibalenart: Die Schnellen fressen die Langsamen.

Als Zeitberater würde ich diese Geschichte anders erzählen: »Jeden Morgen … Ganz gleich, ob du Gazelle oder Löwe bist, um erfolgreich leben und überleben zu können, solltest du das Zeithandeln des jeweils anderen kennen und etwas von dessen Zeitverhalten verstehen. Dann kannst du in Ruhe und Gelassenheit den Tag verbringen, um dann loszurennen, wenn es notwendig ist.«

Gesprächspartner: Dr. Martin Hartmann, Berater und Trainer

Kapitel 1

Wasser für die Fische, Zeit für die Menschen

Alles, was wir über

Zeit

wissen, sagen und schreiben,

ist stets vage.

Zeit ist immer nur

das Bild,

das wir uns
von ihr
machen.

Und dieses Bild unterscheidet sich, von Kultur zu **Kultur,** von Zeit zu **Zeit.**

Wasser für die Fische, Zeit für die Menschen

Nichts ist uns selbstverständlicher als die Zeit. Trotzdem bringt uns die Frage in Verlegenheit: »Was ist Zeit?« Es ist die Frage, die am Beginn des philosophischen Denkens steht. So etwa könnte es gewesen sein, als sie erstmalig gestellt wurde: Vor ungefähr 5000 Jahren machen sich zwei vornehme Bürger der sumerischen Stadt Uruk auf den Weg zu einer Tempelanlage jenseits der Stadtmauern. Sie schlendern die bevölkerte Straße in Richtung Stadttor entlang, durchqueren die prächtige Öffnung der Schutzanlage und schlagen, dem Lauf des Flusses folgend, den schmalen Weg in Richtung ihres Zieles ein. Der Ältere der beiden drückt beim Gehen etwas aufs Tempo, denn er hat eine Verabredung mit einer einflussreichen Person aus der Nachbarschaft. Sein Gefährte hingegen hat es überhaupt nicht eilig. Nachdem sie so einige Zeit gegangen sind, schaut dieser zu seinem hurtigen Begleiter und bittet ihn: »Nimm dir doch Zeit!« Der verlangsamt seine Schritte, dreht sich zu seinem Weggefährten und stellt sichtbar verunsichert die Frage: »Was ist denn Zeit?«

Zeit ist das Bild, das wir uns von ihr machen.

Damit war die Frage in der Welt, an der sich Philosophen bis heute die Zähne ausbeißen. Was Zeit *ist*, wissen wir nicht. Relativ gut jedoch wissen wir über das Bescheid, was wir »Zeit« *nennen*.

Die Zeit, eine Vorstellung

Zeit ist ein Begriff, der uns tagtäglich tausendmal über die Lippen kommt, am häufigsten in der ebenso kurzen wie hastig hingeworfenen Formel »Ich hab keine Zeit«. »Zeit« zählt zu den meistgebrauchten Substantiven unserer Alltagssprache, und trotzdem machen wir uns nur selten Gedanken über sie, über ihr Wesen, über das, was sie ist.

Wer es dennoch tut, stellt rasch fest, dass »Zeit« zu jenen flimmernden, unfassbaren Phänomenen gehört wie beispielsweise auch die Liebe und das Vertrauen, deren Bedeutung einem, je näher man ihnen kommt, mehr und mehr entgleitet. Wir sprechen zwar oft über Zeit, ihr wahres Wesen ist uns jedoch unbekannt.

Warum? Weil wir die Zeit nicht direkt sinnlich erfassen können. Dazu fehlt uns Menschen der Zeitsinn. Diesen Mangel an direkter Sinnlichkeit kompensieren wir durch Vorstellungen von der Zeit und durch Mutmaßungen über sie. Unterhalten wir uns über Zeit, sprechen wir über Bilder, die wir uns von ihr machen. Mit Bildern, Metaphern und mithilfe von selbst konstruierten Symbolen und Merkzeichen verleihen wir der unsichtbaren Zeit Gestalt. Die Produzenten unserer Vorstellungen von Zeit sind wir also selbst – auch dann, wenn wir Zeit managen oder sparen, gewinnen oder verlieren. Die Zeit ist eine von Menschen gemachte, eine unsere Wirklichkeit gestaltende Illusion. Sie zählt zu dem, was wir uns an »Weltanschauung« zurechtlegen und auch so nennen. Weltanschauung, das heißt Raum und Zeit anzuschauen, meint, sich Bilder und Vorstellungen zu machen.

> ***»Zeit ist das am meisten Unsrige und doch am wenigsten Verfügbare.«***
>
> *Hans Blumenberg*

Die Zeit ist uns zugleich nah und fern. Fern ist sie uns, weil sie sich der Anschauung entzieht. Nah ist sie uns, weil ohne Zeit keine menschliche Handlung zustande kommt und auch nicht vorstellbar ist. Keine Tätigkeit, sei es eine soziale, eine individuelle oder eine gesellschaftliche, kein Streit, kein Friede, keine politischen und auch keine wirtschaftlichen Händel sind ohne Zeit denkbar. Alles Tun setzt Zeit voraus und ist auch nur als zeitliches Tun verstehbar.

Reden wir also von »Zeit«, dann wissen wir nicht, um was es sich dabei wirklich handelt. Das geht uns nicht erst heute so. Ähnlich ging das auch dem vor 1500 Jahren in Italien lebenden und wirkenden, aus Nordafrika stammenden Kirchenvater Augustinus. Seiner Ratlosigkeit verschaffte er sich in dem häufig zitierten Seufzer Ausdruck: »Was also ist die Zeit? Wenn niemand mich danach fragt, weiß ich's, will ich's aber einem Fragenden erklären, weiß ich's nicht.« Viel anders ist es den vielen ihm nachfolgenden Zeitdenkern auch nicht ergangen. Auch für sie blieb die Suche nach einer eindeutigen Antwort stets nur ein Versuch.

Noch nie hatte die Menschheit für so viel Zeit so wenig Zeit.

Mit dem Aufkommen der Uhr scheinen sich (mindestens) zwei »Antworten« herauskristallisiert zu haben: Während die einen sagen, »Zeit« sei das, was man hat, wenn man die Uhren wegwirft, behaupten die anderen genau das Gegenteil: »Zeit« ist das, was die Uhr anzeigt. Doch auch diese Auskunft macht stutzig. Zwar zeigt die Uhr die Zeit eindeutig und unmissverständlich bis auf die Sekunde genau an – aber macht uns das auch sicherer? Mehr denn je klagen wir über Zeitprobleme, Zeitkonflikte und Zeitwidersprüche, und so liegt die Vermutung nahe, dass mit der Präzision der Zeitmessung auch das Ausmaß ebenjener Zeitprobleme, Zeitwidersprüche und Zeitkonflikte zunimmt: Obgleich wir immer schneller werden, kommen wir immer häufiger zu spät; je mehr Zeit wir sparen, desto knapper wird sie; in dem Umfang, wie die Freizeit zunimmt, nimmt die freie Zeit ab.

Auf jeden Fall hat der Sachverhalt, dass man der Zeit nur auf Um- und Abwegen näherkommt, dazu geführt, dass wir ununterbrochen auf der Suche nach der Zeit sind. Wir suchen

Zeichen der Zeit, denen wir eine besondere Erklärungs- und Symbolkraft zuschreiben können, um das Leben daran auszurichten. Mal sind es Veränderungen der natürlichen Umwelt (beispielsweise Helligkeit, Dämmerung und Dunkelheit), die als Orientierung dienen, mal sind es Zeitzeichen, die wir an uns selbst entdecken, etwa das erste graue Haar oder die erste größere Falte im Gesicht. Als Gesetzmäßigkeit formuliert: Sagt das Spiegelbild, dass etwas anders geworden ist, wird die »Zeit« zum Thema.

Sprechen wir also von »Zeit«, so tun wir das anhand von Einbildungen und Vorstellungen, die wir uns von ihr machen.

Das wahrscheinlich beliebteste und gebräuchlichste Bild, mit dem wir die Bewegung der Zeit verbinden, ist das vom »Fluss der Zeit«, einem »Fluss«, der sich mal schnell, mal langsam, mal träge und zuweilen auch turbulent fortbewegt. Häufig sind es auch Bilder von räumlichen Distanzen, in die wir zeitliche Dimensionen zum Zwecke der Veranschaulichung übersetzen. Stellen Sie sich dazu eine Familie vor, die zu Ferienbeginn mit dem Auto auf dem Weg in den Süden ist. Die Fahrt ist lang und ermüdend. Der 10-jährige Sohn ist auf dem Rücksitz eingeschlafen. Als er nach einiger Zeit wieder erwacht, fragt er schlaftrunken seine Eltern: »Wie lange hab ich denn geschlafen?« Die Antwort des am Steuer sitzenden Vaters: »Etwas mehr als 150 Kilometer.«

Für Autofahrer wird die Zeit zum Raum, die Dauer zur Distanz. Umgekehrtes geschieht auf dem Ziffernblatt der Uhr.

Auch Wissenschaftler leben von und mit Zeitvorstellungen

Zeit ist für
Physiker: eine hartnäckige Illusion,
Sozialwissenschaftler:
die Ordnung des Vergänglichen,
Psychologen:
ein Empfinden ohne Sinnesorgan,
Existenzphilosophen:
das Sein bis zum Tode,
Theologen: der Anlauf zur Ewigkeit,
Ökonomen: Geld,
Politiker: eine Legislaturperiode,
Literaten: ein Rätsel
Germanisten: ein einsilbiges Wort.

Für **Lou, 6 Jahre**, ist Zeit schließlich
etwas, das es nur im Kopf gibt,
und zwar gleich neben den Träumen ...

Dort wird die von den Zeigern zurückgelegte Wegstrecke zu Zeit. Umrundet der große Zeiger das Ziffernblatt, dann sprechen wir von einer Stunde, bewältigt er die Hälfte, ist eine halbe Stunde um. Sämtliche räumlichen Veränderungen, alle Zeigerbewegungen, die auf einem Ziffernblatt geschehen, werden zu Zeitangaben. Aber das ist kein physikalisches Gesetz, sondern eine Vereinbarung, ein allgemein akzeptiertes Konstrukt. Und es funktioniert, solange sich alle daran halten.

Die Zeit der Physik

Ein Zeitrat von Harald Lesch

Die Physik ist die Wissenschaft von den Naturvorgängen, die grundsätzlich experimenteller Erforschung, insbesondere aber der messenden Erfassung und mathematischen Darstellung zugänglich sind und die allgemeingültigen, in mathematischer Form formulierbaren Gesetzen unterliegen. Vor allem untersucht die Physik die Erscheinungs- und Zustandsformen, Strukturen, Eigenschaften, Veränderungen und Bewegungen von *Materie* sowie die diese Veränderungen hervorrufenden Kräfte und Wechselwirkungen.

So weit, so trocken. Und leider ist auch der physikalische Umgang mit dem Begriff der Zeit alles andere als aufregend. Für den Physiker (in diesem Text ist gleichzeitig immer auch die Physikerin gemeint) ist die Zeit zunächst einmal eine reine Verlaufsgröße in den sogenannten Bewegungsgleichungen, die den Ablauf und Verlauf eines physikalischen Prozesses unter dem Einfluss äußerer Kräfte beschreiben. Diese erste, einfache Form der Zeitverwendung bezieht sich vor allem auf mechanische Abläufe wie zum Beispiel den freien Fall im Schwerkraftfeld der Erde, ungedämpfte Schwingungen oder die Bewegungen der Planeten um die Sonne. Die Bewegungsgleichungen sind Ausdruck einer Rechenvorschrift, nach der die Bewegungen von einer Anfangszeit (meistens setzt man die Uhr auf null) für alle weiteren, zukünftigen Zeiten berechnet werden können – vorausgesetzt, es treten keine neuen Kräfte auf. Ein schwingendes Pendel im Vakuum wird ewig schwingen, da es keiner Reibung unterliegt. Stellt man es hingegen in einen Raum mit Luft, Wasser oder gar Honig, wird es früher oder später zum Stillstand kommen. Hier haben wir einen ersten Hinweis darauf, dass die Zeit mehr sein muss als ein rein mathematisches Vehikel zur Beschreibung mechanischer Vorgänge in der Natur. Doch dazu später mehr.

Zunächst ist noch etwas mehr Physik erforderlich: Im Zusammenhang mit einfachen mechanischen, aber auch elektrodynamischen Experimenten und Prozessen ergab sich zu Beginn des 20. Jahrhunderts die Frage, wie sich die Messergebnisse eines Beobachters, der sich in einem ruhenden System befindet, mit den Ergebnissen eines Beobachters in einem bewegten System vergleichen lassen. Schließlich kennen wir alle die Sirenen der Feuerwehr- und Krankenwagen: Fahren sie auf uns zu, wird der Ton ihres Martinshorns höher, entfernen sie sich von uns, wird der Ton tiefer. Dieser Effekt wird durch die zwei sich relativ zueinander bewegenden Bezugssysteme verursacht. Merkwürdige Erscheinungen bei Experimenten mit elektromagnetischer Strahlung im vergangenen Jahrhundert führten zu einer echten Revolution des Zeitbegriffs in der Physik. Die Überlagerung von Lichtstrahlen brachte ein zunächst völlig unverständliches Ergebnis hervor: Licht breitet sich immer und ohne Ausnahme mit Lichtgeschwindigkeit aus, ganz gleichgültig, ob sich die Lichtquelle selbst bewegt oder nicht. Unser gesunder Menschenverstand lässt uns hingegen vermuten, dass die Geschwindigkeit der Lichtquelle selbst noch einmal zur Lichtgeschwindigkeit addiert werden müsste, wenn diese Lichtquelle sich auf uns zubewegt; und diese Geschwindigkeit müsste von der Lichtgeschwindigkeit subtrahiert werden, wenn die Lichtquelle sich von uns wegbewegt. Aber nein! Verblüffenderweise bewegt sich Licht tatsächlich immer mit Lichtgeschwindigkeit.

Einstein löste dieses Problem mithilfe der Annahme, dass die Lichtgeschwindigkeit eine vom Bewegungszustand des Bezugssystems unabhängige Naturkonstante ist und dass sie zugleich die höchste Geschwindigkeit für die Ausbreitung elektromagnetischer Signale darstellt. Damit gab er der physikalischen Zeit eine klare Struktur. Wir können nur von Vorgängen erfahren, die innerhalb eines gewissen Zeithorizonts liegen. Seine Grenzen sind durch die Endlichkeit der Lichtgeschwindigkeit gegeben. In dem Moment, in dem das Sonnenlicht unser Auge trifft, hat es immer schon eine acht Minuten lange Reise hinter sich, denn so lange braucht jeder Lichtstrahl für die Strecke von der Sonne zur Erde. Wir sehen Sterne und Galaxien, deren Entfernungen mit Millionen, ja Milliarden Lichtjahren beschrieben werden. Wir sehen sie jetzt, weil uns ihr Licht im Moment ihrer Beobachtung erreicht; ob sie aber tatsächlich noch existieren, das können wir nicht wissen, denn die Informationen darüber erreichen uns erst in ferner Zukunft.

Nach Maßgabe der Relativitätstheorie gibt es also keine Gleichzeitigkeit. Alles braucht Zeit, weil es sich höchstens mit Lichtgeschwindigkeit ausbreiten kann. Die Relativitätstheorie fordert sogar von bewegten Uhren, dass sich ihre Zeiger langsamer drehen als bei unbewegten Uhren. Solange sich die Uhren mit geringer Geschwindigkeit bewegen, spielt das weiter keine Rolle. Interessant wird es erst, wenn Lebewesen dereinst mit annähernder Lichtgeschwindigkeit durchs Universum reisen. Ein Rendezvous zwischen zwei Liebenden in Zeiten der Lichtgeschwindigkeit kann zu dramatischen Missverständnissen führen: In welchem Bezugssystem verabreden wir uns, wie schnell wirst du dich bewegen? Fragen, die sich in Zukunft stellen könnten.

Auch heute ist die Synchronisation von Uhrzeiten wichtig, selbst wenn wir uns in Premium- und anderen Limousinen noch nicht mit Lichtgeschwindigkeit bewegen können. Alle modernen Pkws haben ein Navigationssystem, das auf dem General

Positioning System (GPS) beruht. Diese Technik arbeitet mit mindestens 24 Satelliten, die die Erde in rund 20 000 Kilometern Abstand umkreisen. Diese Flugobjekte sind schnell und sie sind vom Zentrum der Erde weit entfernt. Beides hat Einfluss auf die Uhrzeit an Bord der Satelliten. Die Synchronisierung mit den Uhren auf der Erde ist nur möglich, wenn die Ergebnisse der Relativitätstheorie berücksichtigt werden.

Mit anderen Worten: Auch in der Relativitätstheorie ist die Zeit eine reine Messgröße. Sie ist jetzt aber vor allem Uhrzeit und damit nicht mehr unabhängig von ihrem eigenen Bewegungszustand. Ruht die Uhr, geht sie schneller, als wenn sie sich bewegt. Dies ist der einzige Unterschied zur Mechanik. Eine eigene Dynamik hat die Zeit aber auch in der Relativitätstheorie nicht, sie hat keinen Charakter, keine eigene Existenz und bleibt auch bei Einstein eine reine Mess- und Rechengröße, selbst wenn die Ergebnisse der Relativitätstheorie ziemlich paradox klingen.

Zumeist ist die Zeit also eine eher untergeordnete Basisgröße in der Physik. Selbst in der Elementarteilchenphysik ist sie nicht mehr als eine Verlaufsgröße, die den Zusammenstoß von Teilchen begleitet. Es gibt die Zeit vor dem Stoß und nach dem Stoß, aber sie selbst wird nicht durch die physikalischen Vorgänge beeinflusst. Eine eindeutige Richtung erhält die Zeit schließlich in der Kernphysik, und zwar durch die Radioaktivität mancher Kernsorten. Sie unterliegen einem je typischen Zerfallsprozess, dessen zeitlicher Ablauf mit der sogenannten Halbwertszeit angegeben wird. Damit ist die Richtung der Zeit definiert. Messungen der Teilchenkonzentrationen von Mutter- und Tochterkern machen es möglich, das Alter einer Probe zu bestimmen.

Und damit sind wir bei der eigentlichen Bedeutung der Zeit in der Natur, nämlich im Werden und Vergehen. Große Bereiche der Physik beschreiben nur das unmittelbare Sein der Natur, wie es unveränderlich, also ohne Reibung oder Energieverluste, vorliegt. Die Physik beschäftigt sich in der Regel mit idealisierten Bedingungen, die in der Wirklichkeit gar nicht vorkommen. Tatsächlich aber ist die Natur ein Selbstorganisationsphänomen, das sich ständig umstrukturiert, Unterschiede auszugleichen versucht und somit einem ständigen Wandel unterliegt. Es passiert immer etwas, was Energie braucht und umwandelt.

Ein kleiner Teil der Physik, die Thermodynamik, beschreibt diesen Übergang vom Sein zum Werden. Die Thermodynamik beruht auf dem Naturgesetz, das dem historischen Charakter des gesamten Natur- und Wirklichkeitsgeschehens Rechnung trägt: dem zweiten Hauptsatz der Thermodynamik. In ihm wird die Gesetzmäßigkeit in der Entwicklung der Struktur von Materie abgebildet und damit die Zeit zu einer der wichtigsten Basisgrößen der Physik bestimmt. Ohne äußere Energiezufuhr – in der Physik nennt man das ein geschlossenes System – wird eine geordnete Struktur immer zerfallen. Hochstrukturierte Systeme, zum Beispiel Lebewesen, können ihre Ordnungsstruktur nur durch Energieaufnahme aus der äußeren Umgebung aufrechterhalten. Ein großer Teil des Lebens ist zum Beispiel auf die Sonne als Licht- und Wärmequelle angewiesen. Solche Systeme sind immer offen, sie stehen im Energie- und Materieaustausch mit der Umgebung. Als Regisseurin aller natürlichen Abläufe bestimmt die Zeit von Anfang an deren Entwicklungsrichtung.

Auch der Kosmos ist vom Zeitpfeil durchdrungen, er markiert die Richtung des Temperaturverlaufs der kosmischen Hintergrundstrahlung, die als Überrest eines heißen und kompakten Anfangs des Kosmos gilt. Seit diesem »Tag ohne Gestern«, genauer seit 13,82 Milliarden Jahren, breitet sich das Universum aus, kühlt dabei ab, Materie strukturiert sich unter dem Einfluss der Schwerkraft zu Galaxien, Sternen und Planeten und auf einigen dieser Planeten sogar zu Lebewesen – bis hin zu solchen mit reflektierenden Gehirnen.

Und während sich immer kleinere Inseln mit besonders komplexen Strukturen und physikalischen und biochemischen Prozessen entwickeln, breitet sich das Universum als Ganzes ununterbrochen weiter aus und wird dabei immer kälter. In ihm vollzieht sich ein ständiges Wechselspiel unterschiedlicher und miteinander aufs Engste vernetzter Prozessketten, die sich gegenseitig beeinflussen, stabilisieren und verändern. Der Kosmos ist eine große kosmische Uhr, die sich ununterbrochen neu organisiert und strukturiert. Und es ist nicht möglich, ihre Zeiger zurückzustellen.

Zeit ist Veränderung – dies ist die tiefste Erkenntnis, die die Physik zur Betrachtung der Welt beisteuern kann.

Harald Lesch ist Professor für theoretische Astrophysik an der LMU München und lehrt Naturphilosophie an der Hochschule für Philosophie, München. Er ist zudem als Wissenschaftsjournalist und Moderator für zahlreiche Fernsehsendungen (zum Beispiel »Abenteuer Forschung«, »Leschs Kosmos«) tätig.

Verschiedene Kulturen und ihre Zeiten

Auf die Vorstellung, dass das, was die Zeiger auf dem Zifferblatt der Uhr so treiben, etwas mit Zeit zu tun hat, können wir uns im Alltag gewöhnlich verlassen. Problematisch wird es für uns Uhrzeitmenschen jedoch meist dort, wo das nicht der Fall ist, etwa außerhalb Mittel- oder Nordeuropas. Jede Zeitkultur, jede Religion hat nämlich ihre je eigenen Bilder, ihre charakteristischen Symbole, Zeichen und Vorstellungen für »Zeit« und fürs Zeitliche. »Pünktlichkeit« ist in Deutschland bekanntlich ein moralisch hoch aufgeladener Begriff. Er geht mit der Vorstellung von Zuverlässigkeit einher. Unpünktlichen Personen geht man in unseren Breiten aus dem Weg. Sie werden für unzuverlässig gehalten. Das ist aber nicht überall auf der Welt so.

Bereits unsere südlichen Nachbarn machen sich, auch wenn sie uns hin und wieder bewundern, gerne über die deutsche Pünktlichkeit lustig. Wie schwer muss es dann erst jemandem aus Sri Lanka fallen, die Pünktlichkeitserwartung der Deutschen nachzuvollziehen.

Deutlich wurde uns das, als ein befreundeter Physiotherapeut uns erzählte, wie in seiner asiatischen Heimat Verabredungen getroffen werden: »Okay, wir treffen uns um sieben am Strand, und wenn ich um acht noch nicht da bin, wartest Du bis neun und gehst dann um zehn Uhr nach Hause.« Eine solche Verabredung wäre in Deutschland undenkbar. Dazu ist unser Alltag zu hektisch, und die, die ihn gestalten und prägen, sind zu ungeduldig. Geduldige Menschen gehen toleranter mit Verspätungen um als gehetzte. Ihre Zeitvereinbarungen haben größere Elastizitäten.

Die Bilder, mit denen das zeitliche Geschehen beschrieben wird, unterscheiden sich von Kultur zu Kultur, und das Zeithandeln unterscheidet sich deshalb auch von Kultur zu Kultur, von Zivilisation zu Zivilisation und von Religion zu Religion. Unter der Sonne des Südens sieht man in den Zeiten des Wartens auch Zeiten der Erwartung, im kälteren und hektischeren Mitteleuropa sind Wartezeiten in erster Linie gestohlene, verlorene Zeit. In Sri Lanka genießt man vielleicht sogar hin und wieder die Zeiten des Wartens, in Deutschland bekämpft man sie eher.

Doch nicht immer und auch nicht in jedem Fall sind die bildlichen Vorstellungen, die wir uns vom Werden und Vergehen machen, auch hilfreich. Bilder können natürlich dazu beitragen, Dinge deutlicher und die Wahrnehmung reicher zu machen. Sie können aber auch, insbesondere wenn sie mit manipulativer Absicht und zu verdeckten Zwecken eingesetzt werden, zur Verschleierung der Realität und zur Verdrehung der Wahrheit genutzt werden. Nicht in jedem Fall führen Metaphern, Sprachbilder und Gleichnisse zu mehr Klarheit oder größerer Erkenntnis, nicht immer fördern sie die Aufklärung und garantieren ein besseres Verstehen.

Das trifft zum Beispiel auf das Bild vom »Zeitfenster« zu. Vor wenigen Jahren erst in die Bildergalerie aufgenommen, tritt es an die Stelle der Vorstellung vom »rechten Augenblick«. Während das Bild vom Zeitfenster in unrealistischer Art und Weise unterstellt, der Mensch könne beliebig über Zeit disponieren, man könne Zeit wie frische Luft in die Wohnung lassen oder aussperren, erinnert die Vorstellung vom rechten Augenblick daran, dass die Zeiten auf die Menschen zukommen und es im Leben darum geht, auf den günstigen Moment vorbereitet zu sein, um ihn dann zu erwischen.

Alles, was wir über Zeit wissen, sagen, behaupten und schreiben, ist stets vage und prekär. Es ist immer nur ein Bild, eine Vorstellung von der Zeit, die auch ganz anders aussehen könnte. Solange dies so ist, gibt es Zeit nur als ein spekulatives, nicht als ein reales Objekt – und zuweilen auch nur als Illusion. Sowenig wie der gemalte Apfel ein schmackhafter Apfel ist, der einem den Hunger vertreibt, so wenig ist unsere Vorstellung von der Zeit – zum Beispiel das, was die Zeiger auf dem Ziffernblatt einer mechanischen Uhr anzeigen – die wirkliche Zeit. Deshalb macht uns die Uhr auch nicht zeitsatt.

Die Bilder, die wir uns von der Zeit machen, sind nicht einheitlich. Sie unterscheiden sich nicht nur von Kultur zu Kultur, sie verändern sich auch innerhalb ein und derselben Kultur im Verlaufe der Geschichte. Der in der europäischen Kultur rückblickend radikalste Wandel der Sicht auf die Zeit und der Vorstellung von ihr geschah an der Nahtstelle vom Mittelalter zur Neuzeit. Vor inzwischen mehr als 600 Jahren startete der Mensch in Italien ein Experiment, dessen Folgen wir heute zwar noch nicht vollständig, aber doch zu einem großen Teil überblicken können, nicht zuletzt, weil wir die Konsequenzen am eigenen Leib zu spüren bekommen.

Damals wurde der bis dahin unstrittige Alleinherrscher über die Zeit, der biblische Gott, enteignet. Der neue Gott, der an die Stelle des alten trat, war mechanisch. Er war soeben in einem norditalienischen Kloster erfunden worden und nannte sich Räderuhr. Er veränderte viel, sehr viel. In allererster Linie die Bilder und Vorstellungen, die man sich von nun an von der Zeit machte und die den Umgang mit der Zeit ganz neu ausrichteten. Nachdem dem Zeitenlenker Gott (im alten Griechenland waren es noch Götter) die Zeitzügel aus der Hand genommen worden waren, hatte der sein Privileg als allein zuständiger Zeitgeber verloren. Die Menschen blickten fortan, wenn sie wissen wollten, was die Stunde geschlagen hat, nicht mehr zum Himmel, sondern auf die Kirchturmuhr.

Gott hat die Zeit erschaffen, der Mensch hingegen die Uhr.

Gott, so steht es in der Bibel, hat die Zeit erschaffen, der Mensch, das steht im Lexikon, hingegen die Uhr. Diese war es, die von nun an die Zeit an- und vorgab. Vor diesem folgenreichen Perspektivenwechsel war die Zeit eine himmlische Angelegenheit. Danach wurde sie zu einer Sache der Mechanik und somit des menschlichen Willens. Der Mensch verstand sich hinfort als eine Art »Maschinist« der Zeit, die er zunehmend mit dem gleichsetzte, was ihm die Zeiger der Räderuhr signalisierten.

Seit mehr als einem halben Jahrtausend fühlen die Menschen sich nun als Herrscher, zugleich aber auch als Sklaven jener Zeitmaschine, die sie selbst entwickelt haben und »Uhr« nennen. Es ist ihr Ticken, das dem irdischen Dasein seitdem den Takt vorgibt und für eine stetig größer werdende Distanz des menschlichen Tuns und Lassens zu den Rhythmen der inneren und der äußeren Natur gesorgt hat. So wurde aus dem Menschen schließlich einer, der nicht auf seinen Hunger, sondern auf die Uhr schaut, um zu entscheiden, ob er etwas essen soll, und der Pausen macht, wenn die Zeiger es ihm signalisieren und nicht der Grad seiner Erschöpfung.

So konnte es auch bei genauester, automatisierter Zeiterfassung im Arbeitsprozess zu solch skurrilen Vorstellungen kommen wie der von einem »Zeitguthaben« oder einem »Zeitdefizit« auf dem Arbeitszeitkonto. Wir nennen das »Zeitzivilisation«. Und manchmal vergessen wir, dass es sich bei dieser um eine sehr eigenwillige »Zivilisation« handelt, nämlich eine »Uhrzeitzivilisation«, denn das mit der Zeit und dem Umgang mit ihr könnte auch anders sein.

Wenn Menschen, wie das heute normal ist, über Ländergrenzen und Zeitzonen hinweg Kontakt haben, kommt es unweigerlich zu Reibungen, zu Irritationen und Missverständnissen durch Unterschiede in der Zeitwahrnehmung, Differenzen beim Zeitverständnis und bei Zeiterwartungen. Wer also das Risiko des Scheiterns interkultureller Kontakte und Kooperationen reduzieren will, muss die Unterschiede zwischen den jeweiligen Zeitkulturen zur Kenntnis nehmen.

Da jede Kultur eigene Vorstellungen von »Zeit« hat, macht sie auch jeweils anders Ordnung mit ihrer Zeitvorstellung und geht auch anders mit Zeit um. In nicht wenigen Gesellschaften schauen die Bewohner erheblich seltener auf die Uhr, als sie das bei uns tun. Sie richten ihr Zeithandeln in erster Linie an sozialen Gelegenheiten, an Signalen der Natur und den Sternen aus. In manchen Gegenden dieser Welt kann man mit Lob rechnen, wenn man die Dinge schneller als erwartet tut, während anderswo Menschen, die aufs Tempo drücken, gemieden und nicht selten sogar verachtet werden. Der Zeitforscher Edward Hall spricht mit Blick auf solche kulturellen Unterschiede von einer »stummen Sprache«. Wie alle Sprachen ist auch die stumme Zeitsprache von je besonderen geschichtlichen, religiösen, wirtschaftlichen, klimatischen und geografischen Einflüssen geprägt.

»Wer von seinem Tag nicht mindestens zwei Drittel für sich hat, ist ein Sklave.«

Friedrich Nietzsche

Im alten Ägypten beispielsweise begann der Tag mit der Morgendämmerung, bei den Römern etwas später, mit dem Sonnenaufgang. Juden und Muslime legen den Zeitpunkt des Tagesbeginns bis heute auf die Zeit des Sonnenuntergangs. Wer nicht blind und selbstbezogen durch die Welt eilt, wird feststellen, dass die Uhren in Moscheen anders gehen als die der Christen an deren Kirchtürmen. Selbst in Deutschland beginnt der Tag erst seit dem 1. Januar 1925 offiziell, per Gesetz festgelegt, zur Mitternachtsstunde.

Für Bewohner des Abendlandes ist die Zeit der Uhr der wichtigste Zeitgeber. Nur dort wurde und wird den Menschen von Kindesbeinen an beigebracht, in Zeitangelegenheiten auf die Uhr zu schauen. Völlig anders – weniger uhrzeitfixiert – gehen Chinesen mit Zeit um. Ihr Zeitdenken, ihre Zeitvorstellungen und ihr Zeithandeln kennen kein Modell, keinen Plan. Ihr Zeitdenken richtet sich nach den Umständen und damit nach der jeweiligen Situation. Es ist flexibler. Zeithandeln orientiert sich dort an den im Spiel befindlichen Kräfteverhältnissen.

So erzählt der bekannte Sinologe Wolfram Eberhard: Fragt man einen Chinesen auf der Straße, wie weit es zum Bahnhof ist, antwortet der beispielsweise: »Zehn bis zwanzig Minuten«. Das ist eine für einen Mitteleuropäer unbefriedigende, weil ungenaue Antwort. Der Chinese legt sich aber aus guten Gründen zeitlich nicht fest, da er nicht weiß, ob der Fragende schnell oder langsam zum Bahnhof läuft, ob er auf dem Weg dorthin aufgehalten wird, ob der Verkehr dicht oder flüssig ist, ob der Fragende es eilig hat oder nicht. So wurden die prächtigen Augsburger Uhren, die der Kaiser von China Anfang des 17. Jahrhunderts von Jesuiten geschenkt bekam, von diesem nicht etwa zur Zeitmessung und zur Zeitansage genutzt, sondern landeten in dessen reichhaltiger Spielzeugsammlung. 1769 schrieb der Jesuitenpater Jean de Ventavon aus dem Fernen Osten: »Ich bin zum Uhrmachermeister des Kaisers ernannt worden, aber eigentlich sollte ich sagen, dass ich nur Spielzeugbauer bin, denn der Kaiser erwartet von mir nicht, wirkliche Uhren zu bauen, sondern erfindungsreiche Automaten und bizarre Maschinen« (zit. nach Cipolla: Gezählte Zeit, Berlin 2011, S. 102).

Die Vorstellung, dass Zeit, wie das bei der Uhrzeit der Fall ist, etwas mit einer kalkulierbaren, situationsfernen, monotonen Vorwärtsbewegung zu tun hat, war in China, wie in ganz

Ostasien, bis vor nicht allzu langer Zeit unbekannt. Das heute als westlich geprägt geltende Japan hat erst 1871 jenes Zeitsystem übernommen, das wir Europäer kennen. Bis dahin gab es im Japanischen nicht einmal ein Wort für »Zeit« und daher auch keine Zeitmessung. Das wiederum erinnert uns daran, dass der chronologische Zeitverlauf eine westliche Erfindung ist, ebenso wie die Bürokratie, für die das Eins-nach-dem-anderen des Zeigerverlaufs der mechanischen Uhr das Vorbild abgibt.

»*Ich sollte eigentlich nicht so viel auf die Uhr schauen, das kann nicht gesund sein.*«

Robert Walser

Welten liegen auch zwischen der afrikanischen Zeitkultur und der europäischen. Das ist hörbar und nachvollziehbar in der afrikanischen Musik. Afrikanische Musik drängt nicht wie europäische nach vorne, zu einem Höhepunkt und einem Abschluss, sondern verharrt in einer Art Kreisbewegung in der Gegenwart. Fragt ein Buspassagier in Afrika beim Einstieg den Fahrer, wann der Bus abfährt, dann kann man sicher sein, dass das ein vorwärtsblickender, zielorientierter Europäer oder Amerikaner ist. Ein Afrikaner würde sich wortlos auf einen leeren Platz setzen und warten, was auf ihn zukommt. Zugrunde liegt diesem unterschiedlichen Zeitverhalten eine unterschiedliche Vorstellung von Zeit.

Sind in Deutschland exakte Stellenbeschreibungen üblich, so sucht man diese in Japan vergeblich. Deutsche, das hat man festgestellt, arbeiten ihre Aufgaben nach dem Uhrzeitprinzip des Eins-nach-dem-anderen ab, Franzosen, so einschlägige Untersuchungsergebnisse, arbeiten lieber an mehreren Aufgaben gleichzeitig. Sie bevorzugen eine flexible Terminierung mit einkalkulierter Verspätung, während die Deutschen starre Terminierung und Pünktlichkeit verlangen und erwarten. Auch dies ist ein Beleg, dass das individuelle Zeithandeln in hohem Maße von jener Kultur abhängig ist, in der man groß wurde und in der man sich die meiste Zeit aufhielt. Jede Kultur hat ihre je eigenen Zeitabdrücke.

Unterschiede in der Zeitkultur findet man aber nicht nur zwischen verschiedenen Völkern, sie sind auch in der eigenen Kultur zu entdecken. Nehmen wir als Beispiel jenes Zeitmaß, das wir »Stunde« zu nennen gelernt haben. Nicht überall und nicht stets ist die »Stunde« das, was man bei uns in der Schule lernt. Auch war sie nicht immer, was sie heute für uns ist. Spricht die Bibel von »Stunden«, dann handelt es sich nicht um Stunden von 60 Minuten, wie wir sie von der Uhr her kennen. Stunden sind nicht stets der vierundzwanzigste Teil eines Tages – Goethe hat das, wie in dem Bericht über seine Italienreise nachzulesen ist, in eine gewisse Verwirrung gestürzt –, sondern sie sind ein Zeitabschnitt, der in manchen Regionen übers Jahr in seiner Ausdehnung schwankt. Die 60-Minuten-Stunde ist eine besondere Stunde. Sie ist erst gegen Ende des Mittelalters gemeinsam mit der mechanischen Uhr »erfunden«, aber nicht überall mit dieser eingeführt worden. Die Verfasser der Bibeltexte kannten die 60-Minuten-Stunde nicht. Selbst heutzutage sind die Stunden nicht immer exakt das Sechzigfache einer Minute. Schulstunden sind bekanntlich kürzer. Gebetsstunden mal länger, mal kürzer. Sie dauern nur in Ausnahmefällen exakt 60 Minuten. Teestündchen hingegen können durchaus länger dauern, und bei den Schäferstündchen schaut man besser erst gar nicht auf die Uhr. All diese schönen Stunden und Stündchen verdanken wir ihrer kalkulatorischen Unklarheit. Sie gehören daher zu jenen Errungenschaften, die wir »Zeitfreiheit« nennen.

Welche Vorstellungen, welche Bilder auch immer kulturell vorherrschen, sie haben Auswirkungen auf das individuelle und das gesellschaftliche Zeithandeln. Während im industrialisierten Westen das planbare, zielgerichtete, produktive Handeln, die Haltung also, »die Zeit zu nutzen«, einen hohen Wert hat, sind es in den fernöstlichen Kulturen traditionell eher situative Elemente und soziale Werte, die dem Zeithandeln seine Gestalt verleihen. Dabei ist die Vorstellung, Zeit in Geld verrechnen zu können, im gegenwärtigen Zeitalter der Globalisierung besonders wirkmächtig. In Kulturen, in denen Geld eine geringere Rolle spielt als im börsennotierten Teil der Welt, ist das Zeitsparen eine relativ unbekannte Zeitpraxis.

Ja, Zeitvielfalt geht mit Kulturvielfalt und häufig auch mit religiöser Vielfalt einher. Das ist von Ivo Andric ein wenig ironisch und sehr melancholisch in seinem »Brief aus dem Jahre 1920« beschrieben worden. »Wer in Sarajevo die Nacht durchwacht, kann die Stimmen der Nacht von Sarajevo hören. Schwer und sicher schlägt die Uhr an der katholischen Kathedrale: zwei nach Mitternacht. Es vergeht mehr als eine Minute (ich habe genau 75 Sekunden gezählt), und erst dann meldet sich, etwas schwächer, aber mit einem durchringenden Laut die Stimme von der orthodoxen Kirche, die nun auch ihre zwei Stunden schlägt. Etwas später schlägt mit einer heiseren und fernen Stimme die Uhr am Turm der BEG-Moschee, sie schlägt elf Uhr und zeigt elf gespenstische türkische Stunden an nach einer seltsamen Zeitrechnung ferner, fremder Gegenden. Die Juden haben keine Uhr, die schlägt, und Gott allein weiß, wie spät es bei ihnen ist, wie spät nach der Zeitrechnung der Sepharden und auch derjenigen der Aschkenasen. So lebt auch noch nachts, wenn alle schlafen, der Unterschied fort, im Zählen der verlorenen Stunden dieser späten Zeit.«

Wir leben so, als wäre unser Blick auf die Zeit, unser Verständnis von Zeit und unser Umgang mit ihr, das Selbstverständlichste der Welt. Aber dem ist nicht so. Ägypter, Griechen oder Römer, sie alle haben niemals auf eine Uhr geschaut und haben auch zu keiner Zeit von Zeigerstellungen gesagt bekommen, wie spät es ist. Sie hatten zwar Kalender, aber keine Terminkalender, sie hatten Uhren – Sand-, Wasser- und Sonnenuhren –, aber keine mechanischen Uhren. Sie hatten ihre Götter, die sie verehrten, fürchteten und bewunderten. Aber an Götter, die uns auf unserer gefährlichen Wanderschaft durchs Zeitliche beistehen, die uns bei unserer Wanderung durch das Dasein leiten und beschützen, glauben wir ja heute nicht mehr.

Wie sich die Zeiten und die Bilder, die wir uns von dem, was wir »Zeit« nennen, auch ändern mögen, eines bleibt gleich: Geht es um Zeit, dann geht es auch um Bilder, um Vorstellungen, Illusionen und Glaube. Das war in der Antike so, und das ist heute nicht anders.

Die banale und zugleich weitreichende Erkenntnis ist: An der Zeit selbst lässt sich nichts ändern. Wir können sie weder managen noch sparen, können sie nicht verlieren und nicht gewinnen und auch nicht in den Griff bekommen. Die Zeit ist ungreifbar. Wir können mit der Zeit überhaupt nichts machen, sie macht alles mit uns. Managen, in den Griff bekommen oder verlieren können wir nur uns selbst – oder Personen und Objekte, mit denen wir uns umgeben. Die Zeiger der Uhr lassen sich verstellen, an der Zeit ändert sich hierdurch gar nichts.

Geliebter Zeitmangel

Niemals zuvor in der Zivilisationsgeschichte hatten die Menschen eine solch große Menge an Wahlmöglichkeiten wie heute, niemals zuvor mussten sie so viel entscheiden, und niemals zuvor hatten sie so wenig Zeit dafür. Die Folge: Der Mensch muss immer öfter »müssen«: »Ich hätte gerne noch mehr erzählt, muss aber leider jetzt weg.« – »Entschuldige bitte, ich muss schnell mal telefonieren.« – »Hab leider keine Zeit, muss Emil aus dem Kindergarten abholen.« – »Nein, kommen kann ich nicht, ich muss den Artikel spätestens um vier Uhr abliefern.«

Hat man uns die viele Zeitfreiheit vielleicht nur gegeben, um öfter zu müssen, um immer auf dem Sprung und stets unter Zeitdruck zu sein? Anstatt mit der netten Nachbarin, die man soeben getroffen hat, über dies und das zu plaudern, steht man unter dem Druck, Dringlicheres, Interessanteres oder Nützlicheres erledigen zu müssen. Das funktioniert gewöhnlich problemlos, weil »Keine-Zeit-Haben« im täglichen Kleinkrieg um Zeitgewinne eine Selbstverständlichkeit ist. Das ist normal, und das Normale muss man nicht begründen. Das ist dann auch der Grund, weshalb die Ausrede: »Tut mir leid, keine Zeit« gar nicht als Ausrede wahr-

All das, was wir glauben, der Zeit anzutun, tun wir in Wirklichkeit uns selbst und unseren Mitmenschen an. Zeit ist die Bewegung des Lebens selbst, sie ist keine dem Menschen gegenüberstehende Objektivität. Nicht die Zeit vergeht, wir sind es, die vergehen. So unerfreulich dieser Sachverhalt auch sein mag, so realistisch und so unabwendbar ist er. Es ist nun einmal so, dass die Menschen weder die Bewegung noch die Richtung der Zeit beeinflussen können. Was sie ändern können, sind die von ihren Eltern, ihren Lehrern und Lehrerinnen, Freunden und Freundinnen übernommenen Vorstellungen von Zeit, ihren anerzogenen Zeitglauben. Und was sie noch verändern können, ist ihr darauf aufbauendes Verhalten in der Zeit, ihr Zeithandeln. Weder für die Vorstellungen, die Bilder und die Illusionen, die sich die Menschen von der

genommen wird – und deshalb so gut funktioniert. Der nicht fassbaren Zeit die »Schuld« für die Kommunikationsverweigerung in die Schuhe zu schieben gehört zu den beliebtesten Ausreden und Abwehrstrategien, obgleich das ähnlich absurd ist, wie die Schwerkraft zum Schuldigen zu erklären, wenn einem ein Teller aus der Hand fällt und in tausend Stücke zerspringt.

Es sind noch einige Gründe mehr, die es attraktiv machen, auf demonstrative Art und Weise Zeitknappheit geltend zu machen. Zur Schau gestellte Zeitnot ist auch deshalb beliebt, weil sie den Ansprechpartnern suggeriert, zu jenen Leistungsträgern zu gehören, die in der Gesellschaft für das Tempo verantwortlich sind. Wer darauf Wert legt, von seinen Mitmenschen als erfolgreich wahrgenommen und bewundert zu werden, muss einen übervollen Terminkalender vorweisen, akuten Zeitmangel demonstrieren und diesen zugleich beklagen. Eile, Hetze und Zeitnot sind überall dort anerkannte und gültige Währungen, wo die Konkurrenzen um soziales Ansehen und das gesellschaftliche Prestige über Symbole der Wichtigkeit und der Unentbehrlichkeit ausgetragen werden. Was wiederum heißt, dass diejenigen, die ihre Zeitnöte, ihr Getriebensein und ihre Hektik am anschaulichsten zum Ausdruck bringen, am

Zeit machen, noch für den Umgang mit ihr ist es besonders sinnvoll zu sagen, sie seien »richtig« oder »falsch«. Es gibt kein allgemeingültiges, überall anerkanntes Muster. Auch das der Uhrzeit ist keines.

Dass wir keinen generell gültigen Zeitbegriff haben, sondern viele unterschiedliche Vorstellungen und Bilder von ihr besitzen, muss uns jedoch nicht allzu sehr beunruhigen. Die Unschärfe des Begriffs »Zeit« hat einen sowohl individuellen als auch gesellschaftlichen Nutzen – sie erweitert unsere Freiheit, gewährt Spielräume, sichert Beweglichkeit und erlaubt, sich einer eindeutigen Festlegung zu entziehen. Das hat auch Vorteile. Die Freiheiten, die uns von Uneindeutigkeiten ermöglicht werden, sind nicht zu unterschätzen. Wir nutzen sie beispielsweise, wenn wir uns bei Gesprächspartnern, die wir

ehesten mit der Mehrung ihres Ansehens, dem Wachsen ihres Einflusses und der Zunahme ihrer Autorität rechnen können. Kein Wunder, dass der Kommunikationskiller »Ich habe keine Zeit!« so beliebt ist. Er fungiert als Türöffner für die Suiten der Erfolgreichen, der Angesehenen und der Bewunderten. Zeitmangel wird zum Marker der Gruppenzugehörigkeit.

Dass das so funktioniert, wie es funktioniert, setzt eine Gesellschaft voraus, in der Schnelligkeit besser als Langsamkeit ist, Zeitnot angesehener als Zeitwohlstand, das Tun mehr belohnt wird als das Lassen. In einer Gesellschaft, in der das so ist, leben wir. In ihrem Zentrum findet man die Fixen, Überarbeiteten und Zeitarmen, an ihrem Rand die Zeitreichen, die nichts, nicht genug oder wenig zu tun haben, die Arbeitslosen, die Rollatorenschieber und die, die unter der Brücke nächtigen. Mit solch bedauernswerten Zeitgenossen wollen die, die ihr Leben dem Prinzip der Gewinnmaximierung verschreiben, nichts zu tun haben. Mit ihnen möchten sie nicht verwechselt werden. Demonstrativ artikulierter Zeitmangel ist die beste Strategie, das zu verhindern. So gesehen, ist es in unserer Gesellschaft lohnenswerter, keine Zeit zu haben, als Zeit zu haben.

Beliebt und verbreitet ist die Behauptung von Zeitmangel auch als Strategie der Zurückweisung zusätzlicher Aufgaben und/oder ungelieb-

zufällig treffen und gerne nicht getroffen hätten, mit der Formel: »Tut mir leid, ich hab grad keine Zeit« entschuldigen. Kein Mensch würde in solch einer Situation auf die Idee kommen, Klärungen einzufordern. Niemand würde zurückfragen: »Was genau meinst du denn, wenn du zu mir sagst, du hättest keine Zeit?« oder: »Für was hast du denn Zeit, wenn du für mich keine Zeit hast?« Die eingeforderte Klarheit wäre für die Beziehung höchst fatal. Sie würde ebenso Kopfschütteln hervorrufen wie die nicht unsinnige Nachfrage: »Welchen Tag meinen Sie denn?«, wenn man zuvor mit einem »Guten Tag« begrüßt wird. Wer Zeitdruck geltend macht, käme bei solchen Nachfragen in die unangenehme Lage, zugeben zu müssen, dass es gar nicht um den Mangel an Zeit geht, sondern um den Mangel an Lust, sich mit dem Gegenüber zu unterhalten.

ter Belastungen. Auch zu solchen Anlässen trifft der Einwand, unter Zeitdruck zu sein, bei Weitem nicht in dem Maße zu, wie er eingesetzt wird. Er dient der Abwehr von Zugriffen und Zumutungen.

Und dann gibt es noch diejenigen, die sich aus Angst vor einem Mangel an Zeitmangel durch selbstgemachten Zeitdruck auf Trab halten. Es sind diejenigen, für die das Zeithaben, der Zustand des Zeitwohlstandes bedrohlich sind, weil sie nicht wüssten, was sie täten, wenn sie Zeit hätten.

Das alles ist natürlich ein Spiel, ein widersprüchliches Spiel. Solange der Mensch nämlich sagen kann, er hätte keine Zeit, hat er Zeit. Zumindest so viel, sich über seine Zeitnot zu beklagen. Ein Widerspruch mit Tradition. Shakespeares Julia fiel er bereits auf: »wie außer Atem sein, wenn du Atem hast, um mir zu sagen, dass du keinen hast.«

Aber: Man muss das nicht allzu glaubhafte Drama der knappen Zeit ja nicht immer und überall mitspielen. Wenn Sie sich mal wieder gut aufgelegt und mutig fühlen, dann konfrontieren Sie bei Gelegenheit doch mal den einen oder die andere, die mit der vorgefertigten Entschuldigung: »Tut mir leid, keine Zeit« ein Gespräch verweigert, mit der Rückfrage, welche Zeit er oder sie denn eigentlich nicht hat.

Andererseits ist die Unklarheit so unklar nun auch wieder nicht. Mit der Uhr haben wir uns ein Objekt geschaffen, das uns vorgaukelt, Zeit sei das, was auf dem Ziffernblatt ablesbar ist. Das schafft scheinbar klare Verhältnisse und fördert zugleich die Illusion, mit der Zeit machen zu können, was man will, sie organisieren, verwalten, managen, gewinnen und verlieren zu können. Zudem haben wir mit der Uhr auch einen Gegenstand konstruiert, auf den wir die Verantwortung für unsere Zeitprobleme abwälzen können, nämlich immer dann, wenn wir einem Mitmenschen signalisieren, »keine Zeit« zu haben. Der Zeit die Schuld für einen abrupten sozialen Kontaktabbruch zu geben, ist nichts anderes, als würde man der Schwerkraft die Schuld dafür geben, dass einem der Teller aus der Hand gefallen und zerbrochen ist.

Verstehen wir Zeit als eine Konstruktion aus Bildern, Metaphern und Vorstellungen, dann existiert sie nicht nur als Einheit, sondern sie ist eine Pluralität vieler unterschiedlicher Zeiten. Das wiederum heißt, man kann die Bilder wechseln, kann das, was »Zeit« genannt wird, auch anders sehen und sich anders vorstellen – und daraus dann Konsequenzen für ein verändertes Zeithandeln ziehen. Man kann in der Zeit eine zu bekämpfende Feindin sehen, kann sie aber auch als Freundin willkommen heißen. Man kann sie hassen, weil sie an einem nagt, man kann sie aber auch lieben, weil sie für einen sorgt. Für die einen ist Time Money, für die anderen ist Time Honey.

Für unseren Umgang mit Zeit und für Veränderungen unserer Zeitvorstellungen und unseres Zeithandelns ist es hilfreich zu wissen, wo die Bilder herkommen, die wir von der »Zeit« haben, wie sie wirken und wie sie sich verändern lassen.

Es ist illusorisch, ja sinnlos, die Zeit bzw. die Zeiten verändern zu wollen. Zeit, das sind wir selbst. Gibt es etwas zu verändern, dann nicht an der Zeit, sondern an uns selbst, an unseren Bildern, Vorstellungen und Illusionen von dem, was wir »Zeit« nennen. Die nämlich sind es, die unsere Einstellungen und unsere Haltungen gegenüber der Zeit und dem Zeitlichen beeinflussen und dem Zeithandeln seine Gestalt verleihen. Sie sind daher die Ansatzpunkte für den Wunsch nach »besseren« Zeiten.

Nehmen Sie sich Zeit für die Zeit! Nicht nur einmal, sondern immer mal wieder. Suchen bzw. schaffen Sie sich eine dafür geeignete Umgebung, konkret: eine relativ störungsfreie Atmosphäre.

Versuchen Sie, in Distanz zu Ihren Zeitvorstellungen und Ihren Zeitbildern zu gehen. Man kann das alleine, durch Selbstbeobachtung machen, zum Beispiel bei einem Waldspaziergang, in der Badewanne oder während kontemplativer Gartenarbeit. Leichter aber fällt es, wenn man es mit angenehmen Gesprächspartnern, mit guten Freunden und Freundinnen gemeinsam angeht. Dabei wird nämlich deutlich, dass sich die Bilder und die Vorstellungen der Gesprächspartner unterscheiden und zu einem jeweils unterschiedlichen Zeithandeln führen.

Man kann das alles lustvoll tun, mit einer gewissen Neugier und einer Freude am Experimentieren.

Dafür könnten folgende Fragen und Anregungen hilfreich sein:

▸ **Wenn ich meinem Zeithandeln ein Motto in Form eines Sprichworts geben müsste, welches wäre das?**

»Eile mit Weile«
»Stillstand ist Rückschritt«
»Der frühe Vogel frisst den Wurm«
»Carpe diem«
»Die Zeit heilt alle Wunden«
»Alles hat seine Zeit«
»Zeit ist Geld«
»Kommt Zeit, kommt Rat«
oder, oder, oder …

▸ **Wenn ich meine Vorstellung vom Verlauf der Zeit in einer geometrischen Figur abbilden will, welche würde diesem am ehesten entsprechen?**

Ein Kreis, eine Linie,
eine Spirale, ein Pfeil?

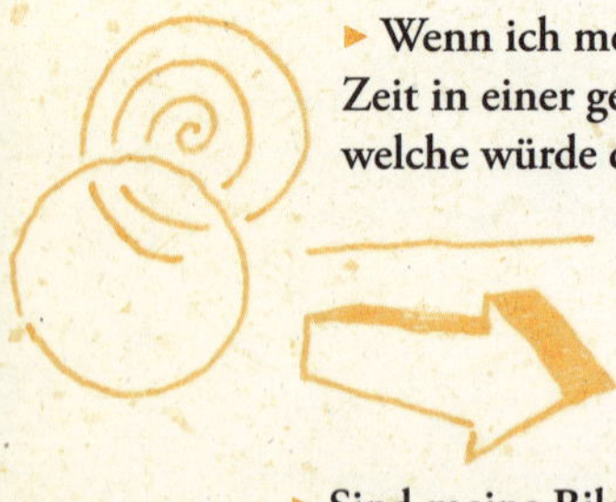

▸ **Sind meine Bilder von der Zeit eher von Mangel als von Fülle geprägt?**

Zeit ist ***knapp***, ich darf keine Zeit ***verlieren***, ich renne der Zeit hinterher. Zeit gibt es ***reichlich***, täglich kommt neue nach; die Zeit ist meine ***treue Freundin***, von der Zeugung bis zum Tod weicht sie nicht von meiner Seite.

Wie drücken sich meine Zeitvorstellungen in meinem Sprachgebrauch aus?

Zum Beispiel: Zeit sparen, verstreichen lassen, investieren, nutzen, ***managen***, totschlagen, verlieren, vergeuden, ***genießen***, vertreiben, in den Griff bekommen etc.

Welche Zeitvorstellungen sind durch meinen Kulturkreis maßgeblich geprägt?

(Da gibt es die deutsche Pünktlichkeit, das französische *»Savoir vivre«*, das italienische *»dolce vita«*, ein ganz unterschiedlich ausgelegtes *»carpe diem«* und viele mehr.) Wie gehe ich im Unterschied zu anderen ***Kulturkreisen*** mit Zeit um? Welche Erfahrungen habe ich mit anderen ***kulturellen Zeitvorstellungen*** gemacht? Welche haben mich fasziniert? Welche eher irritiert oder abgeschreckt?

Inwiefern wirken sich meine Zeitvorstellungen auf mein Handeln aus?

Wann treiben sie mich zur Eile an? ***Wann*** wirken sie beruhigend und verlangsamend? ***Welche*** Vorstellungen wirken eher unterstützend und entlastend? ***Welche*** Vorstellungen wirken eher hinderlich, störend und belastend?

Versinnlichen Sie die Zeit.

»Zeit« ist ein Abstraktum. Wir haben wegen des fehlenden Zeitsinns keinen direkten Zugang zu ihr. Indirekt kann man der Zeit und ihren vielen ***Formen und Qualitäten*** über Musik, die ja nichts anderes als vertonte Zeit ist, näherkommen. Man kann sich ihr aber auch über den Geschmack nähern. Für den einen eignen sich Wein und Käse besonders gut dafür, für den anderen ein Bierchen, ein Tee, eine heiße Schokolade …

Unterhalten Sie sich mit Kindern über Zeit.
Kinder haben eine sinnliche und »unverdorbene« Vorstellung von Zeit. Fragen Sie Kinder, wo die Zeit wohnt, welche Farbe sie hat und was die Zeit am Wochenende macht. Die Antworten können sehr originell und inspirierend sein und die eigenen Zeitvorstellungen relativieren und verflüssigen. Die sechsjährige Lou, der die Uhrzeit noch fremd ist, antwortet zum Beispiel auf die Frage nach der Farbe der Zeit:

»Die Zeit ist blau, kann aber auch grün sein. Am Mittwoch ist sie grün, und am Sonntag ist sie blau, und am Donnerstag ist sie rot, Freitag ist sie gelb. Montag ist keine Zeit, am Dienstag ist sie weiß, dunkles Weiß.«

Ähnlich irritierend und anregend kann ein Gespräch über Zeit, Zeitvorstellungen, Zeitbilder und Zeitverhalten mit Menschen aus fremden Kulturkreisen sein.

Richten Sie Ihre Aufmerksamkeit auf die Zeitfloskeln in Gesprächen.
Hören Sie genau hin, wie häufig überflüssigerweise ***»schnell«*** und ***»kurz«*** gesagt wird – von Ihren Gesprächspartnern, aber auch von Ihnen selbst. »Gib mir doch mal schnell das Salz rüber.« »Hör mir mal schnell zu.« – Zeitdruck, den wir in Gesprächen machen, ohne dass wir uns dessen bewusst wären.

Nutzen Sie die Internet-Bildersuchmaschine.
Schauen Sie sich beim Stichwort »Zeit« die dort präsentierten Bilder an. Wundern Sie sich. Lassen Sie sich irritieren. Suchen Sie nach jenen Bildern, die den Ihren entsprechen, und staunen Sie über die anderen.

▸ Betrachten Sie die Zeitbilder der Werbung.
Die jeweils aktuell wirkmächtigen Zeitbilder findet man in besonders plakativer Form in der Werbung. In ihren Botschaften transportiert sie Zeitvorstellungen, Zeitbilder, besonders aber Zeitillusionen, die attraktiv sind oder attraktiv gemacht werden sollen. Es lohnt sich daher, die Werbung immer mal wieder auf ihre offenen und ihre versteckten Zeitbotschaften hin zu analysieren.

▸ Nutzen Sie das Anregungspotenzial der Kunst.
Kunst operiert an der Grenze der Lebenswelt. Sie testet sie aus. Sie konfrontiert die eingespielten Wahrnehmungsweisen der Zeit, überzeichnet und verändert sie. Kunst befreit, indem sie die moralischen, die logischen und die sozialen Selbstverständlichkeiten des Zeitlichen, in denen die Menschen sich verstrickt haben, lockert und relativiert. Insofern macht Kunst das Leben utopiefähig, fördert den Möglichkeitssinn und hält die Idee wach, dass das, was ist, nicht alles ist und auch anders sein könnte.

Merke: ***Überlegen Sie gut, für welches Bild von Zeit Sie sich entscheiden, denn Sie sind jene Zeit selbst, die Sie so sehen und verstehen.***

Kapitel 2

Die Uhr ist nicht die Zeit

Seit es mechanische

Uhren

gibt, bestimmt nicht allein

die Naturzeit

unser Leben. Die Normen

und Regeln der

Uhrzeit

und die zeitlichen

Anforderungen

der inneren

und äußeren

Natur,

verlangen einen fortwährenden

Spagat.

Die Uhr ist nicht die Zeit

»Ich kenne ältere Herren, die bei ›Zeit‹ nur an die Uhr denken«, offenbarte der exilrussische Schriftsteller Vladimir Nabokov 1969 einmal in einem Interview. Dass das nicht nur für ältere Herren gilt und dass es bis heute so ist, konnte man Ende März 2014 am Vortag der jährlich stattfindenden Uhrumstellung als Headline lesen. Die BILD-Zeitung titelte: »Hände weg von unserer Zeit!«

Überraschend sind solche oder ähnliche Stimmen nicht. Ist es nicht gang und gäbe, dass man in jenen Momenten, in denen man Probleme mit der Zeit hat, auf die Uhr schaut? Das zeigt uns deutlich, wie sehr unser Verständnis von Zeit vom Bild der allgegenwärtigen Uhren geprägt ist. Zeit ist, was die Uhrzeiger uns signalisieren. Die Zeit und die Uhr werden so oft miteinander verwechselt wie die Vernunft und der Verstand. Sind wir nicht längst, wenn es um das Durcheinanderbringen von Zeit und Uhr geht, zu Virtuosen des Missverstehens geworden? Haben wir es uns nicht zur Gewohnheit gemacht, im Zusammenhang mit der zweimal jährlich stattfindenden offiziellen Manipulation der Uhrzeiger im Frühjahr und im Herbst in einem Anflug von Machbarkeits- und Größenwahn von einer »Zeitumstellung« zu sprechen?

Die Zeit umstellen, das kann sich nur jemand vornehmen, der sie mit der Uhr verwechselt. Wer die Zeit umzustellen versucht, muss sich mit der Natur anlegen. Wer hingegen die Uhr umstellen will, muss nur wissen, wo das Rädchen dafür zu finden ist. Was die Abgeordneten des Europäischen Parlaments entschieden haben, als sie für die Einführung der »Sommerzeit« votierten, läuft auf eine Manipulation an den Uhrzeigern hinaus, nicht auf die Korrektur der Zeiten. Die ändern sich durch die Uhrumstellung ebenso wenig, wie sich die real existierende Temperatur durch einen Wechsel der Maßeinheit von Celsius auf Fahrenheit verändert.

Nabokov macht mit seiner »Offenbarung« darauf aufmerksam, dass nicht nur eine, sondern zwei Zeiten existieren.

Naturzeit und Uhrzeit

Seit es die mechanischen Uhren gibt, bestimmt nicht mehr ausschließlich die Naturzeit unser Leben. Seither kennen und leben wir in zwei Zeiten: mit der mechanisch gemessenen *Uhrzeit* und mit der *Naturzeit*. Und sobald man die Möglichkeit der Wahl hat, muss man sich entscheiden, welchen Zeiten und welchen Zeitsignalen man gehorcht. Meist fühlt man sich dabei wie ein Artist, der mit gespreizten Beinen auf zwei dahingaloppierenden Zirkuspferden zugleich steht, denn die Alltagswelt stellt sich dar als Mischung aus beiden Zeiten: unser Eingebundensein in die Natur einerseits und in unsere selbst geschaffene Zivilisation andererseits. Die ständige Spannung zwischen den Erwartungen und Verpflichtungen, Normen und Regeln der Uhrzeit und die zeitlichen Anforderungen der inneren und äußeren Natur verlangen von uns einen fortwährenden Spagat.

NATURzeit ist lebendige, variable, ungenaue Zeit. UHRzeit ist tote, standardisierte, genaue Zeit.

Die *Uhrzeit* macht alle Tage gleich lang, die *Naturzeit* macht sie unterschiedlich breit. Um festzustellen, dass die Tage gleich lang sind, braucht es die Uhr. Um die Erfahrung zu machen, dass sie unterschiedlich breit sind, braucht man die Distanz zur Uhr und die Nähe zum eigenen Gefühl. *Naturzeit* und *Uhrzeit* unterscheiden sich fundamental. Sie sind nicht zwei unterschiedliche Äste ein und desselben Baumes, sondern eher zwei verschiedene Bäume. Naturzeit sorgt und bürgt dafür, dass alles seine Zeit hat, das heißt seine jeweils eigene Zeit. Die qualitätslose, entstofflichte und beliebig in kleine und kleinste Teile aufteilbare Uhrzeit hingegen ist überall und für alle gleich. Ihr liegt die Vorstellung einer Zeit zugrunde, die unabhängig von äußeren Einflüssen und körperlichen Abläufen verstreicht. Täglich meldet der Chronometer, dass es sechs Uhr ist, unabhängig davon, ob es dunkel, hell oder dämmrig ist. Über Himmelsereignisse gibt die Uhr ebenso wenig Auskunft wie über das Wetter, die Jahreszeit oder unsere je aktuelle Müdigkeit. Diese Informationen hingegen erhalten wir über die Zeiten der Natur. *Naturzeit* ist lebendige, variable, ungenaue Zeit. *Uhrzeit* ist tote, standardisierte, genaue Zeit. Der Abstraktheit ihres Zeitmaßes entspricht die Naturferne ihres Zeitmusters »Takt«.

Der Zeitenwechsel fand gegen Ende des Mittelalters statt. Da erwachte in Mitteleuropa der Drang, die Zwänge von Raum und Zeit, durch die die Menschen gefesselt waren, zu lockern, damit man ihnen, zumindest teil- und phasenweise, entkommen würde. Man begann daran zu zweifeln, ob wirklich alles so bleiben müsse, wie es immer schon war. Dieser Zweifel beeinflusste schließlich auch die Art und Weise, wie man das Zeitliche wahrnahm und mit Zeit umging. Die Folgen dieses großen Wandels, der sich zu Beginn eher zögerlich, später dann stürmisch vollzog, können wir heute genießen. Wir bekommen sie aber auch zu spüren, und das nicht selten leidvoll und belastend.

»Time goes, you say? Ah no! Alas, Time stays, we go.«

Austin Dobson: The paradox of Time

Mit dem ausgehenden Mittelalter hatte man die »zweite« Zeit sichtbar vor Augen: Man las sie am Ziffernblatt mechanischer Uhren ab, zunächst von weither einsehbar an Kirchtürmen, später dann am eigenen Handgelenk. Von nun an hatte man zwei Möglichkeiten: Richtet man sich wie seit Menschengedenken am Stand der Sonne, am Krähen des Hahns, an der eigenen Wachheit aus, oder orientiert man sich nach den Zeigern und nach dem Glockenschlag der Kirchturmuhr?

Mit der Uhr begann die Zeitepoche, der wir den Namen »Moderne« gegeben haben. Davor war es den Menschen wichtig, ob es hell oder dunkel, Tag oder Nacht war. Seitdem es Uhren gibt, ist es ihnen wichtig, ob es fünf oder sechs Uhr ist. Seitdem wollen Menschen die Zeit messen, aber nicht nur die Zeit. Als »modern« bezeichnen wir unsere Welt von dem Augenblick an, wo der Mensch in Zeitdingen eine Wahlmöglichkeit hat. Geht Freiheit mit der Gelegenheit einher, wählen zu können, dann hat die Uhr die Menschen freier gemacht. Die neu hinzugekommene Zeit der Uhr hat die Menschen aber auch vor Entscheidungsprobleme gestellt. Und es waren diese Entscheidungsprobleme im Hinblick auf das Zeitliche, die neu waren und die der Moderne den Titel der »Neuzeit« verliehen. Die heute viel beklagten zeitlichen Entscheidungsschwierigkeiten, die wir »Zeitprobleme« nennen, gibt es erst, seitdem man zwischen Uhr und Sonne, Glockenschlag und Hahnenkrähen entscheiden kann und entscheiden muss.

»Mein Lieber, hast du übrigens daran gedacht, die Uhr aufzuziehen?«

Tristram Shandy

Darüber hinaus verlangen die Uhr und ihre Zeit auch neuen Abstimmungsbedarf unter den Uhrzeitmenschen. Waren es bisher die Zeitmaße und Zeitsignale der Natur, die die Regeln fürs Leben und Arbeiten setzten, so musste jetzt mit Blick auf die Uhr abgestimmt werden, wer was mit wem zu welcher Zeit macht. Was zunächst als Befreiung daherkam, war, so gesehen, auch ein neuer Zwang.

In den Dingen, die sich die Menschen ausdenken und die sie herstellen, liegt eine große Kraft. Sie können das Leben der Menschen verändern, ohne dass diese dann immer die Richtung bestimmen könnten, in die sich die Veränderung bewegt. Davon kann Goethes Zauberlehrling berichten, der die Geister, die er rief, nicht mehr loswurde.

Kommt jemand auf die Idee und hängt in einem Raum eine Uhr auf, wird früher oder später nur mehr das als Zeit wahrgenommen und akzeptiert, was die Zeiger anzeigen. Das genau geschah zu Beginn der Neuzeit, als die Menschen zunehmend bei ihren Zeitentscheidungen denen der leblosen Technik folgten. Die Uhr fungiert dabei nicht nur als ein Gegenstand der Zeitmessung, sondern auch als ein Instrument, das den Appell aussendet, bei Zeitangelegenheiten in Distanz zur Natur zu gehen, um von ihr unabhängiger zu werden.

Mit dem Blick eines Zeitreisenden, dem Uhren und die »Uhrenzeit« völlig unbekannt sind, ist die Vorstellung, man könne »Zeit« anhand eines Zeigerverlaufs auf einem Zifferntblatt ablesen und diese Information dann als Signal und Richtschnur für die zeitliche Gestaltung seines Lebensvollzugs hernehmen, absurd, wahrscheinlich sogar verrückt. Und in der Tat, ist sie das nicht auch? Es handelt sich nämlich um eine äußerst schlichte, dem Geist der Mechanik entsprungene, nüchterne Vorstellung. Sie ähnelt jener, die das menschliche Lachen, dem Vorbild des Zug- und Stoßprinzips der Dampfmaschine nachempfunden, als hydraulische Leistung des Brustkorbs erklärt.

Der Triumphzug der mechanischen Uhr ist ein Sieg der Abstraktion, ein Durchbruch und ein Erfolg des rationalen Den-

Was Uhren eigentlich machen

Nimmt man's genau, misst die Uhr gar keine Zeit. Sie simuliert die Erdrotation. Das tut sie mehr oder weniger gut und präzise. Der Uhrmacher stellt einen möglichst harmonischen Zusammenhang zwischen der von ihm konstruierten Uhrenmechanik und den Verläufen des Sonnensystems her. Zwischen der Erdrotation und der Uhrzeit besteht keine »natürliche«, sondern nur eine technisch hergestellte harmonische Kausalität. Die Uhr liefert uns nicht die Zeit, sondern unsere tägliche Zeitillusion, Zeit hätte die Form von Zeigerbewegungen angenommen. Sie misst die Zeit nicht, sie simuliert sie. Es ist die je aktuelle Stellung der Erde zur Sonne, die von der Uhr angezeigt und uns als Zeit »verkauft« wird. Der konkrete Fall macht es deutlich. Eine Uhr – und das geschieht hin und wieder – kann stehen bleiben, die Erdrotation bleibt jedoch nicht stehen, sie geht,

kens und der mechanischen Messkunst. Vor der Erfindung der Uhr nahmen die Menschen die Ereignisse am Himmel und in der Natur als zeitliches Werden und Vergehen wahr. Mit der Uhr nahmen sie die zeitlichen Abläufe scheinbar selbst in die Hand und verfielen mehr und mehr der Illusion grenzenloser zeitlicher Machbarkeit, Kontrollierbarkeit und Planbarkeit.

Die Zeigerlogik der Uhr ignoriert die für das menschliche Leben bedeutungsvollen Zeiterlebnisse und Zeitwahrnehmungen. Quantitatives Zeitdenken und Zeithandeln treten in der Uhr an die Stelle qualitativer Zeiterfahrung. Man wechselte von der farblich schillernden *Naturzeit* zur farblosen *Uhrzeit*, von der mit Erfahrungen gesättigten Lebenszeit zur universellen, inhaltsleeren, kleinteilig gemessenen Uhrzeit und zwängt somit den zeitlichen Handlungsspielraum der Subjekte in ein starres, enges Schema. Der Frühling beginnt am 20. März 2014 um 17:57 Uhr und nicht mehr, »wenn alles fängt zu blühen an auf grüner Heid und überall«.

Eine sich an der *Uhrzeit* orientierende Gesellschaft gestaltet das soziale Zusammenleben, die Wirtschaft, die Politik,

läuft, rennt auch ohne Zeiger weiter - glücklicherweise. Vorstellen könnte man sich - selbst für diejenigen, die keine Uhr besitzen - aber auch die Situation, dass die Erdrotation »stehen« bliebe, die Uhr aber ihren Gang zwanghaft, als wäre nichts geschehen, weitergeht. Diese Situation jedoch wäre, im Gegensatz zu der des Uhrendefekts, für die Menschheit höchst dramatisch. Sie würde sie höchstwahrscheinlich nicht überleben.

Uhren sind von Menschen konstruierte Maschinen, die inhaltsleere Zeigerverläufe in substanzlose Zeitangaben transferieren. Ihre Messgröße ist unveränderlich, unabhängig von Einflüssen der Umwelt. Sämtliche Uhrzeiten sind weltweit gleich, sind gleich langweilig, gleich gültig und verhalten sich gegenüber allem, was geschieht, gleichgültig. Für die Uhr und ihre Zeit ist fünf vor zwölf nicht mehr und nicht weniger dramatisch als zwölf vor fünf. Eine Stunde ist eine Stunde, ob die Sonne scheint, ob's regnet oder die Sterne vom Himmel grüßen. Die Uhr reduziert, weil sie

den Alltag vollkommen anders als eine Gesellschaft, die nur *Naturzeit* kennt. Wir wissen das aus unserer eigenen Zeitgeschichte und kennen das aus Begegnungen mit Menschen anderer Kulturen und Religionen. Diese lehren uns durch ihr für uns Mitteleuropäer »fremdes« Zeitverständnis und ihren naturzeitorientierten Umgang mit Zeit, dass arm dran ist, wer die Zeit ohne Uhr nicht leben kann.

Ohne Uhr geht's nicht, mit ihr wird man auch nicht glücklich

Vieles spricht dafür, der Uhr den Lorbeerkranz für die wichtigste, die einfluss- und die folgenreichste moderne technische Entwicklung zu verleihen. Ihre Erfindung war für die Menschheit ein Segen. Die mechanische Uhr hat nicht alleine, aber gemeinsam mit anderen großen Erfindungen zu Beginn der Moderne – zu nennen sind der Buchdruck, die Buchhaltung, das Fernrohr und das Mikroskop – zur Entwicklung

das alles ignoriert, Komplexität, liefert dadurch einen festen Zeitmaßstab, der wiederum Verabredungen und die Koordination von unterschiedlichen Abläufen ermöglicht und erlaubt. Das Problematische an der Uhr ist nicht, dass sie vieles vereinfacht und ausblendet, dass ihre Zeit inhaltsleer ist, problematisch wird es erst, wenn die Menschen das alles für das einzig wahre Sein, das »Wesen« der Zeit halten.

Die mechanische Uhr ist eine Art Umspannwerk von räumlichen in zeitliche Veränderungen. Die Zeiger der Uhr durchschreiten den ihnen von den Strichmarkierungen des Ziffernblattes vorgezeichneten Raum. Sie erklären die Zeit nicht, sie teilen sie ein. Sie messen und ordnen die in Zeit und Zeiteinheiten transferierten zurückgelegten Wegstrecken der Zeiger nach mathematischen Gesichtspunkten.

Die Standardzeit der mechanischen Uhr macht die Zeit zu einer berechenbaren, planbaren und kalkulierbaren Zeit, die nicht mehr fließt, son-

großartiger neuer Möglichkeiten der Welterfahrung und des Selbstbewusstseins beigetragen. Sie hat, auch wenn das nicht auf sämtliche Individuen zutrifft, die Menschen und Völker wohlhabender, mobiler und um manch großartige und auch schöne Erfahrung reicher gemacht. Sie hat die Lebensumstände der Gesellschaften und ihrer Mitglieder verbessert, insbesondere hat sie diese von einer großen Zahl von zeitlichen Abhängigkeiten und Einschränkungen befreit. Die Uhr hat entscheidenden Anteil an der Domestizierung, der Reduktion und der Kontrolle der gewalttätigen Seiten der Natur. Sie hat Denk- und Handlungsmöglichkeiten eröffnet, die dem uhrzeitlosen, vormodernen Menschen unbekannt und unzugänglich waren.

Nun weiß man aber, nicht erst seit Goethe die Ballade vom Zauberlehrling schrieb, dass größere räumliche und zeitliche Unabhängigkeit von innerer und äußerer Natur mit einer wachsenden Abhängigkeit von ebenjenen Geräten und Techniken einhergeht, die versprechen, den Handlungsspielraum der Menschen zu erweitern. Die Realität bestätigt es. Wir sind

dern in getakteter Form voranrückt. Die mechanische Uhr transformiert die Zeit in die Logik des Räderwerks; darauf fußt ihr Anspruch, »objektive« Zeit angeben zu können. Die Uhr, so charakterisiert der Soziologe Georg Simmel sie, »begreift die Welt als ein großes Rechenexempel«. Man kann mit ihr im doppelten Sinn rechnen, das heißt Ordnung machen.

»Zeit« ist die Antwort auf die Frage, wie sich in dieser Welt das Werden und Vergehen ordnen lässt. Das Ordnungsmittel »Uhr« trennt die Zeit vom menschlichen Erleben, macht diese zur Zahl und erlaubt es so, mehrere unterschiedliche Vorgänge völlig unabhängig von ihren Qualitäten ordentlich zu synchronisieren, zu kalkulieren und zu kontrollieren. Die Uhr sperrt die Zeit in ein System, ein von Menschen gemachtes System, das auch ganz anders aussehen könnte. Personen, die ihr Zeithandeln an der Uhr ausrichten, gleichen Vögeln, die auf der Suche nach einem Käfig sind.

unabhängiger von der Natur, ungebundener an die kosmische Zyklizität und auch weniger abhängig von sozialer Willkürherrschaft. Zumindest haben wir die Illusion, dass es sich so verhält.

Dafür jedoch zahlen wir einen Preis: Er heißt Selbstbeherrschung. Längst sind die Geräte, die Techniken und die Technologien zu einem unverzichtbaren Teil von uns selbst geworden. Die Uhr ist schon lange nicht mehr nur ein Zeitmessgerät, sie ist eine moralische Instanz, eine Herrscherin, die wir zu lieben gelernt haben. Nur weil es Uhren gibt, sehen wir uns gezwungen, uns zu entschuldigen oder nach einer Ausrede zu suchen, wenn wir uns zu einem verabredeten Treffen verspäten. Nur weil es die Uhr gibt, kommen wir in einer bestimmten Form miteinander in Kontakt bzw. vermeiden ihn. Wildfremde Menschen sprechen uns auf der Straße an und fragen nach der Zeit, andere Personen treffen wir nicht, weil wir keine Termine für sie haben. Gespräche werden nach dem Blick auf die Uhr mit der Formel abgebrochen: »Entschuldige, aber ich muss jetzt weiter.« Andere kommen zustande, weil man sich

Von Uhren und Landkarten: Hilfsmittel gegen die Angst

Die Uhr gibt den Menschen eine Art Landkarte an die Hand, mit der sie das Zeitliche betrachten, bewerten und interpretieren. Die Uhr macht die Zeit zu einer kartografierten und einer kartografierbaren Zeit. Uhren und Landkarten sind die beliebtesten und zugleich auch erfolgreichsten Medien der Orientierung. Erfolgreich bändigen sie auch die Ängste des Menschen, seinen *Horror Vacui*, vor der ihn bedrohenden, konturlosen Welt. Sorgen die Landkarten für Angstverminderung durch Übersicht im Raum, so tut die Uhr das Gleiche mit der Zeit.

Doch wie alle Landkarten »lügen«, so lügen auch sämtliche Uhren. Zwar erweitern beide die Sicht auf die Welt, doch engen sie das räumliche und zeitliche Denken zugleich auch ein. Landkarten zeigen bekanntlich stets nur Ausschnitte aus der räumlichen Wirklichkeit, sie abstra-

für ein Treffen Uhrzeit reserviert hat, eine Zeit, die man Dritten wiederum verweigert.

Mit Uhren und Terminkalendern beherrschen und formatieren wir unser individuelles und unser soziales Verhalten, unsere Affekte, unsere Bedürfnisse, Erlebnisse und Erfahrungen. Wir machen, was Freud »die Umsetzung von äußerem Zwang in inneren Zwang« nannte. Immer seltener werden wir gezwungen, das zu tun, was andere wollen. Dafür müssen wir uns immer häufiger selbst dazu zwingen, das zu tun, was andere wollen. Der erhoffte große Schritt zu mehr Freiheit ist das sicher nicht, zumal die Distanz zur Natur, die man glaubte und hoffte mithilfe technischer Mittel erlangen zu können, uns nicht von ihr befreit. Der Mensch bleibt ein Teil der Natur. Weiterhin gültig ist die 400 Jahre alte Bacon'sche Erkenntnis: »Wer die Natur beherrschen will, muss ihr gehorchen.«

Ihre größten Erfolge feierte die Uhr unstrittig im Bereich der Ökonomie, als Instrument der Zeitmessung, als Medium von Tauschprozessen, als Organisationsvorbild (Vertaktung) und schließlich auch als erzieherisch-moralische Instanz

hieren vom Konkreten, lenken die Aufmerksamkeit auf ganz bestimmte Dinge und Eigenschaften und blenden andere aus. Uhren tun das im Hinblick auf das Zeitliche ebenso. Während Landkarten eine dreidimensionale, vielgestaltige Wirklichkeit auf zwei Dimensionen reduzieren, ebnen Uhren das in Form und Qualität bunte und vielfältige Phänomen »Zeit« auf einen zweidimensionalen Zeigerverlauf ein. Sowenig wie die konkrete räumliche Wirklichkeit, die wir Landschaft nennen, dem entspricht, was die Landkarte zeigt, so wenig bildet der Zeigerverlauf ab, wie Zeit erlebt und erfahren wird. Nicht zuletzt deshalb ist man, wenn man nach Gebrauch von Karte und Uhr am Ziel seiner Reise angekommen ist, gut beraten, die Karte zusammenzufalten und die Uhr zu vergessen, um einen Blick auf jene Orte und Zeiten zu werfen, die das konkrete Leben ausmachen.

(Pünktlichkeitsmoral). Es ist allein die Uhrzeit, die sich in Geld verrechnen lässt, die als Ressource gedacht, organisiert und als kalkulatorische Größe Verwendung finden kann. Nur Uhrzeit kann den Charakter einer tauschbaren Ware annehmen und als käufliche Arbeitszeit auf den Markt kommen. Mit ihr wurde der Zeit in Geld verrechnende Mensch erfunden. Den Griechen der Antike war er unbekannt. Ohne ihn, ohne dessen minutengenaue Zeiteinteilung, ohne seine präzise Zeitkalkulation und ohne die höchst wirksame Unterstellung, die Zeit hätte einen Preis und könnte gespart, verloren und gewonnen werden, sähe unser Leben heute völlig anders aus. Die kapitalistische Ökonomie macht Zeit – und das ist stets Uhrzeit – zu einem Produktionsfaktor, der im globalen Wettbewerb über Gewinn und Verlust, materiellen Wohlstand oder Armut entscheidet.

Ohne Uhr keine industrielle Arbeitsorganisation, keine Beschleunigung, keine bürokratische Verwaltung, keine Pünktlichkeit, keine Fahrpläne. Ohne Uhr und ohne Veruhrzeitlichung unseres Tuns und Lassens würden wir uns heute noch – hätten wir das Bedürfnis, unseren Wohnort zu verlassen – wie Goethe einst mit der Postkutsche auf den Weg machen. Allzu weit würden wir in dieser Welt nicht herumkommen, und unser Wohlstand, unsere Ausstattung mit Gütern und unser Geldeinkommen wären auch erheblich bescheidener. Kein Mensch, es sei denn, er ist naiv oder will nur mal vier Wochen Urlaub von der Wirklichkeit machen, sehnt sich nach einem derart eingeschränkten Leben. Und diejenigen, die es tun, weil sie im Fernsehen mal wieder einen die Vergangenheit verklärenden Film gesehen haben, halten ihre Zeitreise in die Vergangenheit höchstens ein paar Tage aus. Spätestens dann sind sie von ihren Illusionen geheilt.

»Eines Tages wird es gleichgültig sein, ob wir glücklich oder unglücklich sind, weil wir für keines von beiden Zeit haben.«

Tennessee Williams

Zuweilen jedoch stellen wir uns in einem Augenblick kritischer Selbstbetrachtung die Frage, ob wir eigentlich noch richtig ticken. Dann zum Beispiel, wenn uns klar wird, dass wir zwar tagtäglich schneller werden, uns aber dadurch häufiger als jemals zuvor verspäten. Und wenn wir merken, dass die Zunahme unserer Erlebnisse mit dem Gefühl einhergeht, mehr und mehr zu verpassen. Es sind diese Momente, in denen wir erkennen, dass die Uhr für die Menschheit ein Segen ist, und doch zugleich auch erleben, dass sie nicht nur ein Segen ist und auch nicht nur segensreich wirkt. Kein Zweifel, die Uhr hat etwas anderes aus der »Zeit« und den Menschen gemacht, und das, was sie aus ihnen gemacht hat, lässt Zweifel darüber aufkommen, ob es eine gute Idee war, aus Zeigerbewegungen Zeit zu machen. Die Uhr hat der Zeit und somit auch den Menschen Handschellen angelegt. Sie hat für eine Zeit gesorgt, die uns viel materiellen Wohlstand gebracht hat und uns diesen auch weiterhin garantiert. Aber sie tut nichts dafür, den Zeitwohlstand zu mehren.

Der Mensch als Uhrwerk

Neben dem praktischen Nutzen als Zeitmessgerät hat die Uhr noch eine zweite wichtige Bedeutung: die des Sinnbilds und des Modells für die Welt, den Staat und den menschlichen Organismus. Mit der Uhr und ihrer Verbreitung begann auch die Metapher vom »Menschen als Uhrwerk« ihren Siegeszug. Als Christian Wolff im ersten Drittel des 18. Jahrhunderts seine »Vernünftige[n] Gedanken von Gott, der Welt und der Seele des Menschen« (1718) zu Papier brachte, hatte die Uhr den Gipfelpunkt ihrer Anbetung erreicht. Sie war zum Leitbild des Zeitdenkens und Zeithandelns geworden. Im ursprünglichen Sinne des Wortes war sie »Vor-Bild«. Im § 152 seiner nach Uhrzeitprinzipien gegliederten Abhandlung schreibt Wolff:

»Die Zusammenstimmung des mannigfaltigen machet die Vollkommenheit der Dinge aus. Die Vollkommenheit einer

Uhr beurtheilet man daraus, daß sie die Stunden und ihre Theile richtig zeiget. Sie ist aber aus vielerley Theilen zusammengesetzet, und sowohl diese insgesammt als ihre Zusammensetzung gehen da hinaus, daß der Zeit die Stunden und ihre Theile richtig zeiget. Solchergestalt findet man in einer Uhr mannigfaltige Dinge, die alle mit einander zusammen stimmen [...]. Der Wandel der Menschen bestehet aus vielen Handlungen; wenn diese alle mit einander zusammen stimmen, dergestalt, daß sie endlich alle insgesammt in einer allgemeine Absicht gegründet sind; so ist der Wandel des Menschen vollkommen.«

Wurden die Vorbilder des individuellen Zeithandelns und die des menschlichen Miteinanders ehemals aus der Natur gewonnen, so traten immer öfter mechanische Analogien an deren Stelle. Kepler, der Entdecker der Planetengesetze, postulierte: »Mein Ziel ist es, zu zeigen, dass die Himmelsmaschine weniger einem göttlichen Lebewesen als einer Uhr gleicht.«

Es waren die Ordnung, das Gleichmaß und die Präzision des Räderwerks der Uhr und deren Zeigerverlauf, von der die Menschen des 17./18. Jahrhunderts begeistert waren. Das galt bei Weitem nicht für alle Menschen gleichermaßen. In erster Linie waren es die Herrschenden, unterstützt von einflussreichen Gelehrten, die im Gang der Uhr das perfekte Vorbild für die staatliche Ordnung und fürs individuelle Zeithandeln sahen. Begleitet und ermuntert von der Wissenschaft, übertrug die weltliche Macht die mechanische Kausalität des Uhrwerks auf die Dynamiken der himmlischen und der irdischen Welt. Der Staat und seine Staatsbürger sollten wie Uhren funktionieren. Verglich man Gott in der Bibel noch mit einem Töpfer, der die Welt aus Erde modelliert, so stellte man ihn sich in der Aufklärung als einen Uhrmachermeister vor, der das Räderwerk des Weltenlaufs ersann und auf Dauer in Gang setzte.

Die Übertragung des Uhrzeitmodells auf den individuellen Körper führte zum Bild der »menschlichen Uhr« und später dann zu dem des »menschlichen Motors«. Kam es, was nicht selten der Fall war, zu Problemen zwischen den Anforderungen der menschlichen Zeitnatur und den Gesetzen der Maschine

»Uhr«, gingen diese zumeist zulasten des Körpers. Er war es, der sich an das Uhrzeitvorbild anzupassen hatte, um aus der Arbeitskraft des Naturwesens Mensch eine steuerbare und kalkulierbare Uhrzeitarbeitskraft zu machen. Der mechanischen Uhrzeit unterworfen und angepasst, ging es darum, den Menschen zu einer Menschmaschine zu machen: verlässlich wie eine Uhr, berechenbar und kalkulierbar wie deren ineinandergreifendes Räderwerk und deren unbeirrbarer und unfehlbarer Zeigerverlauf.

Körperkonzepte, die in technischen Modellen ihr Vorbild sahen, findet man bei Hobbes, bei Voltaire und selbst bei Schiller in dessen Hymnus an die Freude. Beeinflusst waren sie allesamt von einem Denken, dem der französische Philosoph Descartes als Erster seinen Glanz verlieh. Descartes provozierte mit der Aussage, das Zeitordnungsmuster der Uhr sei nicht weniger natürlich als das eines Baumes. Ein ungewöhnlicher, nicht ganz unproblematischer Vergleich, den einflussreiche Personen der damaligen Zeit gerne aufgriffen, um ihn zur Durchsetzung ihrer eigenen Interessen einzusetzen. Uhrenmetaphern und Uhrengleichnisse fanden bevorzugt dort Verwendung, wo es um den Aufbau, die Absicherung und die Legitimation von Einfluss, Macht und Herrschaft ging. Die Mikrophysik der Macht bediente sich der Uhr. Sie wurde zum zentralen Instrument der Fremd- und der Selbstkontrolle. Ihre autoritäre Ordnungsvorstellung und ihr nicht weniger autoritäres Zeitmuster »Takt« eskalierten schließlich im militärischen und pädagogischen Drill.

Würden alle Menschen wie Uhren funktionieren, bräuchte man keine mehr. Dann schon besser Uhren.

Auch was die staatliche Ordnung betraf, erkannte man das Vorbild nicht mehr im göttlichen Tun und auch nicht mehr in der von Gott geschaffenen Natur. Man suchte und fand sie im Faszinosum »Uhr«. »Die Uhr verkörperte, was die Wirklichkeit nicht enthielt: Sie war Demonstration einer zentral organisierten, unabänderlich funktionierenden rationalen Ordnung ..., die Harmonie der Welt wurde erklärt durch die Gesetzlichkeit der Uhr.« Worte, die Maurice und Mayer einfielen, um in der Einleitung des von ihnen herausgegebenen Ausstellungskataloges »Die Welt als Uhr« (1980) den Uhrenmythos des 17. Jahrhunderts zu beschreiben. Uhrengleichnisse waren in dieser Zeit zuhauf im Umlauf. Sie fanden in der politischen Argumentation ebenso Anwendung wie in den politischen, biologischen, pädagogischen und theologischen Diskursen.

Steigt man mal wieder des Überblicks wegen auf einen Aussichtsturm und betrachtet von oben, was die Uhrzeit aus den Menschen gemacht hat und was wir mit ihr tagtäglich machen, dann muss man sich schon auch ein wenig wundern, was sich die Menschen von der Uhr alles haben bieten lassen. Staunen muss man über die Bereitwilligkeit, mit der sich die Menschen zu gehorsamen Untertanen ihrer Zeitsignale machen und wie wenig Widerstand sie aufbringen, um dem von ihr maßgeblich ausgehenden Zeitdruck Einhalt zu gebieten. Im Buch unseres Lebens würde die Uhr im Kapitel »Diktatoren, die wir zu lieben gelernt haben« mit Sicherheit einen der wichtigsten Plätze einnehmen.

Nochmals: Uhren sind Maschinen, die inhaltsleere Zeigerverläufe in leere Zeit, genauer: in Zeitzeichen verwandeln. Gang und Stellung der Uhrzeiger sind Zeichen der Zeit, besser: die bloße Vorstellung von Zeit. Sie dürfen also genauso wenig mit Zeit an sich verwechselt werden wie die Landkarte mit der Landschaft. Uhrzeiger gleichen insofern einem Ehering, der ja auch nur ein Zeichen der Liebe ist, die Liebe aber nicht erschafft. Uhrzeiten sind tote Zeiten. Ganz anders die Zeiten des Lebens. Leben kann man auch ohne Uhr, und das nicht nur schlecht, ebenso wie man ohne Ehering lieben kann. Die Uhrzeit hat die Menschen nicht nur von zeitlichen Zwängen befreit, sie hat ihnen auch neue, zuvor unbekannte Zeitzwänge aufgebürdet und manch problematische Erfahrung zugemutet. Der zur Routine gewordene Blick zur Uhr hat die Menschen davon entfremdet, auf ihre Leidenschaften zu schauen und zu bauen. Es ist fast ein wenig so, als hätten die Menschen mit der Uhr einen Roboter in die soziale Gemeinschaft aufgenommen, um sich von ihm regelmäßig sagen zu lassen, was die Stunde geschlagen hat.

Mit der Uhr als dem Leitmedium der Zeitorganisation und der Zeitmessung fällt der Schatten eines zum Teilen und Sortieren geeigneten Werkzeugs auf das Zeitleben. Der Ernst des Lebens hat einen Namen, er heißt »Uhrzeit«. Uhrzeiger bewegen sich – anders als das lebendige Leben – berechenbar und voraussehbar. Niemals weichen sie von ihrem eingeschlagenen Weg ab, schauen sich niemals um und blicken auch nicht ein einziges Mal zur Seite, machen keine Umwege, schweifen nicht ab. All das tut der Mensch, und er tut es aus guten Gründen. Und doch richtet er sich bei seiner Daseinsgestaltung in erster Linie am Orientierungsmodell des starrsinnigen und unbeirrbaren Zeigerverlaufs der mechanischen Uhr aus. Seine Zeitnatur aber verführt ihn zum Trödeln, zum Bummeln, zum Zaudern, zwingt ihn zu Pausen, zu Abschweifungen und Umwegen. Da die Uhr all das nicht tut, bekommt der Uhrzeitmensch ein schlechtes Gewissen, in der Schule schlechte Noten und wird von seinem Chef ermahnt, sich doch bitte zu beeilen. Kurzum: Wir brauchen beides, die Natur und ihre Zeitsignale, um Zeiterfahrungen zu machen, die uns zufriedenstellen und gesund halten, und die Uhr, um die Zeit in Teile zu zerlegen und zu messen.

Klagen über Zeit sind in allermeisten Fällen Klagen über Schwierigkeiten, mit der Uhrzeit klarzukommen. Erkundigt man sich bei Zeitgenossen, die über Zeitprobleme und Zeitnöte klagen, worüber sie sich eigentlich konkret beschweren, dann ist es häufig nicht die zu geringe Zeit, sondern es sind die zu wenig zufrieden machenden und zufriedenstellenden Zeiterfahrungen. Daher lassen sich die Zeitnöte der Menschen nicht durch ein besseres Uhrzeitmanagement, sondern nur durch zufriedenstellendere Zeiterfahrungen verringern.

Zeitzufrieden und mit der Zeit in Frieden leben kann nur, wer die Uhr ab und zu mal ignoriert, wer sich ihrem Diktat ab und an entzieht, sie hin und wieder mal keines Blickes würdigt und ihr, wenn sie als Wecker daherkommt, auch öfter mal kein Ohr leiht. Nur wenn man der Verführung widersteht, im Takt der Uhr und deren Zeitanzeige das Maß und das Vorbild für die zeitliche Daseinsgestaltung zu sehen, kann man zur Zeit ein freundschaftliches Verhältnis entwickeln. Belohnt wird man dann mit jenen ungeahnten Vergnügungen und Erfahrungen, die die Abwesenheit der Uhr und ihres Zeitdiktats zur Voraussetzung haben.

Geht es um Zeit, sitzen wir fast immer zwischen zwei Stühlen, genauer gesagt: Wir sitzen auf zwei unterschiedlichen Stühlen zugleich: auf dem der Naturzeit, die unserem Wahrnehmen, Empfinden und Handeln zugrunde liegt, und dem der Uhrzeit, die uns Güter- und Geldwohlstand verspricht. Die tägliche Herausforderung besteht nun darin, eine jeweils passende Sitzposition einzunehmen, also ein möglichst zufriedenstellendes, die Gesundheit bewahrendes Sowohl-als-auch zu finden. Es geht dabei nicht um richtige oder falsche, sondern eher um angemessene oder unangemessene, passende oder unpassende Verhältnisse von Uhrzeit und Naturzeit. Zentral ist dabei die Frage: Wie viel Geld- und Güterwohlstand ist mir persönlich wichtig? Wie viel Zeitwohlstand und selbstbestimmte Zeit benötige ich? Das sind große Fragen, die darauf abzielen zu klären, was mir im Leben wichtig ist und wie viel Zeit ich für das, was mir wichtig ist, einzusetzen bereit bin. Zugegeben sind das Fragen, auf die sich selten eine eindeutige und widerspruchsfreie Antwort geben lässt. Zu vielfältig sind oft die Wünsche und Vorstellungen, zu groß die Ansprüche, und zu knapp erscheint die zur Verfügung stehende Zeit. Man muss diese Frage nicht ein für alle Mal beantworten, sondern sie sich nur regelmäßig immer wieder stellen.

Verwechseln Sie die Landkarte nicht mit der Landschaft und die Uhr nicht mit der Zeit.

Unterscheiden Sie zwischen Zeithandeln und Zeitmessen. Und beachten Sie dabei die erfahrungsgesättigte Regel: Die Stunden, die zählen, sind die Stunden, die nicht gezählt werden.

▸ **Prüfen Sie einmal, wie oft Sie täglich auf die Uhr schauen, und notieren Sie, zu welchen Gelegenheiten Sie das tun.** Und fragen Sie sich dann, wenn Sie Ihre Statistik ausgewertet haben, ob Sie vielleicht deshalb über Zeitmangel klagen, weil Sie so häufig auf die Uhr schauen. Testen Sie es: Gehen Sie an einem Tag in der Woche – am leichtesten ist es, stets den gleichen Wochentag zu nehmen – ***ohne Uhr*** aus dem Haus. Machen Sie das ein, zwei Monate, und verdoppeln Sie dann die Tage ohne Uhr. Sie werden sehen, nach und nach verbessert sich Ihr ***Zeitgefühl***, und nach einiger Zeit können Sie dann auch jene Freiheiten genießen, die sich jenseits der Uhrzeit auftun. Sie werden, da Sie jetzt nicht mehr nur auf dem Ziffernblatt nach Zeitsignalen Ausschau halten, Ihre nähere Umgebung besser kennenlernen und kommen mit mehr Menschen in Kontakt. Dies auch, um sie nach der Uhrzeit und bei dieser Gelegenheit vielleicht auch noch nach etwas anderem zu fragen.

▸ **Arrangieren Sie in Ihrem Alltag uhrzeitfreie Zeitoasen, wie Sie sich (hoffentlich!) ja auch telefonfreie Zeiten organisieren.** Stellen Sie sich hin und wieder mit dem Rücken zur Uhr. Schaffen Sie sich Zeitinseln und zeitliche Grünanlagen, in denen Sie nicht auf die Uhr schauen, bei denen die ***Qualitäten der Zeiterfahrung*** und nicht die Länge der Uhrzeit im Vordergrund stehen. Man kann das üben, beispielsweise im

Urlaub, an Wochenenden und Feiertagen. Man sollte es aber auch in der Routine des Alltags riskieren, muss die Uhr ja nicht in jede Sitzung, zu jeder Besprechung und auch nicht zu jedem Mitarbeitergespräch als stillen, aber wirksamen Teilhaber mitnehmen. Selbst während der Arbeitszeit lässt sich ohne Handfessel »Uhr« durchaus etwas Vernünftiges zustande bringen. Und beim Essen, vorausgesetzt, man legt Wert darauf zu schmecken, was man zu sich nimmt, hat die Uhr so wenig verloren wie bei der Liebe und beim Spielen mit Kindern. Passend dazu eine originelle Zeitvorstellung, die man im Iran antrifft: ***Die Zeit, die man sich fürs Essen nimmt, wird nicht auf die Lebenszeit angerechnet.*** Man nehme sich, so diese sehr genussfreundliche Zeitvorstellung, dafür möglichst viel Zeit. Vielleicht ist es ja auch bei uns so, nur hat's uns keiner gesagt.

▸ **Prüfen und verändern Sie hin und wieder mal die Spielregeln der Uhrzeitroutine – wenn es geht, gemeinsam mit Kollegen und Kolleginnen.**

Beobachten Sie, welche Uhrzeitzwänge, welche wiederkehrenden ***Zeiterwartungen***, zum Beispiel die der Pünktlichkeit oder auch die der Flexibilität, Ihnen zu schaffen machen. Welche davon Sie belasten und welche Sie gerne loswerden, verändern oder auch beibehalten möchten. Sprechen Sie mit Kollegen und Kolleginnen darüber. Suchen Sie sich ***Mitstreiter***, und haben Sie den Mut, die Spielregeln auch dadurch zu ändern bzw. zu erweitern, indem Sie gegen zeitliche Selbstverständlichkeiten und eingeschliffene Zeiterwartungen verstoßen. Nicht mit der Attitüde eines Barrikadenstürmers, eher vorsichtig zurückhaltend, experimentierend, einen Versuch startend und, wenn möglich, auch humorvoll. Lassen Sie sich nicht alle ***Uhrzeitzwänge*** gefallen. Es gibt einige, die lassen sich nicht verändern, andere kann man nicht subjektiv verändern, und bei Dritten steht zu viel auf dem Spiel, wenn man sie nicht befolgt. Doch für mehr Zeitzwänge, als man annimmt, denkt und sich zu ändern traut, gilt: Es könnte auch anders sein.

▸ **Schauen Sie nicht auf die pure, die messbare Zeitdauer, schauen Sie auf die Qualitäten der Zeit.**
Fragen Sie nicht, wie viel Minuten etwas gedauert hat. Fragen Sie, wie angenehm/unangenehm, zufriedenstellend/unbefriedigend etwas war, fragen Sie, was man in der Zeit erlebt bzw. erfahren hat. Geht's um Zeit, geht's stets um Zeitqualität. Ob man Zeit als ***sinnvoll oder sinnlos*** verbrachte Zeit erlebt, beantwortet nicht die Uhr, sondern die Zeitqualität. Die Motivation, zum Beispiel die Arbeitsmotivation, die Leistungsbereitschaft und das Engagement, das man einzubringen mag, sind abhängig von den qualitativen Erfahrungen der Zeit. So gesehen, ist es sogar aus ökonomischer Sicht sinnvoll, den Blick nicht nur auf die Uhr, sondern immer auch auf die Zeitqualitäten zu richten.

▸ **Eine an dieser Stelle überraschende Empfehlung: Versöhnen Sie sich mit der Uhr!**
Das tun Sie am besten, wenn Sie sie nicht überfordern. Nutzen Sie die Uhr für das, was sie am besten kann. Die Uhr ist ein Messgerät, sie ist kein Gerät, das einem sagt, wie man mit Zeit umzugehen hat, und sie ist auch ***keine »moralische Anstalt«***, die die Menschen danach bewertet und einteilt, ob sie pünktlich oder unpünktlich sind. Als ***Zeitmessgerät*** hat die Uhr ihren sinnvollen Platz da, wo Zeit mit Geld verrechnet wird, in der Ökonomie. Dort wird sie gebraucht, und dort entfaltet sie ihre ganze Produktivität. Die von ihr und ihrer Zeit ausgehenden Möglichkeiten, Ordnung zu machen, zu kalkulieren, zu planen und zu synchronisieren, hat sehr vieles möglich gemacht, auf das wir nicht mehr zu verzichten bereit sind. Behalten Sie also Ihre Uhr, nutzen Sie sie dort, wo sie nützlich ist. Als eine ständige Begleiterin, eine Gefährtin, die einem nicht von der Seite weicht, kann man sich jedoch etwas Lebendigeres vorstellen.

▸ **Glauben Sie nicht den zweimal jährlich verlautbarten Ankündigungen der Medien, die Zeit würde umgestellt.** Es wird nämlich nicht die Zeit umgestellt, es wird an den Uhrzeigern gefummelt. Und das ändert gar nichts an der Zeit. Die macht so weiter wie bisher. Diejenigen, die sich nach der Sonnenuhr richten, wissen das.

Zu guter Letzt eine wirklich stressreduzierende Empfehlung des Münchner Zeitexperten Karl Valentin:

»Schaun's morgens auf die Uhr, und merken Sie sich die Zeit für den ganzen Tag.«

Kapitel 3

Die Zeitmuster Rhythmus und Takt

Alles Lebendige entfaltet sich rhythmisch, nicht nach dem Uhrzeit-prinzip des »Eins-nach-dem-anderen«.

Zeitfreiheit
nennen wir unsere
Möglichkeit,
zwischen Takt und
Rhythmus

wählen zu
können.

Die Zeitmuster Rhythmus und Takt

Zeit ist stets organisierte Zeit. Uhrzeit und Naturzeit unterscheiden sich hinsichtlich ihrer Organisationsform. Die Zeitforschung spricht von »Zeitmustern,«, wenn sie deren Ordnungsstrukturen und Verlaufsformen in den Blick nimmt. Es sind die Zeitmuster, die uns die raum-zeitlichen Spielräume des Erlebens, der Erfahrung, der Wahrnehmung und des Handelns auf unterschiedliche Arten und Weisen gewähren oder auch einengen und verschließen. Sie verleihen dem Zeithandeln eine Art »Zeitmelodie«.

Beeinflusst wird das Zeitleben vornehmlich durch die beiden Zeitmuster Rhythmus und Takt. Takt ist das Zeitmuster, dem die Uhrzeit folgt, Rhythmus das, dem die Naturzeit folgt. Takt ist die Abfolge des Immergleichen, Rhythmus die Abfolge des Ähnlichen. Wir leben in und mit beiden Zeitmustern, leben mit der Uhrzeit und leben mit der Naturzeit und ihren je unterschiedlichen Zeitvorgaben.

Zeitmuster und ihre Resonanzen im Alltag

»Ach, wenn ich doch nur etwas mehr Zeit hätte …« Wirklich? Gilt das auch für die Zeit, die man beim Zahnarzt im Wartezimmer verbringt? Trifft das auch zu auf die Rumsteherei auf zugigen Bahnsteigen beim Warten auf verspätete Züge? Nein, wirklich nicht, kein Mensch will etwa mehr Zeit im Stau auf der Autobahn verbringen, niemand sehnt sich, länger als notwendig an der Supermarktkasse anzustehen. Längere Zeiten fürs Kranksein, zusätzliche Zeiten für eine ungeliebte Arbeit, mehr Zeit für die Steuererklärung, die Mülltrennung, für den Hausputz – nicht einmal Masochisten wünschen sich diese.

Was fehlt uns eigentlich, wenn wir über zu wenig Zeit klagen? Was haben wir da eigentlich zu wenig? Was wünschen wir uns eigentlich, wenn wir uns nach mehr Zeit sehnen? Um Zeit »pur« kann es sich nicht handeln. Allein schon deshalb nicht, weil Zeit »pur« jeden Tag neu nachkommt. Und so wird der Wunsch nach mehr Zeit zur Frage: Von welchen Zeiten hätten wir denn gerne mehr? Was wir zu wenig haben, sind befriedigende Zeiten, Zeiten, die zufrieden machen. Wir haben ein Defizit an rhythmischen Zeiten. Es mangelt uns an lebendigen Zeiterfahrungen.

Alles Lebendige entfaltet sich rhythmisch, nicht nach dem Uhrzeitprinzip des »Eins-nach-dem-anderen«. Es entwickelt sich in Wiederholungen, Brüchen, Sprüngen, Spiralen und Zyklen. Diese qualitativen, diese rhythmischen Zeiten sind es, die zeitsatt und zeitzufrieden machen. Rhythmische Zeiten sind maßvolle Zeiten und kennen ein »genug«. Davon haben und erleben wir zu wenig. Auch Federico Fellini hat das beklagt. In den Vorstudien zu seinem Film »Orchesterprobe« stellt er fest: »Unser Land ist arm an Rhythmus.« Und er meint damit jenes Italien, in das wir Deutsche wegen der rhythmischen Lebensweise so gerne fahren.

Was wir zu wenig haben, sind Zeiten, die zufrieden machen.

Zeitmuster und daran orientierte Zeitordnungen sind stets beides: Instrumente der Disziplinierung und zugleich Organe der Freiheit. Es sind zwei sehr unterschiedliche Zeitgeber, die unser zeitliches Dasein über ihre Vorbildfunktion für individuelle und kollektive Zeitordnungen prägen: Das ist zum einen die Uhr mit ihrer quantitativen Zeit, zum andern sind es die qualitativen Zeiten der inneren und der äußeren Natur. Uhrzeit und Naturzeit bieten jeweils unterschiedliche Zeitmuster als Ordnungsbild an: die Uhrzeit den Takt, die Naturzeit den Rhythmus. Seit mehr als einem halben Jahrtausend, seit der Erfindung und der raschen Akzeptanz der Räderuhr, lebt man in Europa in und mit zwei Zeiten und orientiert sich an zwei unterschiedlichen Zeitmustern. Was wir »Zeitfreiheit« – und häufig auch »Zeitprobleme« – nennen, ist unsere Möglichkeit, zwischen den Zeitsignalen der Uhrzeit oder der Naturzeit, zwischen den Zeitmustern des Takts und des Rhythmus wählen zu können.

»Takt«, so nennen wir die Gliederung eines Ablaufs in gleich große Teile, die Wiederkehr identischer Zustände. Der Takt wiederholt Gleiches, gliedert es in gleichmäßige und gleichwertige Teile. Das macht die mechanische Uhr mit der Zeit. Ihr Ticktack teilt das Zeitliche, das Werden und Vergehen, in abstrakte, zählbare und reproduzierbare Einheiten und macht es berechenbar. Die Bewegungsfigur »Takt« duldet aufgrund ihres regelhaften Gleichmaßes keine Abweichung. Sie gewährt daher Sicherheit, Gewissheit und Kontrolle. Man kann sich auf den Takt – die Sekunden, die Minuten und die Stunden sind allesamt gleich lang – verlassen. Beim Uhrentakt wiederholt sich nichts Ähnliches, sondern Gleiches. Würde sich bei der Uhr Ähnliches wiederholen, ginge die Uhr falsch, und der Uhrmacher wäre gefragt.

Der Takt ist autoritär und unelastisch, er presst die Zeit in das Korsett der Standardisierung. Er unterscheidet scharf zwischen richtig und falsch, in Kategorien der Uhrzeit ausgedrückt: zwischen pünktlich und unpünktlich. Im sozialen Verkehr unterscheidet er zwischen taktvoll und taktlos. Das Verlaufsmuster des »Eins-nach-dem-anderen« macht ihn geeignet für Planungsvorhaben und Kontrollaufgaben. Seine Umsetzung in organisationale Abläufe macht den Kern jenes Verwaltungshandelns aus, das unter dem Namen »Bürokratie« bekannt ist. Bürokratie ist hinsichtlich der Zeit handlungsstrategisch umgesetzte Uhrzeit, ein Transfer des Zeigerverlaufs und des Zeitmusters »Takt« auf sozial-organisatorisches Handeln. Der Uhrentakt liefert das Muster für die Bürokratie, und die Bürokratie macht die Gesetze der Uhr für die Ordnung der Arbeit und der Gesellschaft verbindlich.

Es sind die Uhr als rationales Zeitmess- und Zeitordnungsinstrument und die Bürokratie als rational geordnetes Verwaltungshandeln, die gemeinsam die Vertaktung – »Standardisierung« ist ebenso zutreffend – zum maßgebenden Programm der Industriemoderne machen. Arbeitsdisziplin in Fabrik und Büro ist Uhrzeitdisziplin. Nur die vertaktete, die von natürlichen Abläufen und Sinngehalten gereinigte Uhrzeit ist in rationale und ökonomische Effizienzkriterien, sprich: in Geld, umsetzbar und verrechenbar. Die Uhr ist es, die die Zeit zu einer Frage des Geldes macht.

Das vertaktete Zeitregime vergegenständlicht sich in der Fließbandarbeit, den programmierten Maschinentakten, einer standardisierten Büroorganisation, in der Akkordarbeit und im Akkordlohn, aber auch in der vertakteten Programmierung des Alltagslebens (zum Beispiel Telefontakte, starre Arbeits- und Freizeitregelungen, gesetzlich festgelegte Ladenschlusszeiten, getakteter öffentlicher Verkehr, standardisierte Bildungs- und Ausbildungsgänge usw.).

Der Takt ist ein mechanisches, ein »totes,« naturfernes Zeitmuster. Lebendigkeit spielt sich jenseits des Takts ab. Der Takt nimmt keine Rücksicht auf die pulsierende Mit- und Umwelt, er ignoriert sie. Das Ticktack der Uhrenmechanik reagiert nicht auf das Wetter und dessen Kapriolen, es verhält sich neutral gegenüber Helligkeit und Dunkelheit, es interessiert sich nicht für die Stimmungen und Gefühlslagen derer, die ihre Uhren am Handgelenk tragen. Uhren gehören also an das Fabriktor, in Bahnhöfe, in Verwaltungsgebäude. In Kinder- und Schlafzimmern sind sie fehl am Platz.

Eine andere Ordnung hat das Zeitmuster »Rhythmus«. Die Rhythmik ist ein allgemeines Formprinzip. Sie ist ein temporales Gliederungssystem, das die menschliche Natur mit der pflanzlichen und tierischen Natur und mit den kosmischen Zyklen verbindet. Der Rhythmus ist das zeitliche Ordnungsgesetz des Lebendigen. Alle natürlichen Bewegungen sind rhythmisch. Der Rhythmus verleiht dem Dasein Schwung. Er ist »relativ«, setzt Akzente, variiert Bewegungen und entwickelt mittels Variationen seine Qualität. Markantes Kennzeichen der als Ordnungsprinzip fungierenden Bewegungsfigur

»Rhythmus« ist die Wiederholung, eine Wiederholung mit Variationen, eine Wiederholung des Ähnlichen. Der Rhythmus reagiert auf Einflüsse der Umwelt, antwortet auf Belastungen. Der Mensch wird täglich müde, er wird es aber, je nach Anstrengung und Belastung, früher oder später. Der rhythmische Verlauf des Jahres spiegelt sich in den Jahreszeiten: In jedem Jahr geschehen Frühling, Sommer, Herbst und Winter stets in der gleichen Reihenfolge, und doch haben sie Jahr für Jahr eine unterschiedliche Qualität. Der Rhythmus gliedert die Zeit. Im alten Griechenland sah man im Rhythmus eine dynamische Kraft, die einen ordentlichen Wandel und einen Wandel der Ordnung ermöglichte und garantierte. Wo der Takt scharf zwischen richtig und falsch trennt, fließt bzw. pendelt der Rhythmus zwischen den Polen angemessen und unangemessen.

> *Der Rhythmus ist so etwas wie der rote Zeitfaden im bunten Teppich der Natur.*

Rhythmen reagieren sehr sensibel auf Vorgänge, Belastungen und Gegebenheiten der Umwelt. Sie lassen Spielraum für Veränderungen, für Neues und zeigen sich im Rahmen ihrer jeweiligen Schwankungsgrenzen flexibel und geschmeidig. Die Rhythmizität des Lebendigen sorgt für ein pulsierendes, ein abwechslungsreiches Leben. Sie ermöglicht und erlaubt eine Lebendigkeit, die zwischen Kontinuität und Diskontinuität schwingt, zwischen Höhen und Tiefen, Zufälligem und Geplantem, Anfängen und Abschlüssen, Hell und Dunkel, Ebbe und Flut, Werden und Vergehen.

Das Zeitmuster Rhythmus verleiht dem Menschen in seinem Fühlen ein Profil und gibt seiner Wahrnehmung und seinem Erleben, seinem Tun und Lassen Qualität und macht sie beweglich. Herausragend ist dabei der Herzrhythmus, der andere Körperrhythmen synchronisiert – zum Beispiel die der Atmung, der Konzentration, der Arbeits- und Lernfähigkeit, der Schmerzempfindlichkeit, der emotionalen Grundbefindlichkeit und andere mehr. Wir wissen inzwischen Genaueres über die rhythmischen Verläufe der Hormonausschüttung, die rhythmischen Schwankungen der Körpertemperatur, wir organisieren unseren Alltag um unseren Schlaf-wach-Rhythmus herum und leben und erleben darüber hinaus noch eine Menge weiterer rhythmisch pulsierender körperlicher Vorgänge und Abläufe. Nicht wenige von ihnen sind im Detail erforscht, andere wiederum sind bekannt, ohne jedoch umfassend untersucht worden zu sein. Und es gibt noch einige, von denen man erwartet, dass sie noch entdeckt werden. In einer Hinsicht aber sind sich alle Experten, die die menschliche Zeitnatur erforschen, einig: So wie es dem Menschen unmöglich ist, den Gesetzen der Schwerkraft zu entfliehen, so wenig kann er seine rhythmische Zeitnatur ablegen, auch wenn die vielen Mittelchen zur Manipulation der rhythmischen Bedürfnisse gute Geschäfte versprechen. Selbst dort, wo die Diktatur der Uhr und die Imperative des Takts dies verlangen, kann der Mensch seine Rhythmizität nicht stillstellen oder für ein paar Stunden an der Garderobe abgeben. Menschliches Leben ist an das Zeitmuster Rhythmus gebunden und nicht an das taktförmige des Uhrzeigerverlaufs. Der Leib verlangt Rhythmus und strebt danach.

Resonanz

»Der menschliche Körper produziert nicht nur selbst eine Reihe von Rhythmen, sondern er ist auch in der Lage, zu einem vorgegebenen Rhythmus mitzuschwingen. Jeder kennt das spontane Mitwippen der Füße im Rhythmus einer bestimmten Musik. (…) Man geht davon aus, dass ein äußerer Rhythmus uns deswegen so leicht bewegen kann, da er einen inneren, bereits vorhandenen Rhythmus lediglich zu synchronisieren braucht.«

Christoph Becker

Die menschliche Wahrnehmung und Aneignung der Welt vollziehen sich durch eine Resonanz von inneren und äußeren Zeiten, inneren und äußeren Rhythmen.

Ein Selbstversuch liefert den Beweis: Man fühlt sich besser, wohler und sicherer, wenn man fähig und in der Lage ist, mit seiner natürlichen und sozialen Umgebung mitzuschwingen, also Anschluss zwischen inneren und äußeren Rhythmen zu gewinnen. Eltern kleiner Kinder wissen das. Deshalb singen sie ihre Kinder in den Schlaf.

Dem Menschen – so feiert es eine Schlagerweisheit – liegt der Rhythmus im Blut. Das Leben ist eine Sinfonie der Rhythmen. Das ist auch Aristoteles nicht entgangen. Er sah eine enge Beziehung zwischen den Rhythmen, den Gemütsbewegungen und dem Seelenleben: »In den Rhythmen sind Abbilder enthalten, die der wahren Physis überaus nahekommen, Abbilder von Zorn und von Sanftmut, von Tapferkeit, Besonnenheit und ihrem Gegenteil und überhaupt von allen Stimmungen.«

Jedes Leben – auch das menschliche – ist auf Dauer ausschließlich als rhythmisches Leben möglich. Wo dieses Naturgesetz ignoriert wird, da verarmt und verödet das Leben. Es drohen soziale Vereinsamung, zeitliche und soziale Obdachlosigkeit, gesundheitliche Probleme und mindestens schlechte Laune. Mit Ermüdung, Erschöpfung und depressiver Verstimmung und dem, was man heute »Burn-out« nennt, reagiert der menschliche Körper auf die von außen auferlegten übermäßigen und arhythmischen Anforderungen. Der Körper wehrt sich gegen die Zumutungen der Entrhythmisierung. Da ist es denn wohl auch nicht allzu überraschend, dass die Mehrheit der Menschheit es vorzieht, lieber zu tanzen und zu singen, als auf die Uhr zu schauen. Das Bedürfnis nach Rhythmik in unrhythmischer Umwelt motiviert vier von fünf alleine im Auto sitzenden Verkehrsteilnehmern, während der Fahrt plötzlich mit dem Singen oder dem Pfeifen zu beginnen. Ein zwar nicht immer wohlklingender, in jedem Fall aber lebendiger Beweis für die rhythmische Zeitnatur des Homo sapiens. Den liefern

»Ich würde jeden Tag für sich selbst genießen, unabhängig vom vorhergehenden und vom folgenden.«

Jean-Jacques Rousseau

Woche für Woche auch Millionen von Stadtbewohnern mit ihrer Anfälligkeit zur Wochenendflucht in die nahe und ferne Natur, um deren Rhythmen zu erleben, während die Zuhausegebliebenen in der neuesten Ausgabe der »Landlust« blättern.

Lassen Sie uns einen Blick darauf werfen, wie der Takt und die Rhythmen das Alltagshandeln prägen.

Rhythmen schwingen elastisch auf und ab, haben Anfang und Ende, kennen Wiederholungen und Übergänge, Schleifen und Falten. Rhythmen machen Ordnung, ohne Unordnung auszuschließen. Takte hingegen machen Ordnung gegen Unordnung. Takte funktionieren nach dem Prinzip »Kippschalter«, kennen nur das schlichte Ein/Aus. Sie standardisieren, Rhythmen dagegen variieren. Mit beiden Zeitmustern machen wir Ordnung im Rahmen des Vergänglichen.

Nicht immer gelingt das ohne Probleme, ohne Zeitprobleme, und noch seltener lassen sich beide harmonisieren. Der alltägliche Normalfall sind Konflikte, Spannungen und Rivalitäten mit den Zeitvorgaben der Uhr und jenen Zeitsignalen, die von der äußeren Natur und dem Körper ausgehen. Deutlich und teilweise sogar dramatisch zeigen sie sich beim Start in die Arbeitswoche. Verglichen mit Freitagen, so meldet die Berufsgenossenschaft für Gesundheitsdienst und Wohlfahrtspflege, liegt die Quote bei den Arbeitsunfällen an Montagen um 30 Prozent höher. Warum? Während die vertakteten Maschinen und Geräte bei Arbeitsbeginn sogleich mit vollem Tempo starten, brauchen die an und mit ihnen arbeitenden rhythmisierten Menschen Übergangs- bzw. Anlaufzeiten. Sie müssen sich erst »warm« laufen, auf Touren kommen, mit denen die Maschinen bereits laufen.

Das Zeitmuster »Takt« der toten Maschine steht im Gegensatz und Konflikt zum Zeitmuster »Rhythmus« des an ihr arbeitenden lebendigen Organismus. Anders gesagt: Menschen brauchen Anlaufzeiten, Übergangszeiten, Zeiten des Auf und Ab, sie brauchen Pausen, Umwege, Schnelligkeit und Langsamkeit. Das Kippschalterprinzip des Ein/Aus ist der menschlichen Zeitnatur fremd. Wir können nicht per Vollbremsung von der Hochgeschwindigkeit zum Stillstand umschalten. Der Körper braucht lange Bremswege.

Das zeigt sich auch bei unserem Medienkonsum. Im Kino erfährt man es in anschaulicher Art und Weise: Die Ausrichtung der konzentrierten Wahrnehmung auf den Hauptfilm verlangt einen An- bzw. einen Vorlauf. Arrangiert und inszeniert wird dieser mittels Werbefilmen, Vorfilmen und Vorankündigungen.

Das ist anders beim Fernsehen, bei dem das ferngesteuerte Ein- und Ausschaltprinzip herrscht. Das per Knopfdruck ausgelöste Signal liefert das angeforderte Bild sogleich, ohne Anlauf. Es überfällt den Zuschauer, bleibt ihm erst einmal fern. Erst nach einer mehr oder weniger langen Anpassungs- und Gewöhnungsphase findet der Zuschauer die passenden Anknüpfungspunkte und kann dem Verlauf der Bilder folgen. Ähnliches gilt für die vielen handlichen Apparate

Gesundheit »zeit-gemäß«

Die Frage nach dem »guten Leben« kennt viele Antworten. Gesundheit gehört immer dazu. Gesundheit ist mehr als die Abwesenheit von Krankheit und Gesundheitsvorsorge nicht das Gleiche wie die Vermeidung von Krankheiten. Gesundheit nennen wir den Zustand des körperlichen und des psychischen Wohlbefindens. Dazu zählen unter anderem die Niveaus der Zufriedenheit, des Wohlergehens, der Lebensfreude und des Lebensgenusses. Maßgeblich verantwortlich für deren Qualität sind die Lebens- und Arbeitsbedingungen sowie die persönliche Lebensführung. Der »zeit-gemäße« Umgang mit der Zeit spielt dabei eine wichtige, wenn auch gerne vernachlässigte Rolle.

Es gibt Zeiten und Zeitordnungen, die dem Menschen guttun, und es gibt Zeiten, die dem Körper, dem Geist und der Psyche schaden. Insbesondere sind die Qualitäten des Wohlbefindens – was Goethe das »gesteigerte Wohlseyn« nannte – abhängig davon, wie weit die dem Menschen mitgegebene Zeitnatur, das je eigene Zeitverhalten und die zeitlichen

und Geräte, die uns an ihrer elektronischen Leine durch den Alltag begleiten. Auch sie sind per Knopfdruck sogleich funktionsbereit. Auch sie senden keine rhythmischen Zeitsignale aus. Sie kennen weder Anfangen noch Aufhören, nur mehr das Ein- und Ausschalten. Sie sind es, die in allererster Linie die Verantwortung dafür tragen, dass die Entrhythmisierung des Alltagslebens weiter voranschreitet und die Klagen, stets zu wenig Zeit zu haben, trotz verlängerter Lebenserwartung zunehmen.

Life is what happens to you, while you are making other plans.

John Lennon

Allesamt sind wir Kinder unserer Zeit. Und das heißt immer auch, dass wir alle Kinder unserer Zeitmuster sind. Versteht man »Zeitgeschichte« im wörtlichen Sinne als die Geschichte unseres Umgangs mit Zeit, dann besteht diese in erster Linie aus der

Anforderungen der sozialen, der gesellschaftlichen und der natürlichen Um- und Mitwelt miteinander harmonieren. Wo das nicht der Fall ist, drohen gesundheitliche Probleme. Dass die Zeitgeber der »inneren Uhr« auch das Wohlbefinden beeinflussen, ist eine relativ junge Erkenntnis. Die Diskrepanz zwischen den von der Lebenswelt ausgehenden Zeitsignalen und Zeitanforderungen einerseits und Zeitmustern des eigenen Körpers andererseits führen zu Störungen, die man »Zeitkrankheiten« nennen könnte. Diese wurden oftmals bei Schicht-, Nachtarbeitern und Vielfliegern diagnostiziert, alles Personengruppen, bei denen die sozialen Taktgeber und die Zeitgeber der inneren »Uhr« nicht übereinstimmen. Bei ihnen kommt es zu einer Art Jetlag, der wegen des Schlafmangels häufig zu chronischer Müdigkeit und in der Folge dann zu erhöhter Krankheitsanfälligkeit führt. Zwar können diese Unstimmigkeiten durch Gewöhnung und Anpassung zum Teil ausbalanciert werden, das jedoch nur in begrenztem Umfang. Um die Risiken für Leib, Leben und Psyche möglichst niedrig zu halten, muss man die Grenzen der Belastung und die Limits der zeitlichen Zumutungen kennen und beachten.

schubweise verlaufenden Ablagerungsgeschichte jener Zeitmuster, mit denen wir dem individuellen, dem sozialen und dem gesellschaftlichen Leben Gestalt verliehen haben und Gestalt verleihen.

Zwei epochale Umbrüche verdienen dabei besondere Aufmerksamkeit. Der erste ereignete sich, wie wir schon wissen, gegen Ende des Mittelalters vor circa 600 Jahren, als jene Epoche anfing, die wir seit dem Beginn des 19. Jahrhunderts rückblickend als die »Neuzeit« bezeichnen. Die zweite Reorganisation, deren Dynamik unser heutiges Leben prägt, startete vor jetzt bald 50 Jahren, als die Folgen der Vertaktung (Standardisierung) zu Elastizitätsproblemen in der Welt der Wirtschaft führten und sich die Gesellschaft – angeführt von den Ökonomen – daranmachte, das Zeitleben mit mehr Flexibilität auszustatten. Das wiederum hatte zur Folge, dass die für die Standardisierung verantwortliche Uhr ihr Monopol als

Zum »guten« Leben gehört eine gesundheitsbewusste und das heißt immer auch eine »zeit-gemäße« Gestaltung des Alltags. Die akzeptiert und respektiert das biologische Zeitprogramm der Menschen und bewahrt es vor Überstrapazierung. Von zentraler Bedeutung, speziell was die Stress- und Burn-out-Prophylaxe betrifft, sind dabei die Tempoanforderungen der Arbeit, die Lage der Arbeit (Tag/Nacht), die existierende Pausen- und die Erholungskultur und die Wertschätzung der Kraft gebenden und Motivation verleihenden Ressourcenzeiten.

Die Fragen der Gesundheit und der Gesundheitsvorsorge sind nicht nur an Einzelpersonen zu richten. Da sie auch von der gesellschaftlichen, der technischen und der sozialen Umwelt und den von dort ausgehenden zeitlichen Zumutungen abhängig sind, sind die einschlägigen Zeitfragen immer auch an die Politik zu stellen. So ist es beispielsweise nicht unerheblich für die Gesundheit der Bürger und Bürgerinnen, wie die gesetzlichen und tarifvertraglichen Rahmenbedingungen für die Zeitordnung der Lebens- und Arbeitswelt ausgestaltet sind. Eine Gesellschaft, in der das arbeitsfreie Wochenende – zumindest der Sonntag – gesetzlich ver-

Zeitorganisationsinstrument an das Mobiltelefon verlor und die Pünktlichkeits- von der Flexibilitätsmoral abgelöst wurde. Den Blick auf die Uhr ersetzten die akustischen Signale von Mobilgeräten, dem der stets abrufbare Zeitgenosse gehorcht wie der Jagdhund dem Pfiff seines Herrn. Einher ging dieser Wandel mit einem teilweisen Zerfall der vom Uhrentakt geordneten Welt und dem Verlust vertakteter Gestalten und Ordnungen.

Richtet man sein Augenmerk von der Beobachterterrasse des Zeitgeschehens auf die schon angesprochene zweimalige Richtungsänderung der dominierenden Zeitmuster, dann werden zwei epochale Bruchstellen sichtbar: vom Rhythmus der Vormoderne zum Takt der Moderne sowie vom Takt der Moderne zur Gleichzeitigkeit der Postmoderne.

ankert und lebendige Realität ist, strapaziert die Gesundheit ihrer Mitglieder erheblich weniger als eine Gesellschaft, in der das nicht der Fall ist. Auch entstresst eine ordnungspolitische Einschränkung der Nachtarbeit die sozialen Gemeinschaften spürbar, und sie verringert damit die Gesundheitsrisiken und die Gesundheitskosten entscheidend. Ähnliches gilt für die aktuell diskutierte zeitliche Begrenzung der elektronischen Erreichbarkeit und des elektronischen Zugriffs durch Vorgesetzte außerhalb der Arbeitszeit.

Es sind unter anderem die steigenden Kosten im Gesundheitsbereich – die von Krankheiten verursachten Kosten –, die in der jüngsten Zeit die Fragen der Gesundheitsprävention ins Zentrum gerückt haben. Zeitfragen – also Themen wie Zeitorganisation, Zeitverwendung, Zeitbelastung – rücken dabei in den Mittelpunkt und bekommen starkes Gewicht. Der »zeit-gemäße« Umgang mit Körper und Psyche wird hierdurch immer mehr zum Schlüssel für die Absicherung des menschlichen Wohlbefindens, für Wahrung der körperlichen Gesundheit und der psychischen Stabilität.

Vom Rhythmus der Vormoderne zum Takt der Moderne

Es gab sie einmal, die Zeit, als die Menschen noch Zeit hatten zu schauen, zu staunen und sich zu wundern. Es war das Zeitalter der Rhythmen, der Zyklen und der Wiederkehr. Friedrich Nietzsche hat für dieses vormoderne Zeitregime poetische Worte gefunden: »Alles geht, alles kommt zurück; ewig rollt das Rad des Seins. Alles stirbt, alles blüht wieder auf; ewig läuft das Jahr des Seins.« Es sind die Zyklen des Lebendigen, des Werdens und Vergehens und die periodisch wiederkehrenden Veränderungen des gestirnten Himmels, die dem Zeitverständnis und dem Zeithandeln in Zeiten der Vormoderne Gestalt verleihen. Gebunden waren die Zeitwahrnehmung und das Zeithandeln an die natürlichen Rhythmen von hell/dunkel, warm/kalt, an Vogelgezwitscher, Gebetszeiten, Traditionen, Bräuche und Feste. Selbst die weltliche Herrschaft orientierte sich bei der Ausübung ihrer Macht an den Zyklen der Natur und wiederkehrenden Himmelsereignissen. Sie bediente sich dieser und nahm sie für die Organisation des menschlichen Miteinanders ihrer Untertanen in ihren Dienst. Feste, Rituale und Zeremonien unterlegten und konturierten das Leben der sozialen Gemeinschaften mit einem rhythmisierten Verlauf. Feier- und Festtage, regelmäßige Gebete und Wallfahrten, kirchliche und weltliche Messen, Märkte und Gottesdienste mit ihrer jeweils eigenen rhythmischen Feingliederung stellten eine hinlänglich orientierende lebendige Zeitordnung für die Menschen und die Gemeinschaften bereit. Sie teilten die Zeit nicht ein, sie waren die Zeit, wurden zumindest als solche wahrgenommen. Stets war Zeit sozial arrangierte Zeit. Es wäre jedoch ein Fehler zu denken, damals sei es wohl recht eintönig zugegangen. Eher ist das Gegenteil der Fall: Innerhalb der rhythmisch gestalteten und rhythmisch erfahrenen Welt existierte eine breite und farbige Vielfalt unterschiedlicher Regelmäßigkeiten, die dem Alltag Buntheit und Abwechslung verliehen. In wechselseitiger Durchdringung sorgten kosmische, biologische, religiöse und soziale Rhythmen und Zyklen für eine temporale Mannigfaltigkeit mit Höhepunkten und Intervallen, mit zeitlichen Verdichtungen, Dehnungen und Faltungen.

Heute, da wir den Naturrhythmen in unserem Zeitleben nur mehr geringe Ordnungskompetenz zugestehen, bewerten wir die Zeitmuster der Vormoderne als »sozial- und naturverträglich«. Ihre ökologische Vielfalt und Stabilität machen sie für uns »nachhaltig« – nicht zuletzt deshalb, weil in der Vormoderne das Tempo des individuellen und sozialen Alltagslebens und die Anbindung von Handlungen an bestimmte Zeiten mit den rhythmischen Dynamiken der Natur harmonierten. Das klingt sympathisch. Aber es wäre ein romantischer Irrtum zu denken, dass alles, was die Natur tut, gut ist.

Ein Zeitregime, das von einem solcherart innigen Verhältnis zwischen Natur und Zeitleben geprägt ist, hat einen hohen Preis. Aus Josephs Traum in Ägypten wissen wir, dass dort auf sieben fette sieben magere Jahre folgen konnten. Im damaligen Europa musste man keine sieben Jahre warten, damit man nach fetten auch magere Zeiten zu spüren bekam. Die Natur liefert bekanntlich nicht nur Sonnenschein und schöne Landschaften, sie konfrontiert die Menschen auch mit brutalen Seiten und harten Zeiten. Diese zeigt sie auch, ohne dass der Mensch an ihr und in ihr herumgepfuscht haben muss. Die in dem christlichen Vaterunser an die himmlische Macht adressierte Bitte »Unser täglich Brot gib uns heute« hatte für die meisten vormodernen Menschen eine sehr reale Bedeutung, denn nicht selten mussten sie hungern. Eine Tatsache, deren sich diejenigen bewusst sein sollten, die sich diese Zeiten zurückwünschen. Auch sollten sie nicht verdrängen, dass man damals die Welt erheblich früher verließ als die Zeitgenossen des 21. Jahrhunderts. Der »Rhythmus« war übrigens auch das Zeitmuster, das den sozialen Umgang mit Zeit prägte. Der Wiener Philosoph Otto Neurath brachte den »Fortschritt« auf den Punkt: »Wenn früher ein Mensch und ein Sumpf zusammenstießen, starb der Mensch, heute stirbt der Sumpf.«

Ehemals hatte der Mensch Angst vor der Natur, heute hat die Natur und mit ihr der Rhythmus allen Grund, vor den Menschen Angst zu haben.

Nicht individuelles Streben und Wollen gaben dabei die Richtung an, sondern ständische Traditionen, Bräuche, Gewohnheiten und die Zeitvorgaben des Kirchenkalenders. Sie verpflichteten die Menschen zur Bewahrung des Bestehenden und zu dessen Fortsetzung. Typisch dafür ist die Formulierung aus der Thorner Zunfturkunde von 1523, die das Neue verbot: »Kein Handwerksmann soll etwas Neues erdenken oder erfinden oder gebrauchen, sondern jeder soll aus bürgerlicher und brüderlicher Liebe seinen Nächsten folgen und sein Handwerk ohne des Nächsten Schaden treiben.« Die Wertschätzung der Tradition geht mit einer tiefen Skepsis gegenüber technischen und sozialen Neuerungen einher. Das entsprach auch der damals gültigen Tugendlehre, in der die »curiositas«, die Neugierde, als etwas Verwerfliches galt und nicht wie in unseren Tagen erwünscht ist.

»Nicht in die ferne Zeit verliere dich, den Augenblick ergreife, der ist dein.«

Friedrich Schiller

Für das, was man vermisste, entbehrte und worunter man litt, standen in vormodernen Zeiten kirchliche Tröstungsrituale zur Verfügung. Warum also mit der Zeit kalkulieren, warum Zeit managen, wenn man auf der Welt war, um eine Ordnung, die nicht selbst gemacht war, zu übernehmen und sie weiterzugeben? Man war Teil eines kollektiven und eines relativ homogenen Organismus in kleinräumiger, überschaubarer Umgebung. Allein in diesem engen Rahmen, in dem alles seine Zeit hatte, durfte Zeit »genutzt« werden. Es gab eine Zeit des Melkens, eine Zeit des Weidegangs, eine Zeit der Aussaat und eine der Ernte, eine des Gebets und eine der Messe und eine andere – für andere –, in der Verträge und Geschäfte abgeschlossen werden konnten und durften. Besprechungen begannen, wenn die, die etwas zu besprechen hatten, anwesend waren – und hätte es bereits Schulen gegeben, dann hätte der Unterricht auch erst angefangen, wenn der letzte Schüler zugegen gewesen wäre. Eine Schulpflicht aber gab es in der vormodernen Zeit nicht.

Zwar gab es auch in dieser Zeit viel zu lernen, aber es gab nur weniges, was man sich nicht über praktische Erfahrungen und Erzählungen anderer hätte aneignen können. Es ging auch nicht darum, eine zukünftige Welt zu schaffen, sondern die sich kontinuierlich rhythmisch erneuernde gegenwärtige Welt zu bewahren und fortzusetzen. »Zukunft« existierte zu dieser Zeit noch nicht – weder als Begriff noch als Vorstellung. Bis ins 17./18. Jahrhundert hinein hat man nicht auf eine offene, das heißt auf eine gesellschaftlich, sozial oder individuell gestaltbare Zukunft hin gelebt oder gearbeitet. Alles steht in einem großen Buch geschrieben, so die damalige Vorstellung von »Zukunft«, und im Leben vollziehen die Menschen das in diesem Festgelegte. Zukunft war nichts weiter als die Ankunft des Vorherbestimmten. Die Ereignisse kamen auf die Menschen zu. Man ertrug, erwartete sie oder wurde von ihnen überrascht. Neues erhoffte man sich in erster Linie von Wundern, die sich durch Wallfahrten, Gebete und den Kontakt mit heiligen Gegenständen wahrscheinlicher machen ließen.

Besondere Anstrengungen, die auf eine Beschleunigung des Arbeits- und des Lebenstempos zielten, waren zu dieser Zeit kein Thema. Niemand sah oder fühlte sich aufgefordert, die Zeiten zu verändern, sie zu manipulieren oder gegen sie zu kämpfen. Denn, so kann man's heute noch ab und zu im Voralpenland am Wirtshaustisch hören, »wias kimmt, so weard's«.

Gegen Ende des Mittelalters vollzog sich schließlich in engem Zusammenhang von Überlegungen über das Wesen des Menschen und dessen Stellung in der Welt auch ein Wandel des Zeitverstehens. Bei klugen und nachdenklichen Zeitgenossen, wie bei dem italienischen Philosophen Pico della Mirandola, bei Meister Eckhart, Albertus Magnus, Roger Bacon und anderen, erwachte der abendländische Drang, den Zwängen von Raum und Zeit zumindest übers Denken zu entkommen. Sie wollten mehr wissen und freier denken, als es sich gemeinhin zu ihrer Zeit gehörte. Es nagte in ihnen der Zweifel, ob wirklich alles so bleiben müsse, wie es immer schon war, und ob es die beste aller Welten ist, in der sie leben. Sie stellten Fragen, die bis dahin niemand zu stellen wagte. Die Folge war, dass der Glaube Risse bekam, die Dinge und die Abläufe würden von sich heraus existieren und stets so bleiben, wie man sie angetroffen hat. Mehr und mehr wurde er brüchig und dem einen oder anderen ging er schließlich ganz verloren.

Nicht unberührt blieb von solchen Zweifeln und Fragen schließlich auch die Art, wie man das Zeitliche wahrnahm, wie man mit ihm umging und wie man seine jeweiligen Zeiterlebnisse und Zeiterfahrungen verarbeitete. Man ging in eine neugierige Distanz zu seinen Erfahrungen, zu dem, was geschrieben stand, und auch zum Geschehen in der Natur. Das änderte zwar längere Zeit nichts an der rhythmischen Zeiterfahrung und dem rhythmischen Zeitleben, setzte aber – nachträglich betrachtet – erste Impulse in Richtung einer Entrhythmisierung der Lebenswelt. Die nahm dann auch mit der Erfindung und der relativ raschen Verbreitung der mechanischen Uhr Fahrt auf. Zu Beginn löste man sich zunächst vorsichtig und manchmal auch ängstlich von den rhythmischen Vorgaben des Himmels und der inneren und äußeren Natur. Später vollzog sich der Wandel vom Rhythmus zum Takt dann eher stürmisch. Heute können wir die Folgen dieser Umwälzung erkennen und genießen. Wir bekommen sie aber auch – nicht selten leidvoll – zu spüren. Und doch bewahren wir, wie andere Gesellschaften ebenso, bis in unsere Tage hinein in unserem kulturellen Gedächtnis einen reichen Schatz an Angeboten in gedichteter, gesungener und getanzter Form für rhythmisch wiederkehrende Ereignisse auf, die wir bei wichtigen Ereignissen wie Geburt, Hochzeit, Tod, aber auch bei gemeinschaftlichem Essen, Trinken und Feiern wieder lebendig werden lassen.

Im Rückblick kennzeichnen wir jene Zeitepoche, die die Vormoderne abgelöst hat, mit der doppelt aussagekräftigen Formel »Neuzeit«. Mit deren Beginn geht jene Zeit zu Ende, in der man zur Erklärung zeitlicher Ereignisse und von Zeiterfahrungen vor allem Götter und Helden, dann Gott und seine Heiligen, in erster Linie aber deren Taten und Werke heranzog. Von Jahrhundert zu Jahrhundert nahm der Glaube an diese mehr und mehr ab und wurde durch den Glauben an die Uhr und deren Zeitansage ersetzt. Immer umfassender wurde die direkte Naturbeobachtung – der Wechsel von Tag und Nacht, die Veränderungen des Mondumfangs, die Abfolge der Jahreszeiten – durch menschengemachte Instrumente – Uhr und Kalender – ergänzt und später dann abgelöst. Immer seltener auch glaubten die Menschen, ihre Ideen und Gedanken von Gott und vom Heiligen Geist zu empfangen, und vom Teufel wurden sie ihnen auch nicht mehr länger eingeflüstert. Fortan bemühte man sich selbst um neue Einfälle und Ideen, wohl wissend, dass sich diese nicht erzwingen lassen. Mit der Uhr wurde das Zeitalter der Erfindungen erfunden. Man wechselte das Zeitmuster und änderte die Zeitordnung. Später dann, als man begann, aus Zeit Geschichte zu machen, erkannte man in ebendiesem umfassenden Wandel das, was man dann »Moderne« nannte.

Wer die Zeit drängt, den verdrängt die Zeit. Und wer der Zeit nachgibt, dem steht sie bei.

Talmud

Im Gepäck dieser Moderne befand sich neben vielem anderen auch ein neues Zeitmuster. Das war verantwortlich für den Funktionsverlust des Rhythmus als des bis dahin dominierenden Zeitmusters der alltäglichen Lebensführung. Nicht mehr die Bewegungsfigur des Rhythmus verlieh nun dem Dasein die maßgebenden zeitlichen Akzente, immer häufiger war es der Takt, der Takt der Maschine, vor allem aber der Takt der Mutter aller Maschinen, der Uhr. Einher ging mit dieser Umstellung von Rhythmus auf Takt eine zunehmende Trennung der Zeitansage von der Zeiterfahrung und vom Zeiterleben. Seitdem die Zeiger der Uhr sagen, was die Stunde geschlagen hat, fließt die Zeit nicht mehr, wie sie es zuvor noch in den Sand- und Wasseruhren tat. Von jetzt an tickt sie und muss es ertragen, in gleich große Teile zerhackt und wie auf einer Leine aufgereiht zu werden.

Im Laufe der Jahrhunderte geraten dann immer mehr Lebensbereiche und mehr und mehr Gelegenheiten in den Ordnungsbereich der Uhr. Das die Gesetze der Natur ignorierende Zeitmuster des Uhrentakts übernimmt das Kommando über das zeitliche Geschehen im Alltag. Es portioniert und rationiert die Zeiten des Lebendigen – eingeschlossen die menschliche Lebenszeit. Nicht mehr länger sind es der Wind, auch nicht mehr die Kräfte und die Zeitsignale der Natur, die das Schiff des Lebendigen über das Meer der modernen Zeit lenken, es sind die kalkulierbaren Takte aus dem Maschinenraum.

Dieser Takt tickt exakt, tickt ohne Unterbrechung, kennt kein Auf und kein Ab, kein Schwingen und Pulsieren, keine Zeitfalten, keine Zeitnischen und keine qualitative zeitliche Vielfalt. Die leblose, mechanische Regelmäßigkeit überlagert

Wie kommt der Kuckuck in die Uhr?

Wie kommt eigentlich der Kuckuck in die Uhr, und seit wann sagt er uns, was die Stunde geschlagen hat? Wir wissen es nicht, wissen es ebenso wenig, wie wir das Jahr wissen, in dem die erste mechanische Uhr überhaupt die Zeit in gleich lange Stücke zerteilte. Die Ursprünge - wie es in solchen Fällen immer so schön heißt - liegen bei beiden Ereignissen im Dunkeln.

Alle Quellen deuten darauf hin, dass die Kuckucksuhr zwischen 1730 und 1750 das Licht der Welt erblickte. Ihr triumphaler Einzug in die gutbürgerlichen Wohnzimmer und Küchen begann zu Beginn des 19. Jahrhunderts. Aber erst nach dem Ende des Zweiten Weltkriegs startete die Kuckucksuhr ihren Siegeszug auch in Übersee. Auswanderziel Nummer eins war Nordamerika. Heute ist die Kuckucksuhr dabei, auch die Länder

die lebendigen, nur in Grenzen beherrschbaren Naturrhythmen. Der Takt drängt sich zunehmend schamloser als Leitbild auf. Er vergegenständlicht sich in »vertakteten« Gartenanlagen, »vertakteter« Architektur, »vertakteten« Fensterfronten, »vertakteter« Organisation, der wir den Namen »Bürokratie verleihen. Ab Mitte des 18. Jahrhunderts kann schließlich auch der zu dieser Zeit in der mechanischen Uhr eine neue Heimat suchende Kuckuck ein Lied über seine Vertaktung singen.

Die Bedeutung der Bewegungsfigur Takt in der alltäglichen Lebenswelt nimmt mit dem Einfluss des Protestantismus, des Rationalismus, der Aufklärung, besonders aber mit der sich ausbreitenden Industrialisierung ab Mitte des 18. Jahrhunderts immens zu. Mehr und mehr waren es die vertakteten Maschinen, die in den Manufakturen und Fabriken die Zeitgeberfunktion übernahmen. Der Alltag, auch der jenseits des Fabriktors, wurde immer umfassender zu einem vertakteten Alltag. Allgegenwärtige öffentliche Uhren und unüberhörbare Taktsignale vertrieben die Menschen aus der Welt der Rhythmen, entfremdeten sie ihrem Körper und erhöh-

Ostasiens - Japan, Korea, China -und neuerdings auch Australien und Neuseeland zu erobern.

Die Heimat des Uhrenkuckucks waren die baumreichen Täler des Schwarzwalds. Heute sind es in erster Linie die hell erleuchteten Flughafenshops. Von dort startet die Uhr als »Schmückedeinheim« in entfernte Regionen, um schließlich in den klimatisierten Wohnzimmern texanischer Internisten und japanischer Managerfamilien zu landen.

Trotz aller Weltläufigkeit blieb die Frage, wie der Kuckuck - der regelmäßig aus der Uhr herausschaut - überhaupt in diese hineinkommt, bisher unbeantwortet. Die Wissenschaft lässt uns im Stich. Und die Fachliteratur über Uhren hält sich hinsichtlich dieser Frage ebenso konsequent zurück, wie es die Sammelwerke über die Vogelwelt tun.

Die Antwort aber ist so einfach wie verblüffend: Der Kuckuck bringt das in die Uhr und deren Zeitansage zurück, was diese zuvor hinaus-

ten die Distanzen zu dem Geschehen in der Natur. Nicht der lebendige Rhythmus der Arbeitenden bestimmte das Tempo des Tuns und Lassens, es waren die maschinellen Abläufe, die die Zeitsignale lieferten und die Zeitnormen setzten. Modern Times auf ihrem Höhepunkt: unübertroffen Chaplins radikaler filmischer Angriff auf die für den Verlust an Rhythmus und Menschlichkeit verantwortlichen Vertaktungszwänge im Prozess der Arbeit (vergleiche dazu den Kasten auf den Seiten 104/105). Der menschenverachtende Takt der Zeitorganisation verwandelt sich durch Chaplins Kunst, das Ernste lächerlich zu machen, zum lebensbejahenden Rhythmus. Moderne Zeiten, das zeigt Chaplin, sind diejenigen Zeiten, die das Zeitmuster »Takt« zum Imperativ und didaktorischen Vorbild alltäglicher Lebensführung machen. Mit den Mitteln der Komik jedoch lassen sich diese mechanischen Zeitverhältnisse sprengen, in die die Menschen heillos verstrickt sind.

Der an der Veruhrzeitlichung seiner Bevölkerung interessierte Staat übertrug den Institutionen Schule und Militär die Aufgabe, als Trainingscamp der Vertaktung zu fungieren.

geworfen hat: die Natur. Der Kuckuck flog in die Uhr, um der vom mechanischen Räderwerk aus der Zeitansage eliminierten Natur im Nachhinein wieder einen Platz zu verschaffen. Und so besteht die Aufgabe des Kuckucks darin, die von den Menschen zwecks umfangreicher Naturbeherrschung vorangetriebene und stetig weiter forcierte Trennung von Zeit und Natur wieder ein klein wenig rückgängig und damit erträglicher zu machen.

Der Mensch scheint es nicht oder nur schwer ertragen zu können, dass die Uhrzeiger wortlos übers Ziffernblatt streichen, sich hin und wieder - zur Mittagszeit beispielsweise - sogar treffen, ohne einen Ton von sich zu geben. So gesehen, übernimmt der Kuckuck die Rolle eines Illusionsvogels. Er verleiht der Zeit der Uhr eine Lebendigkeit, die diese nicht besitzt. Es ist diese Illusion einer lebendigen Zeit, die der Mensch braucht. Man hätte es auch anders machen können und hätte - zugegeben eine

Schulpflicht und Militärdienst haben ein gemeinsames Ziel: aus Untertanen brauchbare Untertanen zu machen. Brauchbar waren die Untertanen, wenn sie willens und fähig waren, ihr Zeitleben an den vertakteten Maschinen auszurichten, sich deren Verfügungsmacht unterzuordnen, zu gehorchen und zu funktionieren. In der Schule ging es unter anderem darum, das Bild der gleichmäßig voranschreitenden Zeiger als richtungsgebendes Zeitmuster der temporalen Ordnung in die Köpfe und Körper der Heranwachsenden einzupflanzen. Auf schulischem Weg wurden den jungen Menschen jene Einstellungen und Fähigkeiten beigebracht, die ihnen die rationale Zeitwirtschaft der Industriearbeit abverlangte. Das fand auch die Zustimmung des großen Aufklärers Kant: »So schickt man Kinder anfangs in die Schule, nicht schon in der Absicht, dass sie dort etwas erlernen sollen, sondern damit sie sich daran gewöhnen mögen, still zu sitzen und pünktlich das zu beobachten, was ihnen vorgeschrieben wird.«

Werktor, Schulhof und Kasernentor fungierten als Schwellen des Umschlags von Zeit in Zeitdisziplin. Der Maschinen-

etwas verrückte Idee – den Zeigerverlauf der Uhr ja auch am Ruf des Kuckucks ausrichten können. Man hat es aber anders gemacht und sich dafür entschieden, den Ruf des Kuckucks dem Zeigerverlauf zu unterwerfen – und damit den Kuckuck mit der Zeitansage gleich mit zu mechanisieren.

Alles klar? Na ja, vielleicht nicht alles. Noch wissen wir nicht, warum es ausgerechnet der Kuckuck ist, der zum prominenten Hauptdarsteller der Schwarzwälder Uhr wurde und nicht der in Zeitangelegenheiten mit älteren Anrechten ausgestattete krähende Hahn, auch nicht der klopfende Specht oder der röhrende Hirsch. Warum gerade der Kuckuck? Und was soll und will er uns eigentlich sagen? Ist es die Uhrzeit, die er uns vermeldet, oder – das wäre sehr hintersinnig – zeigt er uns, dass man auch auf sie pfeifen kann? Wir wissen es nicht. Weiß der Kuckuck!

takt und die in Verwaltungshandeln umgesetzte Zeigerlogik entschieden über die raumzeitlichen Möglichkeiten des Erlebens, über die Zeiterfahrungen, die Zeitwahrnehmungen und das Zeithandeln. Der Takt wanderte von außen nach innen, von der Administration über die Schule ins Verhaltensrepertoire von Lehrern und Schülern. Dort implantiert, formt er mit seiner Logik des Eins-nach-dem-anderen das Zeitdenken und die Zeitpraktiken, prägt die Erwartungen, die Verpflichtungen, die Regelungen und ebenso die Moral. Der Mensch wird vertaktet, verlehrplant und verfahrplant. Er wird zu einem uhrzeitgehorsamen, pünktlichen Menschen, dessen Daseinsgestaltung sich bis in die intimsten Lebensvollzüge den Imperativen der Vertaktung ausliefert. Das groß angelegte Erziehungsprojekt »Veruhrzeitlichung« macht die Uhr und den Takt menschlich, indem es die Menschen zu vertakteten Uhrzeitmenschen macht. Der moderne Mensch wird zu einem »veruhrzeitlichten« Menschen, der immer dann, wenn er von »Zeit« spricht, Uhrzeit meint.

Missachtet wird jene Zeitorientierung, die den Rhythmen von hell und dunkel, den Jahreszeiten und den Vorgaben des christlichen Kalenders folgt. Spätestens als gegen Ende des 19. Jahrhunderts auch die privatesten und intimsten Lebens-

Das Licht geht aus ...

... der Film läuft: Modern Times, deutsch: Moderne Zeiten, 1936. Ein Klassiker von und mit Charlie Chaplin.

Charlie als Arbeiter am Fließband. Der Aufseher mahnt zur Schnelligkeit und dann zu noch mehr Schnelligkeit. Charlie, in jeder Hand einen Schraubenschlüssel, kommt der Arbeit kaum mehr nach. Pausen werden ihm nicht gegönnt. Um noch mehr Zeitersparnis zu erzielen, wird eine Ernährungsmaschine an ihm getestet. Das Experiment geht jedoch in die Hose. Der gebeutelte Charlie muss am Fließband, dessen Taktfolge mehr und mehr erhöht wird, weiterarbeiten. Irgendwann kippt er um, fällt auf

vollzüge des Alltags von den Imperativen der »Vertaktung« infiziert waren, ist aus dem modernen Menschen ein standardisierter Mensch geworden. Er bewegt sich in einer Welt getakteter Programme und Fahrpläne, verdichteter Fristen, Termine und Deadlines, die eine aktive Teilhabe an den Naturrhythmen immer weniger zulassen. Die uhrzeitliche Selbstverdinglichung geht schließlich so weit, dass es zu einem großen Kompliment wird, als ein Subjekt wahrgenommen zu werden, das »pünktlich wie die Uhr« ist. Ein höchst ambivalentes Lob. Preist es doch einen Lebensentwurf, der auf pure Zweckdienlichkeit hin ausgerichtet ist, der sich von seiner rhythmischen Eigenzeit verabschiedet hat und sich dem Diktat des Uhrentakts mit Haut und Haar unterwirft.

Die Vertaktung der Zeit – beginnend mit der Erfindung der mechanischen Uhr – geht als wichtigste aller modernen Innovationen in die Geschichte ein. Sie ist und war ein Segen für die Menschheit. Die Taktuhr hat zur Entwicklung und Ausbreitung einer neuen Welt- und einer erweiterten Selbsterfahrung beigetragen. Ihre größten Erfolge feierten die Uhr und ihr Takt unstrittig im Bereich der Ökonomie, als Zeitmessapparatur, als Zeitordnungsgerät und als Instrument der Ausübung und Durchsetzung von Herrschaft. Uhrzeit- und

das Fließband, wird mittransportiert und gerät in das einem Uhrwerk gleichende Räderwerk einer monströsen Maschine. Ihrem Tempo muss er folgen. So lange, bis er schließlich an den Taktvorgaben scheitert und in die Psychiatrie eingeliefert wird.

Der Film ist eine ambivalent unterhaltsame Kritik an der Vertaktung und der Mechanisierung des Lebens in der Industriegesellschaft. Der Mensch, so die Botschaft, hat sich anzupassen. Er wird gezwungen, seine vitalen Bedürfnisse zu unterdrücken, sich zu vertakten und sein Zeithandeln mit dem der Maschine gleichzuschalten – bis der Körper irgendwann seine Rhythmizität einfordert und erkrankt.

Taktgehorsam wurden zum Motor einer blühenden (kapitalistischen) Wirtschaft.

Doch nicht immer und überall waren Veruhrzeitlichung und Vertaktung segensreich. Die Imperative des Takts haben die Menschen unabhängiger von der Natur und deren Rhythmen gemacht, dies aber um den Preis neuer, anderer Zeitzwänge und Zeitnöte. Die Vertaktung hat die Menschen verführt, die Zeiten und die Zeitmaße der äußeren und ihrer inneren Natur zu missachten und zu verletzen. Der zur Routine gewordene Blick zur Uhr hält die Menschen davon ab, bei Zeitentscheidungen und Zeitproblemen auch auf die Natur und deren Zeitsignale zu schauen und zu hören. Er hat sie daran gehindert, die subjektiven Leidenschaften, die mit dem Zeiterleben untrennbar verbunden sind, anzuerkennen und auszuleben. Zeit aber wird nur dort menschlich, wo ihr Zeitmuster rhythmisch ist.

»Zeit gewinnen, indem man ein Düsenflugzeug besteigt? Und was gewinne ich, wenn ich mich auf eine Waldwiese lege? Doch offenbar ebenfalls Zeit.«

Wolfdietrich Schnurre

Heute wissen wir, dass die Uhr nicht nur Magd und Freundin ist, sondern auch diktatorisch und zwanghaft. Der Takt hat dem Leben eine Ordnung verpasst, die diesem viel von seiner Lebendigkeit geraubt und der Wirtschaft einen Teil ihrer produktiven Möglichkeiten vorenthalten hat. Der vor 600 Jahren mit der Uhrzeitrevolution einhergehende Wechsel des Zeitmusters vom Rhythmus zum Takt als Zeitordnungsleitbild hat eine Menge verändert, hat eine Vielzahl neuer Denk- und Handlungsmöglichkeiten eröffnet. Aber er hat nicht alles gehalten, was man sich von ihm versprochen hat. Daher bemüht man sich in jüngster Zeit darum, den Takt und seinen Einfluss zu begrenzen.

Vom modernen Takt zur postmodernen Gleichzeitigkeit

Telefonieren, dabei zugleich im Internet surfen, E-Mails verschicken, einen Snack in sich hineinstopfen, dem Kollegen am Nebentisch eine Notiz zuschieben und ab und zu die neuesten Meldungen und Börsenkurse vom Smartphone abrufen: Wer das schafft, und das schaffen immer mehr Zeitgenossen und Zeitgenossinnen problemlos, darf sich zur Spezies der Simultanten rechnen. Das sind meist – aber nicht nur – jüngere Personen, die sich durch ihre Fähigkeit auszeichnen, mehrere Dinge gleichzeitig zu tun. Sie sind nicht nur tätig, sondern bei ihrem Tätigsein stets auch nebenbei tätig.

Es sind die modernen Kommunikationsmittel und Speicherungsmöglichkeiten, die solch ein Leben jenseits der Uhrzeit und ihrer Zeitsignale ermöglichen. Nonstop Aktivität und permanente Erreichbarkeit machen die Uhr als Vehikel zeitlicher Koordination überflüssig. Pünktlichkeit ist unter solchen Bedingungen kaum mehr notwendig. Dafür erhöht sich der Druck, jederzeit und überall »am Punkt« zu sein. Karriere machen unter solchen Verhältnissen die Flexiblen, nicht die Pünktlichen. Wer pünktlich zum Start des Ausverkaufs kommt, wird nur noch auf das zugreifen können, was die Flexiblen übrig gelassen haben.

Immer mehr Zeitgenossen und Zeitgenossinnen werden neuerdings von der Zumutung entlastet, sich an inflexiblen und standardisierten Zeitstrukturen und Zeitvereinbarungen orientieren zu müssen. Sie erhalten die Freiheit, ihren Arbeits- und ihren Lebensrhythmus selbst zu gestalten; sie können, dürfen und müssen flexibel mit Zeit, Zeitanforderungen und Zeitmustern umgehen. »Flexizeiten«, »Gleitzeit«, »Vertrauensarbeitszeit« heißen die bekanntesten flexiblen Zeitmodelle in der Arbeitswelt. Sie flexibilisieren die Zeitentscheidungen nicht nur, sie individualisieren diese auch. Für die Einzelnen eröffnen sich hierdurch neue Wahl- und Entscheidungssituationen, die ihre zeitlichen Handlungsmöglichkeiten erweitern.

Die Kehrseite dieser neuen Zeitfreiheiten zeigen sich im Verlust der zeitlichen Orientierung, der zeitlichen Kontinuität; alte Zeitgewissheiten schwinden. Da die Menschen durch ihre Vertaktung den Zugang zu ihren natürlichen Zeitrhythmen weitgehend verloren haben, der Takt aber auch nicht mehr länger als vorbildliches Zeitmuster zur Verfügung steht, müssen sie sich immer wieder neu im Meer der »Zeitlosigkeit« verorten. Das ist eine Daueraufgabe, die in der Postmoderne zu einer Dauerbelastung mit Überforderungscharakter wird. Und es erklärt auch, warum heute, trotz wachsender Zeitfreiheiten, immer mehr Personen immer häufiger über Zeitprobleme, Zeitstress und Zeitnöte klagen. Zeitmangel und Zeitüberfluss, Zeitfreiheit und Zeitzwang verknoten und verwirren sich zu postmoderner Zeiterfahrung.

Mehrere hundert Jahre war das Zeitmuster »Takt« Leitbild für die zeitliche Ordnung des Daseins. Heute nun, zu Beginn des 21. Jahrhunderts, verliert dieser Takt an Attraktivität. Er ist, was seine individuelle und gesellschaftliche Gestaltungskraft angeht, auf dem Rückzug. Veränderungen, speziell im Bereich der Kommunikationsmedien, belegen das immer wieder eindrücklich. Der getaktete Münzfernsprecher, vor wenigen Jahrzehnten mit seiner Wohnstatt Telefonzelle noch allgegenwärtiger Teil der Stadtmöblierung, hat gemeinsam mit dem Fernkopierer (Fax) und dem Telegramm den Weg ins Postmuseum angetreten. Immer häufiger begegnen wir nun Menschen, die – wo immer sie sich auch befinden – auf das Display ihres Smartphones blicken und über den berührungssensiblen Bildschirm wischen. Was ist geschehen, was hat sich verändert?

Wenige Jahrzehnte vor der Zeitenwende zum dritten Jahrtausend fing der bis dahin relativ reibungslos laufende Motor des modernen Beschleunigungsfortschritts an zu stottern. Die für das Wirtschaftswachstum verantwortliche Steigerung der Schnelligkeit hatte eine Grenze erreicht. Der Transport von Informationen, Wachstumsgarant Nummer eins, war bei der Grenzgeschwindigkeit der elektromagnetischen Wellen und damit an der Steigerungsgrenze des vertakteten Zeitregimes angekommen. Die bis dahin erfolgreiche Modernisierungsstrategie »Vertaktung« war damit – ökonomisch zumindest – nicht mehr länger Erfolg versprechend. Mit ihr kam dann auch die Prozesslogik des Takts, das »Eins-nach-dem-anderen«, als Leitbild der Ordnung des zeitlichen Handelns ins Schlingern. Schlagartig war der Traum von einem uhrwerkgleichen Universum am Ende des 20. Jahrhunderts ausgeträumt. Das Uhrzeitgehäuse, in dem man es sich ein paar Jahrhunderte lang bequem gemacht hatte, bekam Risse und wurde marode. Das mechanistische Weltbild des Uhrwerks, das die Dreieinigkeit von Berechenbarkeit, Kontrolle und Linearität zum modernen Glaubensbekenntnis hat werden lassen, zeigte überraschend Symptome der Übernutzung. Seine Produktivkraft schien aufgebraucht.

Damit die Moderne aber weiterhin modern bleiben und unter einem anderen Namen weitermachen konnte, musste etwas geschehen. Auf der Bühne der Zeitorganisation und der Zeitordnung musste es zu einer signifikanten Umbesetzung kommen – auch weil sich der auf Wachstum programmierte Kapitalismus nur durch nicht endende Steigerungen der Beschleunigung stabilisieren kann und aufrechterhalten lässt. Zwar sah diese Krise auf den ersten Blick dramatisch aus, aber inzwischen hat die Titanic, zumindest in diesem Fall, den Eisberg umschifft. Der Alarm ist abgeblasen, die Musik spielt weiter, und der Sekt fließt erneut in Strömen, denn ein Geschwindigkeitsrekord jagt den anderen. Was ist geschehen?

Die Ökonomie hat eine neue und Erfolg versprechende Wachstumsstrategie gefunden, die sich mitsamt ihren Regeln und Strategien inzwischen erfolgreich etabliert hat. So sieht sie aus: Wachstumsimpulse erwartet man jetzt von einer zu umfassender Zeitverdichtung führenden Vergleichzeitigung, und zwar ist es die Vergleichzeitigung der Zeitmuster Takt und Rhythmus. Für diese zeitlich neu ausgerichtete Welt, die ihre Kriterien und Maße zu einem Großteil von der Ökonomie erhält, steht die Attraktionsformel »Flexibilität«.

Die schöpferischen Kräfte und Energien (Ökonomen sprechen von »Innovationen«) entdeckt man neuerdings, speziell seit der Erfindung des Winzlings »Mikrochip,« vor allem im Nichtlinearen, im Verzweigten, Vernetzten und Widersprüchlichen. Für komplexe, weiträumige und unberechenbare globalisierte Zusammenhänge sind das Zeitmuster »Takt« und das »Eins-nach-dem-anderen« des Zeigerverlaufs nur noch eingeschränkt brauchbar. Es ist für ein Verbindungsmedium wie das Internet mit seinen Abermilliarden Nutzern schlichtweg zu simpel, zu anspruchslos und zu wenig komplex. Es reduziert Ungewissheiten, Unschärfen und Unterschiede zu sehr auf Kosten produktiver Möglichkeiten. Das führt dazu, dass – wie der italienische Komponist Luigi Nono feststellt – »die einmalige, einheitliche, vereinheitlichende Zeit verschwindet, die metrischen Einheiten des Maßes koexistieren und sich multiplizieren, sich aufheben«. Diese Entwicklung steuert dahin, dass die Uhr und ihr Takt immer weniger als zeitliches Ordnungsprinzip zu gebrauchen sind. Was die Ordnungsidee der Uhr propagiert, das Ticktack des »Eins-nach-dem-anderen«, das der inhaltsleeren, beliebig teilbaren Zeit, ist heute in seiner Begrenztheit erkannt. Für das Zeithandeln heißt das, dass wir den Punkt der Erkenntnis, dass es auch anders sein könnte, längst hinter uns gelassen haben. Es wird uns immer häufiger und deutlicher vor Augen geführt, dass es bereits anders ist.

»Die Zeit vergeht nicht schneller als früher, wir laufen nur eiliger an ihr vorbei.«

George Orwell

Inzwischen sieht man es so, dass der produktive Mensch nicht notwendigerweise der pünktliche, vertaktete Mensch ist. Eher sind das jene flexiblen Arbeitskräfte, die stets am Punkt sind und immer dort, wo sie gebraucht werden – und die deshalb auch hin und wieder in Kauf nehmen, unpünktlich zu sein. Dem Glauben, dass dem Menschen die exakte Einteilung von Stunden und Minuten von Geburt an im Blut liegt, laufen heutzutage die Anhänger in Scharen davon – eine erste Voraussetzung für ein zeitzufrieden(er)es Leben.

Zur Erinnerung: Bis zum Ende des Mittelalters waren die menschliche Innenwelt und die natürliche Außenwelt über den Rhythmus miteinander und aufeinander abgestimmt. Mit dem Beginn der Neuzeit begann man im Abendland, ohne die sich daraus ergebenden Folgen auch nur in Ansätzen abschätzen zu können, das naturnahe Zeitmuster Rhythmus durch das Zeitmuster des maschinell hergestellten Takts zu ersetzen. Nach sechshundert Jahren zerfallen die vom Takt geordneten Mikrowelten. Den Wachstum, Freiheit und Wohlstand versprechenden Schlagworten »Flexibilisierung« und »Beweglichkeit« folgend, löst sich diese Gesellschaft von dem Vorbild des taktförmigen »Eins-nach-dem-anderen« als richtungsweisendem Zeitmuster, um von nun an situativ zwischen Rhythmus und Takt wählen und entscheiden zu können. Es geht also nicht mehr um Rhythmus oder Takt, sondern um Rhythmus und Takt. Der Wechsel der Zeitmuster geschieht situativ, von Gelegenheit zu Gelegenheit und von Arbeitsaufgabe zu Arbeitsaufgabe. Das ist, was wir »flexible Zeiten« nennen. Die Anbindungen des Zeithandelns an die Zeitmuster Takt und/oder Rhythmus sind fluid und fragil. Wo ehemals die Takt- bzw. die Rhythmusvorgaben die Zeitmuster der zeitlichen Ordnungsleistungen prägten, ist heute Selbstorganisation gefragt. Eine »Flexibilität«, die mit einem hohen Potenzial zur Überforderung einhergeht.

Der Preis besteht in einer zunehmenden Orientierungslosigkeit und der Gefahr eines Vagabundierens zwischen unverbundenen Zeitfetzen. Der Gewinn liegt in den vermehrten Möglichkeiten, eigenmächtig über die Ordnung und die Muster der Zeit zu entscheiden. Die permanente Forderung nach einer Gleichzeitigkeit von Selbststeuerung und Standardisierung, aber auch die Verdichtung der Sensationen pro Zeiteinheit stellen die Zeitentscheidungen der Beschäftigten unter permanenten Vorbehalt und erhöhen die an sie gestellten Anforderungen. Es stellt sich die Frage: Wie viel zeitliche Flexibilität, wie viel Beweglichkeit bei der Wahl der Zeitmuster verträgt die Gesellschaft, und wie viel vertragen die Individuen? Die Antwort liefert – wie immer, wenn es um Zeitordnungen geht – die Alltagspraxis. Möglichkeiten und Grenzen werden im Realexperiment durch Versuch und Irrtum ausgetestet. Glaubt man Zeitungsmeldungen, so scheinen wir inzwischen eine Grenze erreicht zu haben, und die betrifft die Möglichkeiten zur Informationsverarbeitung. Mussten in den Siebzigerjahren leitende Angestellte etwa 1000 Nachrichten jährlich bearbeiten, so hat die E-Mail-Flut dazu geführt, dass das Führungspersonal heute bis zu 30 000 Botschaften im Jahr erhält. Ob sich dieser informationelle »Overkill« in eine rhythmische und somit verkraftbare Lebensform bringen lässt, darf bezweifelt werden.

Der Alltag hat sich heute durch postmoderne Kommunikationsformen und erweiterte Möglichkeiten der Speicherung in vielerlei Hinsicht von der Uhrzeit und ihren Taktvorgaben entkoppelt. Permanente Überallerreichbarkeit macht den Blick zur Uhr überflüssig. In der Welt des 21. Jahrhunderts geht es nicht, wie es hundert Jahre vorher der Fall war, um Pünktlichkeit, Gehorsam und Uhrzeitdisziplin. Es geht um Flexibilität und Kurzfristhandeln, um Beweglichkeit, Virtualisierung und »Multitasking«. Ökonomische Erfolgs- und Wachstumshoffnungen sind ausgerichtet auf Gigabyte, Pixel, Glasfaser und High-Speed-Internet, sie sind die Schlüsselwörter der neuen Zeit. Sie übernehmen jene Plätze, die ehemals Fließbänder, Schrauben, Hebel und Maschinenparks innehatten. Der Ingenieur weicht dem Softwareexperten. Dieser sorgt für die Installation und die Funktionsfähigkeit jener Geräte, Instrumente, Arbeitsmittel und Medien, die der bereits hohen Alltagsgeschwindigkeit noch mehr Tempo verleihen und den Subjekten weitere Zeitentscheidungen aufhalsen und sie dazu verpflichten, möglichst viel gleichzeitig zu machen.

Wenn das wirkmächtige Zeitmuster der Uhrzeit, der Takt, nicht mehr länger alleine die Richtung der Lebensführung vorgibt, verlieren die auf dieser Grundlage entstandenen kollektiv geregelten, sozial geteilten Zeiten und die gesellschaftlichen Zeitinstitutionen an Akzeptanz. Die stabilisierenden Eckpfeiler der Lebensführung geraten ins Wanken, verlieren an Gestaltungskraft und Verbindlichkeit, ihr Vermögen zur Vergemeinschaftung bröckelt. Die traditionellen Zeitinstitutionen werden fragil und verlieren an Gestalt und Einfluss. Deshalb müssen Zeitentscheidungen immer mehr vom Einzelnen getroffen werden. Werden die vielen Einzelnen aber gezwungen, stets von Neuem über jene Zeitmuster, denen sie folgen, zu entscheiden, dann wird ein weitsichtiges und zukunftsorientiertes Handeln immer schwieriger. Die Folge ist, dass den Menschen heute immer mehr und immer häufiger die Fähigkeit abverlangt wird, Sicherheit und Orientierung individuell herzustellen und die Unbestimmtheit der jeweils gültigen und maßgeblichen Zeitmuster auszuhalten. Für dieses episodische, situationsflexible Agieren und Reagieren auf unsicherem Gelände hält man im Süden Deutschlands die Vokabel »durchwursteln« bereit. Das sieht dann so aus: Die abgeklärten, »coolen« Multimedianutzer unserer Tage agieren flexibel, mobil, dezentral und befristet. Sie jonglieren mit den Zeitmustern Takt und Rhythmus, bewegen sich in multipel fragmentierten Zusammenhängen und Zeitformen. Auf diese Weise erweitern sie ihre individuellen Handlungsspielräume und vergrößern die Möglichkeiten ihres Rollenwechsels. In den Worten von Niklas Luhmann lässt sich ihr Tun und Lassen als »Selbstfestlegung im Unbestimmten« beschreiben. Unbestimmt, offen, flexibel ist die Wahl der Zeitmuster. Takt und Taktlosigkeit stehen ebenso zur Wahl wie die breite Vielfalt der Rhythmen.

»Eigentlich bin ich ganz anders, nur komm ich so selten dazu.«

Ödön von Horvath

Fassen wir zusammen: Der sich im Ordnungsmuster des Netzes aufhaltende und bewegende spätmoderne Zeitgenosse ist nicht verpflichtet, wie seine frühen Vorfahren im Einklang mit den Rhythmen der inneren und der äußeren Natur zu existieren. Er ist aber auch nicht mehr, wie seine Großeltern, gezwungen, den taktförmigen Vorgaben der Uhr und der Maschinen zu gehorchen. Der Digital Native des 21. Jahrhunderts darf und muss selbst entscheiden, welchem Zeitmuster er in welcher Situation folgt. Er hat die Wahl – und die Qual. Die Rhythmen der Natur sind ihm fremd geworden, von den Diktaten der Taktvorgaben, wie denen der Programmmedien und der Akkordvorgaben, wird er heute sukzessive erlöst. Statt ihrer sucht er zwischen einer unendlichen Zahl von Fristen, Terminen, Deadlines und Auszeiten nach besseren Zeiten. Zuweilen nur wundert man sich, warum dieser Zustand »Zeitfreiheit« genannt wird.

»Wird's besser? Wird's schlimmer? Fragt man alljährlich. Seien wir ehrlich: Leben ist immer lebensgefährlich!« Fragen und Antworten von Erich Kästner, die immer dann zitiert werden, wenn sich Veränderungen dramatisieren und es unklar bleibt, ob die Zumutungen am Ende eventuell größer sind als die Hoffnungen, die man mit den neuen Entwicklungen verbindet. »Besser« und »schlechter«, das sind im Zusammenhang mit historischen Wandlungsprozessen keine allzu brauchbaren Kategorien. Trotzdem, auf zwei Dinge kann man sich verlassen. Erstens: Es wird weitergehen. Die Geschichte der Menschheit endet nicht mit dem Smartphone, und sie endet auch nicht mit dem Computerhandel vom eigenen Wohnzimmer aus. Und zweitens: Es wird anders. Ob's besser oder schlechter anders wird, das kommt, wie so oft, auch in diesem Fall auf die Perspektive und den Standpunkt an. Man tut gut daran, hinter solche Fragen nicht nur ein, sondern gleich mehrere Fragezeichen zu setzen. Für die Mehrzahl der Zeitgenossen wird's wahrscheinlich besser und schlechter zugleich, von beidem etwas, in je unterschiedlicher Dosis. Alle aber werden wir demnächst staunen, wie wenig wir heute zu ahnen in der Lage sind, was wir bald hinter uns haben werden.

Es ist die Rhythmizität des Lebendigen, die für ein pulsierendes, für ein lebendiges Leben sorgt. Sie garantiert und erlaubt ein Leben zwischen Kontinuität und Diskontinuität, Höhen und Tiefen, Ebbe und Flut. Rhythmen müssen wir nicht erst herstellen, Rhythmen wohnen uns inne, sie sind uns von der Natur vorgegeben, gehören zur menschlichen »Hausordnung«. Wir sitzen, wenn wir dem Werden und Vergehen eine zeitliche Ordnung geben möchten, quasi zwischen den beiden »Stühlen« Takt und Rhythmus. Das merken wir tagtäglich – zweimal im Jahr aber regt es viele Zeitgenossen auf.

Werden die Uhrzeiger im Frühjahr auf Sommerzeit und im Herbst wieder auf Normalzeit gestellt, so dauert es gewöhnlich einige Tage, bis die Menschen in den betroffenen Ländern wieder ihren gewohnten Lebensrhythmus gefunden haben. Sämtliche höheren Lebewesen, das betrifft Pflanzen genauso wie Insekten, Säugetiere und auch Menschen, verfügen über ein naturgegebenes Zeitsystem, dessen Zeitmuster rhythmisch pulsiert. Die Chronobiologen – so nennen sich die Wissenschaftler, die sich mit den zeitlichen Verläufen belebter Natur beschäftigen – sprechen in diesem Zusammenhang gern von der »biologischen« bzw. der »inneren Uhr«. Dieser bildliche Vergleich ist schief, denn wir ticken ja gerade nicht in Takten, sondern gehorchen einem rhythmischen Geschehen in uns.

Menschen müssen, ob sie wollen oder nicht, mit ihrer inneren rhythmischen Zeitnatur leben. Jene, die das nicht tun, gehen hohe Gesundheits- und Leistungsrisiken ein. Werden die biologischen Zeitsignale und Zeitvorgaben ignoriert, wird über sie hinweggesehen, ist das nur mit einem erhöhten Energieeinsatz und mit zusätzlichem Kraftaufwand möglich. Es ist erheblich schonender, auch ökonomischer und dem Wohlsein dienlicher, mit und nicht gegen die biologischen Körperrhythmen zu leben, zu arbeiten und auch zu lernen.

Die Chronobiologie hat mehr als 150 im Tagesverlauf zeitlich-rhythmisch und zeitlich-periodisch schwankende Abläufe der unterschiedlichsten menschlichen Körperfunktionen entdeckt und erforscht. Dazu gehören unter anderem der Blutdruck, der Herz- und der Pulsschlag, die Körpertemperatur, die Hormonausschüttung, die Immunabwehr, die Konzentrationsfähigkeit und viele andere mehr. All diese Prozesse realisieren unseren Stoffwechsel im rhythmischen Wechsel von Aktivieren und Loslassen, von Anspannung und Entspannung. In einem gesunden Körper sind unzählige Rhythmen miteinander in Resonanz.

Im Gesamtspektrum der biologischen Zeitorganisation spielt der Tagesrhythmus die zentrale Rolle. Der Mensch ist mit seiner Chronobiologie in den Wechsel von Helligkeit und Dunkelheit, von Tag und Nacht sowohl physiologisch wie emotional und geistig eingebunden. Es ist der Schlaf-wach-Rhythmus, der unser Tun und Lassen Tag für Tag am meisten prägt. Die »innere Uhr« steuert das Auf und Ab, das sich mit kleinen Abweichungen – die Wissenschaftler sprechen hierbei von »Chronotypen« – bei allen Menschen täglich wiederholt. Rhythmen geben uns die Freiheit, auch einmal einige

Tag und Nacht

Gegen vier Uhr früh ist die Fähigkeit des Körpers zur Leistungserbringung auf dem absoluten Tiefpunkt. Das ist auch der Grund, weshalb sich zu dieser »biologischen Geisterstunde« die meisten Unfälle ereignen. Wer zu dieser Zeit gezwungen ist zu arbeiten – wie zum Beispiel das Krankenhauspersonal und die Nachtschicht auf der Polizeiwache –, hat gegen einen starken Schlafdruck zu kämpfen. Man neigt zum Frösteln, da die Körpertemperatur um diese Zeit einige zehntel Grad tiefer liegt als tagsüber.

Morgengrauen: Wartet das Frühstück, hat der Körper sein Aufwachprogramm bereits hinter sich. Der Körper hat Signale zum Start der Aktivität bekommen. Die Nebennieren schütten das Hormon Cortisol aus, Blutdruck, Pulsfrequenz und Körpertemperatur steigen, Herz und Kreislauf kommen auf Touren. Die Leistungskraft der Lunge hat zur Morgendämmerung ihren Tiefpunkt, was Asthmakranke zu spüren bekommen.

Tage bis spätnachts zu arbeiten, auch wenn wir das normalerweise nicht gewohnt sind. Das zählt zu der von uns geschätzten Freiheit, die nicht zuletzt darin besteht, das Zeithandeln nicht stur und reflexhaft an den Zeitmustern der biologischen Vorgaben ausrichten zu müssen. Das erlaubt dem Menschen, auch einmal 24 Stunden ohne Schlaf auskommen zu können, gestattet ihm aber nicht, das wochenlang zu tun. Freiwillig käme das sowieso niemandem in den Sinn. Der Rhythmus ermöglicht es, zwischen Tiefschlaf und höchster Konzentration oder Anstrengung die unterschiedlichsten, jeweils passenden Modi zur Bewältigung einer Aufgabe zu wählen. Er ist ein qualitatives Muster der Vielfalt, das auf den Achsen zwischen Anspannung und Entspannung, Aktivität und Passivität, Einatmen und Ausatmen vieles ermöglicht. Der Rhythmus ist die Grundlage, die Ressource allen Wahrnehmens und Verhaltens, genau genommen ist er nichts weniger als die Grundlage des Lebens.

Tagesbeginn: Das ist für Herzkranke die gefährlichste Tageszeit. Die Kurve der Herzinfarkte hat dort ihren Höhepunkt. Blutdruck und Herzfrequenz steigen steil an. Für Menschen mit Herzproblemen und für Rheumatiker ist es Zeit, ihre Medikamente einzunehmen. Das zumindest empfehlen jene Pharmakologen, die sich – weil sie die Wirksamkeit von Arzneien auf die Einnahmezeit erforschen – »Chronopharmakologen« nennen.

Später Vormittag: Es ist die Zeit, zu der die Menschen ihre höchste geistige Leistungsfähigkeit haben. Denkvermögen, Kreativität und Konzentrationsfähigkeit erreichen ihre Tagesspitzen.

Mittag: Um die Mittagszeit baut die Leistungsfähigkeit stark ab, nicht nur wegen des möglicherweise gut gefüllten Magens, der das Blut in denselben fließen und den Kopf angenehm »blutleer« lässt.

Nachmittag: Der Körper kommt nach dem Mittagstief wieder auf Touren. Das Schmerzempfinden, das tageszyklisch schwankt, ist zu dieser Zeit am geringsten.

Rhythmisch pulsiert nicht allein die innere Natur der Menschen, sondern auch die jeweilige natürliche Umwelt – und auch die soziale Mitwelt. Sich als Teil der Natur mit ihren Rhythmen zu erleben ist eine wesentliche Voraussetzung für Wohlergehen und Verortung und raumzeitliche Orientierung. Die Entfremdung von der uns umgebenden Natur ist nur begrenzt zu ertragen. Das bekommen jene bedauernswerten Zeitgenossen und Zeitgenossinnen zu spüren, die den ganzen Tag auf Bildschirme blicken, sich permanent in klimatisierten Räumen aufhalten und dauerhaft gegen ihren Aktivität-Passivität-Rhythmus leben. Jedoch brauchen wir Resonanzerfahrungen mit der uns umgebenden Natur. Deshalb empfehlen die Chronobiologen, sich mindestens eine halbe Stunde täglich dem Tageslicht auszusetzen, da sich so die körpereigenen Rhythmen mit dem Tag-Nacht-Rhythmus synchronisieren.

Aus den Ergebnissen der Belastungs- und Widerstandsforschung – Resilienzforschung genannt – wissen wir, dass die

Spätnachmittag: Zeit des zweiten täglichen Leistungshochs. Die Konzentration ist hoch, Kopf und Körper sind bereit für Belastungen. Das Langzeitgedächtnis ist jetzt besonders aufnahmefähig.

Früher Abend: Etliche Körperfunktionen - so zum Beispiel der Blutdruck, der Puls, die Körpertemperatur - erreichen zu dieser Zeit Maximalwerte. Die Leber intensiviert ihre Arbeit und produziert mehr Gift abbauende Enzyme. Deshalb verträgt der Mensch gewöhnlich am Abend mehr Alkohol als tagsüber.

Später Abend: Nach der rhythmischen Aktivität des Tages hat die Natur für den Menschen die nächtliche Phase der Ruhe vorgesehen. Der Kreislauf und die Organe reduzieren ihre Aktivität, und auch das Gehirn tut es ihnen gleich. Die Zirbeldrüse schüttet das müde machende Hormon Melatonin aus, das im Laufe des Abends seine Wirkung mehr und mehr entfaltet.

Nacht: Der Körper entspannt. Zeit für Rekreation und Wiederherstellung. Das Gehirn arbeitet weiter, es verarbeitet schlummernd und träu-

sozialen Rhythmizitäten einen wesentlichen Beitrag zur Bewältigung hoher Anforderungen und Belastungen beitragen. Rituale spielen in diesem Zusammenhang eine wichtige Rolle. Sie verleihen Sicherheit, und das ist in flexiblen Verhältnissen besonders wichtig. Sie schaffen Kontinuität, sorgen für Vertrauen und Verlässlichkeit und machen verhaltenssicher. Es wäre nicht auszuhalten, wenn sämtliche Entscheidungen täglich von Neuem getroffen werden müssten und immer alles zur Disposition stünde. Rhythmische Organisation entlastet von übermäßiger Entscheidungsfülle und zu großem Entscheidungsdruck. Rituale, Gewohnheiten und langfristig gültige Konventionen und Werte bilden einen sozialen Rückhalt, einen festen Rahmen für sozialen Zusammenhalt und sichern dadurch die Balance zwischen Stabilität und Wandel. Das Ritual des Familienfrühstücks stiftet und stabilisiert beispielsweise Gemeinschaft, da sich die Beteiligten jeden Morgen dadurch ihrer Zugehörigkeit zur Familiengemeinschaft versi-

mend die Tagesereignisse und transferiert sie vom Kurzzeit- ins Langzeitgedächtnis. Stäbchen und Zapfen der Netzhaut des Auges erneuern sich.

Was hier als Grundrhythmus skizziert wurde, hat in der Wirklichkeit individuelle Abweichungen. Es gibt Frühmenschen, sogenannte Lerchen, die morgens bereits recht früh fit sind, vormittags ihr Aktivitätshoch haben und am Abend früh müde werden. Bei Spätmenschen, »Eulen« genannt, sind die Phasen in die abendliche Dunkelheit hinein verschoben. Menschliche »Eulen« schlafen gerne lange, haben ihr Aktivitätshoch eher nachmittags und sind abends relativ lange fit. Eulen haben in unserer Gesellschaft, die auf frühes Aufstehen hin zeitlich organisiert ist, stärker mit den Zeitkollisionen ihres eigenen Rhythmus und den kulturellen Taktvorgaben zu kämpfen als Lerchen. Tipp: Das Institut für medizinische Psychologie der Universität München berechnet nach dem Ausfüllen eines Fragebogens das persönliche Profil Ihres Chronotyps kostenlos. Fragebogen unter: www.imp-muenchen.de/MCTQ.mtcq.1.html

chern. Gewohnheiten, Rituale und Bräuche sind das Rückgrat unseres Daseins. Ihre gemeinschaftsbildende Funktion und stabilisierende Wirkung in den Aufs und Abs des alltäglichen Geschehens beruhen auf ihren Angeboten an rhythmischer Wiederkehr. Damit binden sie Zusammenhänge über lange Zeiträume hinweg und festigen sie. Dies wissen und nutzen Großorganisationen wie zum Beispiel Kirchen, Sportvereine, Gewerkschaften ebenso gut wie kleinere Gemeinschaften, wie Familien, Freundeskreise, Arbeitsteams usw. Sie alle bedienen sich der Rhythmik ritueller Handlungen und nutzen Gewohnheiten, um Personen zu binden und in Vereinen zu vereinen. Verzichtet man auf Regeln, Konventionen und Rituale, steigen die Unsicherheiten; die Konsequenzen sind wachsende Orientierungslosigkeit und größer werdende Einsamkeit.

Das Plädoyer für eine umfassendere Rhythmisierung der Zeitdynamiken des Alltags ist noch kein grundlegender Einwand gegen die Vertaktung organisierter Zeitabläufe. Unseren ansehnlichen materiellen Wohlstand haben wir der Transformation von Uhrzeittakt auf individuelle, soziale und gesellschaftliche Zeitorganisation zu verdanken. Dies ist vor allem deshalb geschehen, weil er die Möglichkeiten der zeitlichen Synchronisation und Koordination verschiedener Akteure, Aktionen und Abläufe erheblich ausgeweitet, verbessert und vereinfacht hat. Ohne die Uhr und ihre inhaltsleere, teilbare

Ein akustisch-rhythmisches Interventionsprojekt im Fußball

Ein Beispiel aus der Welt des Sports zeigt, wie man sich rhythmischer Impulse bedienen kann. In dem explorativ ausgerichteten Forschungsprojekt SoundSoccer werden mögliche Synchronisationseffekte einer Musikintervention auf Lauf- und Abspielrhythmen innerhalb einer Mannschaft erkundet. Inwieweit lässt sich durch akustisch-musikalische Unterstützung das gemeinsame Handeln innerhalb einer Mannschaft (joint action) optimieren? Die drahtlos zugespielte und zeitlich präzise synchronisierte

Zeit und ihre Logik des »Eins-nach-dem-anderen« und deren Transfer auf die Gestaltung unserer Zeitordnungen wäre diese Gesellschaft nicht so reich, wie sie es ist. Die Uhr und ihre einflussreiche Rolle im Arbeits- und Wirtschaftsleben kann man daher mit guten Argumenten als »Wohlstandsmaschine« bezeichnen. Dies trifft auf Güter- und Geldwohlstand zu, nicht jedoch auf den Zeitwohlstand. Zeitlich gesehen, haben die Uhr und ihr Takt diese Gesellschaft und ihre Mitglieder eher »arm« gemacht. Sie haben eine ehemals lebendige Zeitvielfalt missachtet, reduziert und eingeebnet. Zugleich hat die Geschichte gezeigt, dass eine zu weit gehende Vertaktung rhythmischer Systeme zu gravierenden, speziell gesundheitlichen Problemen führen kann. Es wäre töricht, grundsätzlich auf die Vertaktung von Organisationsabläufen zu verzichten. Es kommt auch hier auf das Maß an. Wo es um die zeitliche Koordination von Prozessen geht, um die Herstellung kalkulierbarer, verlässlicher und objektivierbarer Verhältnisse, hat das Zeitmuster »Takt« große Vorteile. Aber es ist begrenzt, wo es um Flexibilität geht. In einer mehr und mehr vernetzten Welt, die von Widersprüchen, Vieldeutigkeiten und Paradoxien geprägt ist und bewegt wird, zeigt sich der Takt oft als zu starr und zu wenig beweglich. Takt oder Rhythmus? Nun, es geht mittlerweile darum, in beiden zu Hause zu sein und für beide das rechte Maß zu finden – wohl oder übel.

Musik kann potenziell als eine gemeinsame Zeitbasis zur Synchronisation und Präzisierung des Timings von Abspiel und Annahme des Balls wie auch bei der Provokation bestimmter Laufkadenzen auf Basis einer spontanen rhythmischen Kopplung wirksam werden. Durch Auswahl entsprechender fußballtypischer Lauf- bzw. Musiktempi im Bereich von 110 bis 160 bpm (beats per minute) werden Tempowechsel, Rhythmusvariation, Dribblings bzw. umfassende Variationen der Handlungs- und Aktionsschnelligkeit etc. im (Trainings)Spiel und in standardisierten Trainingsparcours provoziert und trainiert.

Was tun?

Unsere Empfehlung in einer Maxime zusammengefasst: »Habe Mut, bei Zeitentscheidungen dich an deiner eigenen Zeitnatur zu orientieren!«

Was den Erhalt der Gesundheit und was das Wohlergehen betrifft, empfiehlt es sich, auf die Rhythmizität der Körperzeiten zu achten und sich, soweit es geht, an ihnen auszurichten. Das gilt für die zeitliche Organisation der Arbeit, des Essens, aller möglichen Aktivitäten und auch die des Ruhens und Erholens.

Ein rundum flexibilisierter Alltag, ein Dasein ohne Wiederholungen, ohne Routinen, Rituale und Regelmäßigkeiten belastet Körper und Geist über die Maßen. Er gefährdet auch das soziale Leben, speziell den familiären Zusammenhalt. Soziales Leben, das gilt für Teams ebenso wie für Gruppen, Vereine und Arbeitsgemeinschaften, verlangt rhythmische Dynamiken. Regelmäßige Treffen stellen dafür die notwendigen Bedingungen her.

▸ **Was zu welchem Zeitpunkt?**

Überträgt man die Erkenntnisse der Chronobiologen und Chronomediziner auf die Organisation des Alltags, sind folgende Empfehlungen plausibel:

Für intellektuelle Leistungen sind die Stunden am Vormittag und die späten Nachmittagsstunden günstig.

Für körperliche Leistungen und Belastungen sind die Stunden am späten Nachmittag die geeignetsten.

Die Fehlerwahrscheinlichkeit liegt bei geistiger Arbeit aufgrund reduzierter Aufmerksamkeit in der Nacht und um die Mittagszeit hoch.
Die Schmerzempfindlichkeit ist am Morgen höher als am Nachmittag. Termine beim Zahnarzt daher besser auf den Nachmittag legen.
Medikamente je nach Tageszeit dosieren – fragen Sie Ihren Arzt oder Apotheker nach der von der Tageszeit abhängigen Wirkung.

Bei Diäten zur Gewichtsabnahme in erster Linie die Abendmahlzeiten einschränken. Sinnvoller und wirksamer sind Diäten im Frühjahr/Sommer als im Herbst/Winter.
Bei Flügen über mehrere Zeitzonen hinweg empfiehlt es sich, bei einem kurzen Aufenthalt die Zeitsignale des Heimatorts weiter zu beachten. Bei längerem Aufenthalt sollte man sich sogleich der Ortszeitrhythmik anpassen.

Ein kurzer Mittagsschlaf (10 bis 15 Minuten) ist empfehlenswert, das gilt vor allem für die langen Tage der Sommerzeit.
Mahlzeiten möglichst regelmäßig einnehmen. Sie geben dem Tag eine entlastende Ordnung, sind Ankerpunkte im Tagesverlauf und befriedigen so die Bedürfnisse nach Sicherheit, Verlässlichkeit, Orientierung und Vergemeinschaftung.

▸ **Zugang zu den Rhythmen der Naturzeiten finden:**
Die Regeln der Zeit setzen wir nicht selbst, die setzt unsere Zeitnatur. Daher auch kann das gute Leben nicht gegen die Zeitgesetze der Natur, sondern nur mit den Gesetzen der Natur gelebt werden. Der Körper gibt uns den Rhythmus durch seine Signale vor. Doch um ihm zu folgen, muss man sie erst einmal kennen und spüren, muss den Weg zu sich selbst fin-

den. Im Urlaub und an den Wochenenden kann man mal wieder in sich hineinhorchen, die Zeit zu sich einladen, sich und den eigenen Körper spüren.

▶ **Befreien Sie sich aus der Umklammerung von Uhren.**
Sie kaufen ökologische Lebensmittel, diskutieren mit Ihren Familienmitgliedern die Umstellung auf einen Ökostromanbieter? Dann empfehlen wir Ihnen, sich auch für Ökozeiten zu interessieren. Ökozeiten sind naturbelassene Zeiten, die von Uhrzeiten nicht kontaminiert sind. Ihnen begegnet man bei der Arbeit im Garten und beim Gehen und Wandern in der Natur. Die uns anziehende Naturverbundenheit hat ihre Wurzeln in den Genen. Um dieser Disposition gerecht zu werden, ist es sinnvoller, sich einfach mal wieder in eine Blumenwiese zu setzen oder sich in ein schaukelndes Boot zu legen und den vorbeiziehenden Wolken zuzusehen. Das ist tausendmal besser, als sich Bettwäsche mit Blumenmotiven zu kau-

Kinderherzen im Einklang

Nein, es ist nicht die Kurzfassung eines Groschenromans, die ich Ihnen hier zumute, aber der Titel trifft schon – cum grano salis –, worum es geht. Von dem amerikanischen Komponisten R.I.P. Hayman gibt es das Stück HEARTWHISTLE, da geht es unter anderem darum, dass die Spieler ihren Pulsschlag (anderen) hörbar machen. Ich habe das Stück oft mit recht verschiedenen Gruppen aufgeführt (erstaunlich, welche Schwierigkeiten manche Leute haben, ihren Pulsschlag zu finden). Meist (allerdings nicht immer) stellt sich, wie zu erwarten, Phasenkopplung (entrainment) ein, die Herzen beginnen, mehr oder weniger synchron zu schlagen. Erwachsene finden das im Allgemeinen nur amüsant.

Ich habe das Stück, in etwas vereinfachter Form, auch mehrmals mit Kindern (etwa zwischen neun und zwölf Jahren) gespielt. Für sie ist es oft eine wichtige Erfahrung, dass etwas von ihnen, ein Körperrhythmus, um den sich, außer im Krankheitsfall, niemand kümmert, zum wesentlichen

fen und die Wochenenden mit den Kindern im Museum für »Mensch und Natur« zu verbringen. Und besser ist es auch, vorausgesetzt, die Jahreszeit gibt es her, Pilze suchen zu gehen, als für den Stadtmarathon zu trainieren.

Man kann es aber auch ganz anders machen und sich von Kindern und deren rhythmischem Leben inspirieren lassen. Sie kommen ohne Uhren und deren Ticktack aus, es sei denn, sie nutzen sie als Spielzeug. Von Kindern kann man viel lernen, vieles, was man vergessen hat und verlernen musste.

▸ Wache Schüler

Eltern mit schulpflichtigen Kindern kennen die Probleme, die sich ergeben, wenn Organisationen starre, inflexible Zeitstrukturen vorgeben. Zu diesen Organisationen gehört – Ausnahmen bestätigen auch hier die Regel – die Pflichtschule. Die Schule erzieht zur Vertaktung, sie erzieht im Geiste der Uhrzeit, der Pünktlichkeit, der Regelmäßigkeit. Sie erzieht nicht

Bestandteil einer künstlerischen Arbeit wird, dass eine ihrer ganz privaten Zeiten im Mittelpunkt steht. Auch der Phasenkopplung und dem praktisch ohne Mühe hergestellten rhythmischen Ein-Klang können sie einiges abgewinnen. Jedenfalls sind sie viel ernsthafter bei der Sache als die Großen.

Worauf ich hinauswill: Natürlich ist es wichtig, das Zeitgefüge, in dem Kinderleben sich abspielt, in seinen strukturellen Gegebenheiten zu verbessern. Daneben sollten auch mehr Gelegenheiten geschaffen werden, in denen Kinder ihre Zeiten und Rhythmen spielerisch-künstlerisch einbringen können, damit sie dann als Erwachsene nicht sündteure Seminare brauchen, um »ihren Rhythmus« zu finden. Und der Weg zu einer sinnvollen zeitlichen Mitbestimmung - die ja auch Kindern zugutekommen sollte - führt über das Erkennen der eigenen zeitlich-rhythmischen »Persönlichkeit«.

Albert Mayr, timedesign@technet.it,
in: Zeitpolitisches Magazin, Heft 19, 2011, Seite 13)

zur Flexibilität und auch nicht zur rhythmisierten Elastizität. Es ist Zeit, dass die Schule mal wieder etwas lernt. Zum Beispiel könnte man mit gleitender Einschulung experimentieren und auch den täglichen Unterrichtsbeginn flexibilisieren. Was spricht eigentlich dagegen, zwischen 7.30 und 8.30 oder 9.00 Uhr einen Gleitzeitkorridor einzuführen, den Lernenden also anzubieten, zu jenen Zeiten in der Schule zu erscheinen, in denen sie lernfähig sind? So könnten Lehrer und Lehrerinnen, aber auch Schüler und Schülerinnen diejenigen Kräfte fürs Lehren und Lernen einsetzen, die sie beim Kampf gegen die frühmorgendliche Müdigkeit verlieren. Engagieren Sie sich, insbesondere wenn Sie schulpflichtige Kinder haben. Unterstützen Sie die Appelle von Hirn- und Schlafforschern, die einen späteren Schulstart – um neun Uhr und Klassenarbeiten erst ab zehn Uhr – empfehlen.

▸ **Leben Sie Rituale und Routinen:**
Schaffen Sie sich kleine Rituale, die dem Alltag Zeitstruktur verleihen. Beginnen Sie bereits in der Frühe damit, denn eigentlich ist es ja eine Zumutung, jeden Morgen das warme Bett verlassen zu müssen ... Da braucht man dann einige Rituale, Routinen und Gewohnheiten, die einem helfen. Das können Frühstücksrituale sein, die gewohnte Tasse Kaffee, die nicht allzu hektische Lektüre der Tageszeitung, die ersten Radionachrichten des Tages. Am Ort der Arbeit kann es dann weitergehen mit dem Gießen der Büropflanzen vor dem Einschalten des Computers, mit einem 10-Uhr-Espresso, einem 10-minütigen Mittagsschlaf mit anschließendem 20-minütigem Spaziergang unter freiem Himmel usw. Stellen Sie all diese kleinen Gewohnheiten, soweit das einzurichten ist, möglichst nicht zur Disposition. Was es jeweils zu organisieren gilt, sollte dann um diese festen Zeitanker herum seine Zeit finden. Versuchen Sie diese festen Zeiten auch gegen den Druck des Drängenden und des Dringlichen, des »Es-ist-mir-etwas-dazwischengekommen« zu verteidigen. Schaffen Sie sich insbesondere Anfangs-, Abschluss- und Übergangsrituale, zum

Beispiel zwischen unterschiedlichen Tätigkeiten, auch zwischen Arbeits- und Freizeit. Dazu eignen sich Pausen, Ortsveränderungen, Mahlzeiten, Spaziergänge. Sie rhythmisieren das Leben, lassen es zwischen Aktivität und Passivität, zwischen Spannung und Entspannung, Konzentration und Kontemplation schwingen und helfen dabei, die Rhythmen zu wechseln. Ein Tipp: Organisieren Sie Ihren Alltag wie einen Emmentaler Käse: mit festen Strukturen (unter anderem Ritualen und Terminen) und mit nicht allzu wenigen Löchern (in denen Sie die Zeit auf sich zukommen lassen). Tucholsky hat in seinen Notizen zur »Kunst, richtig zu reisen« das Rezept verraten: ***»Entwirf deinen Reiseplan im Großen – und lass dich im Einzelnen von der bunten Stunde treiben.«***

▸ Rhythmische Organisation

Sind Sie in der Position – zum Beispiel in einem Klein-, Mittel- oder Großbetrieb oder in einer Verwaltungsorganisation –, über Gleitzeitregelungen zu entscheiden? Dann stellen Sie sich sicher die Frage, wie die dadurch erweiterten zeitlichen Dispositionsspielräume produktiv genutzt werden können. Festgelegt sind bei der Gleitzeit ja nur mehr die Wochenarbeitszeit und die Kernzeiten, zu denen die Mitarbeiter im Betrieb anwesend sein müssen. Dadurch erhöhen sich die Spielräume für eine rhythmische Arbeitszeitgestaltung – und davon können die Arbeitnehmer und Arbeitnehmerinnen ebenso profitieren wie die Arbeitgeberseite. Eine Voraussetzung dafür ist, dass die Gleitzeit so genutzt wird, dass gearbeitet wird, wenn die Leistungsfähigkeit, der tagesrhythmischen Leistungskurve folgend, hoch ist. Davon würde die Produktivität profitieren, die Arbeitsbelastung sinken und die Arbeitsmotivation steigen. Die Erfahrung zeigt leider, dass die Chancen in dieser Richtung nur unzureichend ergriffen werden – nicht zuletzt aus Unkenntnis der eigenen Zeitnatur. Sorgen Sie durch flankierende und unterstützende Bildungsmaßnahmen dafür, dass Ihre Mitarbeiter ihre Eigenrhythmen kennen.

▸ **Weniger Termine:**
Überlassen Sie das gut geregelte, das vertaktete und zerhackte durchterminierte Deadlineleben den Zeitmanagern, den Zeitsparern und den Immer-auf-die-Uhr-Guckern. Machen Sie weniger Termine, mehr Verabredungen. Termine zerhacken das Leben, Verabredungen hingegen verleihen ihm Spannung, Abwechslung und Lebendigkeit. Befreien Sie sich von der Angst, Sie würden sich, Ihren Mitmenschen und der Zeit Böses antun, wenn Sie diese nicht in ein Taktkorsett zwängen würden. Hören Sie auf, sich zum Diktator Ihrer Zeit und damit Ihrer selbst zu machen, und seien Sie misstrauisch gegenüber all jenen Geräten und Instrumenten, die vorgeben, Sie von den Zwängen der Zeit zu befreien. Greifen Sie seltener nach den Sternen, schauen Sie sich diese lieber öfter mal wieder an!

▸ **Und zu guter Letzt – lernen Sie von der Chronobiologie!**
Die im Laufe der Jahre erarbeiteten Erkenntnisse der Chronobiologen widersprechen einigen Selbstverständlichkeiten unseres Alltagswissens. Till Roenneberg, Chronobiologe an der Universität München, hat kürzlich in einem lesenswerten Beitrag mehrere dieser Irrtümer in der Zeitschrift aviso (1/2014, Seiten 18 bis 21) beschrieben. Die vier wichtigsten:

Das Licht, nicht die sozialen Signale stellen die »innere Uhr«. Die Sonne macht mit der »inneren Uhr«, was der Uhrmacher mit der mechanischen macht. Beide justieren den Verlauf. Licht und Dunkelheit und nicht die von Menschen erfundenen und ausgesendeten Zeitsignale steuern den menschlichen Organismus im Hinblick auf seine Leistungsbereitschaft und Leistungsfähigkeit. Hunger bekommen wir nicht, weil das Essen zu Mittag auf uns wartet, sondern weil das Licht und dessen Wirkung auf unsere Zeitnatur es so wollen.

Dass Morgenstund Gold im Mund hat, ist eine menschengemachte Moralvorstellung, kein biologisches Gesetz. Auch hier ist es wieder das Licht, das über die morgendliche Leistungsfähigkeit entscheidet. Wer sich vom Licht wecken lässt, ist leistungsfähiger, lebt gesünder und hat mit hoher Wahrscheinlichkeit auch bessere Laune als jene Zeitgenossen – und das sind etwa 85 Prozent –, die sich vom Wecker an den Frühstückstisch scheuchen lassen müssen.

Erwachsene, Lehrer und Lehrerinnen ermahnen die jungen Menschen häufig, doch bitte früher ins Bett zu gehen, damit sie am Morgen leichter, besonders aber wacher aus den Federn kommen. Sie können sich ihre Ermahnungen sparen. Grund für die morgendliche Müdigkeit ist nämlich nicht die Disziplinlosigkeit der Jugendlichen, sondern ihr biologisches Zeitprogramm. Mit der Pubertät verschiebt sich bei Jugendlichen die »innere Uhr« nämlich, und zwar in Richtung »Spätaufsteher«. So kommt es, dass ältere Schüler des Öfteren an Schlafentzug leiden – weil die Schule zu früh beginnt, und nicht, weil sie zu spät ins Bett gehen.

Auch die uns von unseren Eltern häufig vermittelte »Weisheit«, der beste Schlaf sei der vor Mitternacht, ist nicht allzu weise. Der Schlaf hat, wie die Schlafforschung bewiesen hat, viele Funktionen, und ein größerer Teil wird in der zweiten Schlafhälfte in Gang gesetzt. So zum Beispiel die Verarbeitung der Tagesinformation, die Bearbeitung der Tageserlebnisse und die Integration dieser ins Gedächtnis.

Mehr zum Thema Chronobiologie enthält der Zeitrat von Till Roenneberg auf Seite 231 f. – oder sein empfehlenswertes Taschenbuch »Wie wir ticken« (Köln 2012).

Kapitel 4

Vielfältige Zeiten

Lebendige Zeit gibt es nur im

Plural.

Was wir Zeit nennen,

zeigt sich

als Strauß bunter

Zeitqualitäten.

Hektik
und Langsamkeit,
Arbeiten und
Pausieren –
alles hat nicht nur seine
Zeit,
alles hat seine Zeiten.

Vielfältige Zeiten

»Lebendige Zeit« gibt es nur im Plural. Was wir »Zeit« nennen, zeigt sich als Strauß bunter Zeitformen und Zeitqualitäten. Nicht für alle davon hat unsere Sprache Begriffe.

Wir kennen die Schnelligkeit, die uns zu vielen Errungenschaften verhalf. Wir kennen die nicht minder produktive Langsamkeit, die Hektik, das Pausieren, den Stillstand, die Muße, die Wiederholung, die Langeweile und eine große Zahl anderer Zeitqualitäten. Alles hat nicht nur seine Zeit, alles hat auch seine Zeiten. Die Dinge, die Abläufe, die unterschiedlichen Systeme, sie alle besitzen ihre je eigenen Zeitqualitäten. Der Mensch durchlebt viele unterschiedliche Zeiten, und er lebt sie in ganz unterschiedlicher Art und Weise. Für den einen ist Warten zum Beispiel die Hölle, für den anderen ist es das Vorgärtchen zum Himmel. Der eine liebt die Schnelligkeit, die andere fürchtet sie. Den einen erscheinen die Zeiten rosarot, den anderen wiederum kommen sie grau vor. An einem Tag gleicht die Zeit einer Rennbahn, am nächsten einer lockenden Blumenwiese, mal ähnelt sie einem kitschigen Sonnenuntergang am Meeresstrand, mal einem heraufziehenden Gewittersturm, mal zeigt sie sich als brutale Tyrannin und ein andermal als die hübscheste aller Traumfrauen. Schön an der Zeit ist, dass sie stets in vielerlei Gestalt auftaucht.

»Das Leben ist ein Übergang, bestehend aus vielen Übergängen, ein Lichtspalt zwischen zwei Ewigkeiten des Dunkels.«

Vladimir Nabokov

Zwischenzeiten – Zeiten zum Lieben

Die Lebenswelten traditioneller Gesellschaften hielten stets allerlei Zwischenräume und Zwischenzeiten bereit, die den Menschen zur rhythmischen Ausgestaltung ihrer Lebensführung und Handlungsabfolgen dienten. Intervalle, Pausen und Übergänge führten Gliederungselemente in den Handlungsablauf ein, die ihm rhythmische Gestalt gaben. Die Aufgabe dieser räumlichen und zeitlichen Zwischenwelten bestand vor allem darin, Erlebtes auf Abstand zu bringen. Die so hergestellten Distanzen schufen Möglichkeiten für Unterscheidungen, integrierten das Unterschiedene aber zugleich wieder, indem sie das Getrennte aufeinander bezogen. So sorgten Übergänge zwischen dem Hier und dem Dort, zwischen Anfängen und Abschlüssen, denen erneute Anfänge folgten, für relativ stabile gesellschaftliche und soziale Verhältnisse.

Eine ähnliche Funktion haben die Übergänge auch in der Musik. Intervalle, Pausen, Stille, allesamt Leerstellen, hörbare Abwesenheit, schaffen die Dramaturgie, verleihen den Tönen ihren Klang. Auch Architekten und Immobilienhändler wissen um die Bedeutsamkeit des »Dazwischen«, dem sie den Namen »Passagen« geben. Bauingenieure und Heimwerker sprechen in diesem Zusammenhang von »Dehnungsfugen«, und Handsatzdrucker nennen in überraschender Gemeinsamkeit mit Chirurgen ihre Zwischenräume »Spatium« (lateinisch Raum).

Wie auch immer das »Dazwischen« genannt wird, welches Kostüm es jeweils vorzieht, immer sorgt es für Abstand und schafft zugleich Anschlüsse an das, was es auf Abstand bringt. Die zeitlichen Zwischenreiche lassen die Dinge, die Töne, die Erfahrungen nach- und ausklingen. Sie geben den Menschen Raum und Zeit zum Durchatmen und Ausruhen. Sie stellen Übergänge her aus Differenzen und mittels Differenzen dann auch Zusammenhänge.

Ohne Intervalle, ohne Pausen ist die Musik nichts als Lärm. Ohne Dehnungsfuge ist kein Haus, ist keine Brücke stabil, ohne Spatium ist die Schrift unleserlich, ohne Pause ist kein Satz sinnvoll artikulierbar. Ohne die musikalischen Tempovariationen im Zwischenreich von langsam und schnell wäre die Welt eintönig.

Das Leben kennt mehr unterschiedliche Zwischenzeiten als der Regenbogen Farben. Wir nennen sie nur nicht immer so. Mal sprechen wir von Pause, mal vom Warten, von Intervall, Transit, Stille und ein andermal von Zeiten des Übergangs. All diese Zwischenzeiten, Zwischenräume und Nebenwirklichkeiten geleiten und begleiten den Einzelnen und auch Gemeinschaften wie Familien, Schulklassen und Vereine von dem, was war, zu dem, was kommt, vom Hier zum Dort und vom Dort wieder zurück zum Hier. Sie versetzen die Menschen in die Lage, zwischen Vergangenem und Zukünftigem, Diesseits und Jenseits, Altem und Neuem unterscheiden zu können. Räume und Zeiten des »Dazwischen« geben dem Alltag einen Rhythmus. Sie gliedern die Zeit, organisieren und ordnen Zeiterfahrungen, setzen Schlusspunkte, markieren Anfänge und schaffen so Spielräume. In den hierdurch geschaffenen Distanzräumen und zeitlichen Zwischenwelten, in ihren Oasen, Grotten, Falten, Rissen, Sprüngen, Um- und Abwegen siedeln sich Tagträume, Fantasien und kreative Kräfte an und breiten sich dort aus. Darin liegt ihr Sinn, und das macht ihre kulturelle Produktivität aus. Selbst dort, wo der Nutzen des »Dazwischen« nicht offensichtlich ist, ist es nicht sinnlos. Der portugiesische Schriftsteller Fernando Pessoa verteidigt im »Buch der Unruhe« seine Nutzlosigkeit: »Das Nutzlose und das Belanglose eröffnen in unserem wirklichen Leben Zwischenräume einer demütigen Statik. (...) Beklagenswert derjenige, der die Wichtigkeit solcher Dinge nicht kennt.«

Die in jüngster Zeit mit der Verbreitung und dem flächendeckenden Einsatz der neuen Technologien einhergehende Beschleunigung unserer Lebensverhältnisse setzt die Übergänge, die Zwischenräume und Zwischenzeiten unter Druck.

Pausen, Intervalle und Dehnungsfugen werden zu Opfern von Rationalisierungsaktivitäten und von Anstrengungen zur Effizienzsteigerung. Die Leitformel dafür heißt »Verdichtung«. Da gibt es die Verdichtung der Bebauung, Verdichtung des Termin- und Aktionsplans, Verdichtung der Zugfolge. Begleitet werden sie durch Erlebnisverdichtung, Programmverdichtung, Wohnraumverdichtung, Arbeitsverdichtung usw. Alles das sind Aktivitäten zur Komprimierung und Intensivierung, die auf Kosten des »Dazwischen« gehen. Je enger die Aktivitäten, je dichter die Handlungsabfolge, umso enger und schmaler werden die Übergänge, die Intervalle und die Pausen. Der größte Feind der Zwischenzeiten ist das »Zwischendurch«. Wer öfter mal »zwischendurch« vorbeischaut und immer wieder mal schnell »zwischendurch« die Mails checkt, »zwischendurch« noch jemanden anruft und »zwischendurch« das und dies macht, vertreibt die Zwischenzeiten aus seinem Leben. Er planiert und versiegelt seinen Alltag. Mit den Zwischenzeiten verflüchtigen sich schließlich dann auch die Unterschiede zwischen den Dingen und den Abläufen. Und mit dem Wegfall der Unterschiede schrumpft schließlich auch das Unterscheidungsvermögen.

Im Internet hat das auf infinite Zeitverkürzung und Zeitverdichtung zielende Prinzip der wirtschaftlichen Rationalität sein ideales Medium gefunden. Das World Wide Web kennt weder Anfänge noch Abschlüsse, es kennt keine Übergänge und folglich auch keinen Mittelpunkt. Das Netz durchlöchert, verflüssigt und eliminiert einen Großteil aller konventionellen Zeitarrangements. Dazu zählen vor allem die Übergänge. Verloren geht zum Beispiel die Orientierungsmarken setzende, rituell und traditionell gefestigte Alltagskultur des Anfangens und des Beendens. Ersetzt wird sie vom übergangslosen Ein- und Ausschalten.

Das Zweite Deutsche Fernsehen hat genau das zu seinem Programm gemacht. Zwischenzeiten und Zwischenräume hält es nach eigener Aussage für überflüssig und macht sich die Warnhinweise der Londoner U-Bahn an schlecht angepassten

Bahnsteigen zu eigen: »Mind the gap!«. »Lücken sind dazu da, geschlossen zu werden«, so lautete jener suggestive Hinweis, mit dem das ZDF seine Zuschauer vor inzwischen zwei Jahrzehnten auf die Einführung des Nonstop-Sendeprogramms vorbereitet hat. Christian Morgenstern hätte einem solchen »Fortschritt« wenig abgewinnen können. Als die Tage noch dämmrige Ränder hatten und sich die Menschen zeitlich noch am Himmel und nicht nur am Fernsehprogramm orientierten, warnte er bereits (1905) vor der Lückenlosigkeit.

Der Lattenzaun

Es war einmal ein Lattenzaun,
mit Zwischenraum, hindurchzuschaun.
Ein Architekt, der dieses sah,
stand eines Abends plötzlich da –
und nahm den Zwischenraum heraus
und baute draus ein großes Haus.
Der Zaun indessen stand ganz dumm,
mit Latten ohne was herum.
Ein Anblick gräßlich und gemein.
Drum zog ihn der Senat auch ein.
Der Architekt jedoch entfloh
nach Afri- od- Ameriko.

Christian Morgenstern

So sensibel, so handlungsbereit gegenüber belästigender Lückenlosigkeit zeigt sich heutzutage kein Senat mehr. Eher ist das Gegenteil wahrscheinlich. Die Senate – heute heißen sie Parlamente, Stadt- und Kreisräte – tun viel dafür, dass die von Morgenstern so scharfsinnig verspottete zeitliche und räumliche Lückenlosigkeit auch Realität wird.

Wie jeder gesellschaftliche Wandel findet auch der »Fortschritt« zu einer übergangslosen Gemeinschaft als Realexperiment, als Versuch am lebenden Objekt statt. Wir wissen nicht, mit welchen biografischen Herausforderungen wir Zeitgenossen zu rechnen haben, wenn immer mehr Zwischenräume und Zwischenzeiten wegfallen. Nicht bekannt ist uns, wie Menschen reagieren, die permanent gezwungen sind, ihre Existenz ohne Passagen, ohne Übergänge, ohne Zwischenzeiten zu gestalten. Was geschieht in einer Welt ohne zeitliche und räumliche Dehnungsfugen und Leerstellen mit den sozialen Systemen, mit Familien, Vereinen und mit dem gesellschaftlichen Engagement? Ist ein übergangsloses Sozialsystem, eine zwischenzeitlose Gesellschaft noch zur Selbststabilisierung und zu den notwendigen Integrationsleistungen in der Lage, die ihren Erhalt sichern? Fragen über Fragen, auf die wir gegenwärtig keine Antwort haben – auch weil wir sie nicht stellen.

In einem engagierten Plädoyer für den leeren Raum hat Anselm Kiefer in seiner Dankesrede zur Verleihung des Friedenspreises des Deutschen Buchhandels (2008) eindringlich vor der Übergangs- und der Lückenlosigkeit gewarnt. Ohne Zeiten der Leere, ohne Zwischenzeiten, so Kiefer, können sich weder die Subjekte noch die Gemeinschaften ihrer Geschichte bewusst werden; sie sind dann nicht in der Lage, sich ihre Vergangenheit anzueignen, und kommen nicht mehr zu sich selbst.

Das ist auch die Botschaft von Luis Buñuel, dem großen Ironiker des Kinos. In einem bedauerlicherweise nie realisierten Kurzfilmprojekt plante er, dem Publikum im doppelten Sinn des Wortes vor Augen zu führen, was es erwartet, wenn die Prinzipien des übergangslosen, des pausenlosen Wettbewerbs die Zeitmuster des Kultes und der Kultur erobern.

Sein Filmkonzept sah folgenden Handlungsablauf vor: Der Platz zwischen den Obelisken des Petersplatzes ist mit festlich geschmückten Altären gefüllt. An jedem Altar zelebriert ein Priester zusammen mit seinen Ministranten die heilige Messe. Nach einem allseits vernehmbaren Startsignal treten die Geistlichen gemeinsam mit ihrem Hilfspersonal in einen Wettstreit ein. Ziel des Wettbewerbs ist es, jenen Priester ausfindig zu machen, der die sakralen Handlungen in der kürzesten Zeit »abzufeiern« in der Lage ist. In unglaublichem Tempo, stetig mehr nach Luft ringend, leiern die Geistlichen ihre religiösen Texte herunter und ermuntern die Gläubigen, ihrem Tempo zu folgen. Die hilfreichen Messknaben geraten dabei in eine Bedrängnis, die sie schließlich an den Rand der Erschöpfung führt. Einige von ihnen fallen völlig ausgepumpt, nach Atem ringend um und scheiden aus dem Wettbewerb aus. Sieger wird schließlich ein spanischer Geistlicher aus Huesca, dem es von allen am Wettstreit Beteiligten am perfektesten gelingt, sämtliche in der liturgischen Feier vorgesehenen Pausen, Intervalle und Verzögerungen zu eliminieren. Er hat es geschafft, das Messritual in der Rekordzeit von einunddreiviertel Minuten abzuspulen.

Buñuels Botschaft ist eindeutig: Opfer des Tempowettstreits sind die in der Liturgie vorgesehenen Pausen, Verzögerungen, Übergänge und Intervalle. Ihre Eliminierung raubt der religiösen Feier jegliche heilige Anmutung, alles Erhabene und jede Würde. Die rituelle Handlung wird zu einem Absturz ins Alltägliche. Sie zerfällt in isolierte, zusammenhanglose Aktions- und Aufmerksamkeitsfragmente, die im Stakkato aufeinanderfolgen. Sie fügen sich nicht mehr zu einem Ganzen zusammen und hinterlassen deshalb bei den Beteiligten nur inhaltliche Leere und formales Gehetztsein. Die Zeit ist aus den Fugen, weil es keine Fugen mehr gibt.

Zeitwohlstand

Sprechen wir von Wohlstand, dann tun wir das traditionell im Zusammenhang mit dem Besitz von materiellen Gütern. Heute ist das Versorgungsniveau der Menschen mit Gütern und Leistungen relativ hoch – wir sprechen in diesem Zusammenhang von »Überflussgesellschaften«. Also diskutieren wir inzwischen aus unterschiedlichen Gründen ein breiteres Verständnis von Wohlstand. Zu diesem gehört an prominenter Stelle auch der »Zeitwohlstand«.

Ein Kriterium für Zeitwohlstand wäre der Grad frei gewählter Zeitbindungen einschließlich der Möglichkeiten, das jeweils rechte Maß an Zeit fürs jeweilige Tun finden zu können. »Zeitsouveränität« ist der Begriff, der in diesem Zusammenhang häufig Verwendung findet.

Quantitativ gesehen, heißt Zeitwohlstand: »genügend Zeit«. Genug Zeit für das, was es zu tun gibt, fürs Notwendige und Wünschenswerte. Einen Schritt konkreter ist die Definition: Zeitwohlstand ist »ausreichend

Anders sagt es uns das ehrwürdige grimmsche Wörterbuch beim Stichwort »Übergang«. Das Dazwischen, so liest man dort, ist »ein Zugegensein, das eine Scheidung oder Unterbrechung bewirkt, im Raum und in der Zeit«. Bei den vielen schönen Beispielen, die dort aufgeführt sind, findet man viel Interessantes zu dem, was da alles unterschieden wird. Die dort zitierten Beispiele sind Zeugnis und Beweis einer ehemals lebendigen und vielfältigen und bunten Kultur des Dazwischen.

»Die Häuser stoszen nicht aneinander, ein Garten liegt dazwischen, ein Bach fließt dazwischen. Um die Kupferstiche zu schonen, legt man Seidenpapier dazwischen. ... Das Gedränge war grosz, man konnte nicht dazwischen durch. Der Vater stand rechts, der Sohn links, die Mutter dazwischen. ... Als er die Streitenden erblickte, warf er sich dazwischen. Dazwischen war eine lange Zeit verflossen. Sie arbeiteten, aber sie ruhten oft dazwischen. Die Nacht kam dazwischen. Einen

selbstbestimmte Zeit«. Dabei geht es um die freie Verfügung über die Zeit und die Dispositionsfreiheit in der Zeit. Noch konkreter ist das Leitbild der »ausreichend selbstbestimmten Zeitvielfalt«. Zeitwohlstand heißt auch, eine Vielfalt von Zeitqualitäten im Umfeld einer abwechslungsreichen Zeitkultur erfahren und gestalten zu können. Die vierte Konkretisierung heißt dann: Zeitwohlstand ist »genügend selbstbestimmte Zeitvielfalt im Rahmen einer differenzierten Zeitkultur«.

Spürbar wird steigender Zeitwohlstand dann in abnehmendem Zeitstress, in einer besseren Pausenkultur. Wir bemerken ihn am abnehmenden Zeitdruck, an schöneren Zeitkonflikten und darüber hinaus an abwechslungsreicheren und zufrieden machenden Zeiterlebnissen. Das ist ein anspruchsvolles Programm. Daher sollte man es mit Bescheidenheit angehen und in einem ersten Schritt dafür sorgen, dass eine Situation eintritt, die einen Mangel an Zeitmangel aufweist. Für diesen Zustand hätte Goethe die schöne Formel vom »gesteigerten Wohlseyn« verwendet.

Tag dazwischen einschalten, einschieben. Eine Woche lag dazwischen.«

Zwischenzeiten sind Zeiten, die auf der Kippe stehen. Sie haben den Charakter von Schwellen, die für Abzweigungen offen sind. In solchen Arealen des Unbestimmten ist alles möglich, weil alles infrage steht, alles in der Schwebe ist. Das gilt auch für räumliche Passagen, deren Existenz bis in die Frühzeit der Menschheitsgeschichte nachgewiesen werden kann. Man hat Schwellen, die eine Unterscheidung von innen und außen zulassen, bereits in den Überresten der ältesten menschlichen Siedlungsformen entdeckt. Sie waren auch zu dieser Zeit bereits Orte des Mehrdeutigen, des Unbestimmten, waren Orte, aber auch Zeiten der Entscheidung, der Abzweigung, der Verwandlung, der inneren und der äußeren Veränderung. Das sind sie heute noch. Die Passage eines nicht zum Haus, aber auch nicht zur Straße gehörenden Vorgartens macht aus Fremden Besucher, aus Vorübergehenden Gäste. Im Vorraum einer Arztpraxis verwandelt sich der anonyme Straßenpassant in einen Patienten. Odysseus wird bei der Heimkehr von seiner zehnjährigen Reise auf der Schwelle seines Hauses vom Bettler wieder zum Hausherrn. Eben noch Gast, schlüpft er nach Übertreten der Türschwelle in die Rolle des Gastgebers. Dass das nicht ohne Blutvergießen abgegangen ist, macht die Gefahren des Übergangs deutlich. Betroffene reagieren darauf gewöhnlich mit dem Schutzmechanismus »Angst«, von Psychopathologen »Schwellenangst« genannt. Seit alters galten Schwellen als von Schwellengeistern belagerte magische Orte. Selbst für Goethes rastlos umtriebigen Faust waren sie das. Ein an der Türschwelle angebrachtes Pentagramm, volkstümlich »Zauberknoten«, sollte den bösen Geistern einen gehörigen Schrecken einjagen. Vergeblich, wie wir wissen, da ein Mephisto sich von magischen Schutz- und Zauberzeichen nicht allzu sehr beeindrucken lässt.

Typisch für das Zeitalter der Industriekultur war das raumzeitliche Übergangsphänomen des »Heimwegs«. Der »Heimweg« ist ein Distanz schaffendes Dazwischen, doppelt in Bedeutung und Wirkung. Er trennt und verbindet zwei Orte, den des Arbeitsplatzes und den des Familien- bzw. Privatlebens, und er trennt die Arbeitszeit von der Freizeit. Er ist das raumzeitliche Zwischenglied, das Scharnier, das den Unterschied herstellt zwischen dem, was war, und dem, was sein wird – im Fall des Heimwegs zwischen beruflicher und privater Tätigkeit. Der Heimweg trennt Lebenswelten, um sie zu unterscheiden. Er verbindet sie jedoch auch mit den Mitteln eines räumlichen (Entfernung) und zeitlichen (Dauer) Übergangs. Er macht die Heimkehrenden frei für Neues durch den Abschied vom Alten. Vordergründig sind die Zeiten des Heimwegs nutzlose Zeiten, die jedoch allein deshalb schon nützlich sind, weil sie kreativ genutzt werden können – in Bahn und Bus zum Beispiel zum Tagträumen, zum Lesen, zum Dösen, zu einem Nickerchen, einer Unterhaltung, zum Telefonieren.

»Gott hält sich in den Intervallen versteckt.«

Jorge Luis Borges

Und dann gibt es noch ein weiteres zeitliches Dazwischen. Obgleich es in unseren Breiten seit ewigen Zeiten existiert und täglich zweimal stattfindet, verliert es in der zeitorganisatorischen Inszenierung des Alltagsablaufs mehr und mehr an Einfluss und Prägnanz: Es ist die Veranda des Lichts, gemeinhin »Dämmerung« genannt. Das traurige Schicksal dieser »blauen Stunde« verdient einen kleinen Lobgesang, der leider einem Nachruf auf die Chance nahekommt, dass es einem zweimal täglich »dämmert«.

Dämmerung, so nennen wir jenes kurze Schattenreich, in dem es gerade noch hell genug ist zu erkennen, dass es beginnt, dunkel zu werden – oder bei der Morgendämmerung, in der sich unsere Augen langsam an die Helligkeit gewöhnen. Die etwa halbstündige Dämmerung ist ein fließender Übergang zwischen Tag und Nacht, zwischen Helligkeit zur Dunkelheit und zwischen Dunkelheit zu erneuter Helligkeit. In der von der Zeigerlogik dominierten bürokratischen Zeitordnung unseres Tagesablaufs spielt die Dämmerung keine Rolle mehr. Der Lichtschalter hat die natürliche Differenz und den fließenden Übergang vom Hellen zum Dunklen und vom Dunklen zum Hellen abgeschafft. Nur ein überraschender Kurzschluss zwingt uns dann manchmal noch, den Unterschied zwischen Helligkeit und Dunkelheit zur Kenntnis zu nehmen.

Die Dämmerung schärft den Blick in dem Moment, in dem er droht, verloren zu gehen, das macht ihre schöpferische Qualität aus. Ein Effekt der koexistierenden Gegensätze, den sich Theater und Kino zunutze machen, indem sie das, was sie zeigen, durch die Verdunklung des Zuschauerraums heller erscheinen lassen. Die absichtsvoll inszenierte dämmrige Stimmung des Auditoriums erst öffnet den Theater- und Kinobesuchern die Augen für die inspirierenden Zwischenreiche von Spiel und Wirklichkeit, Rolle und Person, Verborgenem und Unverborgenem, Sichtbarem und Unsichtbarem. Das Nahe wird fern, das Naheliegende fremd und das Fremde naheliegend.

Die kosmische Dämmerung gehört heute wie das Mittagsläuten und der Weckruf des Hahns zu den verloren gegangenen Zeitsignalen des Alltags. Auch literarisch hat sie ihr Anregungspotenzial weitgehend eingebüßt. Als Thema ist sie verschwunden, und jedes heute verfasste Gedicht über sie stünde unter Kitschverdacht. Der Aufklärungsimpetus der abendländischen Kultur und das technikzentrierte Fortschritts- und Entwicklungsdenken der westlichen Zivilisation haben die Rhythmen der Natur und die kosmischen Zyklen ihrer Orientierungsfunktion für den Alltag beraubt.

Nur im Halbschatten zeitlicher und räumlicher Zwischenwelten reift die Erkenntnis, dass das, was ist, nicht alles ist. Im »Dazwischen« hat der Möglichkeitssinn seinen Wohnsitz. Wo wir ins Übergängliche kommen, eröffnen sich neue Möglichkeiten. Der wohl größte Menschenkenner unter den Dichtern, William Shakespeare, hat im Dazwischen gewohnt, als er ankündigte: »I'll teach you differences.« Auch Fernando Pessoa ist dort ein und aus gegangen: »Ich bin der Zwischenraum zwischen dem, was ich bin, und dem, was ich nicht bin, zwischen dem, was ich träume, und dem, was das Leben aus mir gemacht hat … Ich bin die Brücke des Übergangs zwischen dem, was ich nicht habe, und dem, was ich nicht will.«

Jedes Theaterstück beginnt mit einer leeren Bühne, jedes Gemälde mit einer weißen Leinwand. Jeder Roman und jedes Gedicht fängt an mit einem unbeschriebenen Blatt, und zu Beginn jeder Musik ist Stille. Das also heißt: Mut zur Lücke, zur Leere, zum Dazwischen, zur Pause. Die Leere ist nicht Verlust, sondern sie ist Gewinn, die Pause keine verlorene, sondern sie ist gewonnene Zeit. Man muss sie nur in einen Rhythmus einbinden – die Leere, die Lücke, die Pause, die Stille, damit sie in ihm ihr Maß finden.

Ein relativ stressfreier Umgang mit Zeit setzt voraus, dass man etwas von den Funktionen und der Produktivität von Zwischenzeiten und Zwischenräumen weiß. Aber noch besser wäre es, mit den heute oft missachteten Zeitformen wieder in freundlichen Kontakt einzutreten, um sie ins Zeitleben zurückzubitten, sowohl ins eigene als auch in das der sozialen Mitwelt. Erleichtern kann man sich das durch einen Rückblick auf die eigene Lebensgeschichte und die Erfahrungen, insbesondere die lustvollen und folgenreichen Erfahrungen, die man mit Zwischenräumen und Zwischenzeiten gemacht hat. Dazu gehören die Erinnerungen an all die Liebeleien, die Kurzzeitflirts oder auch dauerhaften Freundschaften, die sich Zwischenräumen und Zwischenzeiten verdanken. Man erinnere sich auch an Geistesblitze, Ideen und Pläne, die sich auf dem Heimweg in vollgestopften Nahverkehrszügen, beim Nachmittagsespresso in der Bar am Eck, beim Warten in einer längeren Schlange, in und vor Aufzügen oder auf dem stillen Örtchen plötzlich und anstrengungslos einstellten. Vieles von dem, das heute gerne »zufällig« genannt wird, hat seinen Ursprung in einer Zwischenzeit: Karrieren, wichtige Entscheidungen, gute Ideen. Denken Sie mal darüber nach.

Obgleich Zwischenzeiten heutzutage den Zeit-ist-Geld-Zeitraffern als Beschleunigungsreserven dienen, haben sie doch auch eine offiziell anerkannte Funktion, unter anderem im Straßenverkehr. Dort spricht man nicht von »Zwischen-«, sondern von »Schutzzeit«, ein Sachverhalt, der unserer positiven Einstellung zum »Dazwischen« durchaus entgegenkommt. »Schutzzeit« ist – bei Wikipedia zumindest – diejenige Zeitspanne, »die an durch Lichtsignalanlagen signalisierten Knotenpunkten zwischen dem Ende der Grünzeit (Freigabezeit) eines räumenden Verkehrsstroms und dem Beginn der Grünzeit eines einfahrenden Verkehrsstroms verstreichen muss«. Das ist – sprachlich entbürokratisiert – die Zeit, in der viele Verkehrsteilnehmer pflichtgetreu an einer Ampel warten, während andere noch schnell und äußerst gewagt bei »Dunkelgelb« über die Kreuzung rauschen. Durch diese Zwischenzeit wird sichergestellt, dass es nicht gleich knallt oder kracht.

Jedoch auch sonst im Leben lässt sich der Knall durch Schutz- bzw. Zwischenzeiten vermeiden. Auch in der Alltagsinteraktion kracht es seltener und wird vielleicht sogar ein wenig amüsanter, wenn bei dem, was zu tun ist, mit Dehnungsfugen, zeitlichen Puffern und Übergängen gearbeitet wird – und dämmern könnte es uns allen dann auch öfter.

Der Mensch ist ein Übergangswesen. Von der befruchteten Eizelle bis zu seinem Tod durchläuft er einen Übergang nach dem anderen. Seine Gestalt, seine körperlichen und seine geistigen Fähigkeiten schreiten von einem Übergang zum nächsten fort, und das tun auch die Lebenspläne und der Lebenslauf. Und wenn das Alte stirbt und das Neue noch nicht geboren ist, geht es immer darum, die zuweilen krisenhaften Übergänge so zu gestalten, dass mit dem jeweils Vergangenen abgeschlossen wird. Nur dann ist ein guter Anschluss an das Neue zu finden.

Hier einige Impulse, die Sie unterstützen können, die Wichtigkeit von Zwischenzeiten zu erkennen und sie für Übergangssituationen zu nutzen ...

... damit es Ihnen nicht so geht wie dem ungeduldigen Holzfäller aus dem Märchen von den »Drei Wünschen,« der den dritten Wunsch dazu verwenden musste, den Schaden wiedergutzumachen, den die beiden unüberlegt und schnell hervorgebrachten ersten beiden Wünsche verursacht hatten.

▸ **Identifizieren, pflegen und schützen Sie diejenigen Zwischenzeiten, die Sie für Ihre Zeitbalance bei den Übergängen zwischen Ihren unterschiedlichen Lebenswelten brauchen.**

Das kann der werktägliche Übergang von der Arbeitsstelle zur Wohnung sein und auch der von der Wohnung zur Werkbank oder zum Büro. Das kann die ***Kaffeepause*** zwischen der Arbeit am Computer und dem anschließenden Mitarbeitergespräch oder Meeting sein. Das kann der kurze ***Rückblick*** auf des Tages Auf und Ab vor der Nachtruhe sein und natürlich auch das von Wilhelm Busch so herrlich karikierte »Bad am Samstagabend«.

▸ **Falls Sie die Wahl haben zwischen dem Auto, einem öffentlichen Verkehrsmittel oder sogar, ob Sie mit dem Fahrrad zum Arbeitsplatz fahren oder zu Fuß gehen wollen:** Nehmen Sie möglichst nicht das Auto, wenn Sie Wert auf einen relativ entspannten Arbeitsbeginn und eine ebenso entspannte Rückkehr legen. Diese Empfehlung ergibt sich aus einer ***Langzeitstudie*** der Universität Norwich. Fußgänger und Radfahrer starten demnach ihren Arbeitstag mit besserer Laune und höherem Wohlbefinden.

▸ **Planen, schaffen und pflegen Sie zeitliche und räumliche Dehnungsfugen, zeitliche und räumliche Pufferzonen.** Organisieren Sie Ihre Zeiten und Ihren Zeitenwechsel nicht nach dem Prinzip »Kippschalter«. Gleiches gilt für Ihre Mobilität, Ihre Ortswechsel. Vorbilder liefert die Natur. Ein Wetterwechsel findet ***selten plötzlich*** statt, er kündigt sich an: Das Gewitter nähert sich, während der Abenddämmerung verringert sich die Helligkeit allmählich und nimmt ebenso allmählich mit der Morgendämmerung wieder zu. Die Natur arbeitet nach dem Prinzip ***»man kann sich drauf einstellen«***, und dem sollte man auch bei seinem alltäglichen Zeithandeln folgen. Schaffen Sie sich also Zeiten, in denen es Ihnen dämmert.

Entzerren Sie Ihren Zeitalltag durch Zeiträume, in denen Sie den Ansprüchen der »Sofortness« nicht nachkommen. Widerstehen Sie der Erwartung, ständig online und ständig erreichbar zu sein, und erwarten Sie in diesen Zeiten auch nicht von anderen, dass sie umgehend auf Ihre Nachrichten reagieren. ***Dosieren Sie*** den Umgang mit Geräten, die keine Anlaufzeiten haben und per Knopfdruck funktionsbereit sind, die weder ein Anfangen noch ein Aufhören kennen. Nur so lassen sich das Stressniveau in Grenzen halten und eine weitere Entrhythmisierung des Alltags stoppen.

Lichtwecker

Mit der Sonne aufwachen: Das kann nicht jeder – oder etwa doch? Ein Lichtwecker macht's zumindest möglich:
Die kleinen Nachttischleuchten werden 20 bis 60 Minuten vor der eingestellten Weckzeit aktiv und strahlen ein immer helleres Licht aus.
Das lässt den Schlafenden irgendwann blinzeln, zudem regt es die Ausschüttung des körpereigenen Glückshormons Serotonin an und bremst die Produktion von Melatonin, das den Schlaf fördert. Beide Effekte erleichtern auf natürliche Weise das Aufwachen. So ermöglicht ein Lichtwecker einen deutlich entspannteren Start in den Tag.
(DIE WELT vom 12. 11. 2013)

Warten –
Zumutung und Glück

Wir tun es immer und überall, und meistens tun wir es sehr ungeduldig. Im Schlaf warten wir schon auf das Klingeln des Weckers, dann auf den ersten Schluck des Frühstückskaffees, auf die morgendlichen Verkehrsnachrichten, und auf dem Weg zur Arbeit warten wir dann an der Haltestelle von Bus oder Bahn oder im Stau auf der Schnellstraße darauf, dass es endlich weitergeht. Man wartet im Supermarkt in der Schlange vor der Kasse, wartet allein vor dem Fernseher auf den Sechser im Lotto oder zumindest auf die bereits öfter versprochene Steuersenkung. Man wartet, mal einsam, mal gemeinsam, häufig gestresst und selten entspannt, an Bahnhöfen, auf Parkplätzen, in Cafés, an Flughäfen, bei Ärzten, vor Klotüren und an vielen windigen und, wenn man Glück hat, auch mal an sonnigen Orten. Der Tag beginnt mit Warten, und er endet damit. In der Tat: »Das Leben«, so Joseph Roth, »ist ein Wartesaal.«

Sechs Monate seines Lebens, das sagen uns »Experten«, wartet der Durchschnittsamerikaner vor roten Ampeln, fünf Jahre verbringt er beim Schlangestehen, 68 Stunden jährlich wartet er am Telefon. Deutsche Wissenschaftler haben herausgefunden, dass sich die Zeit – genauer: das Zeitempfinden – im Zustand des Wartens dehnt, und zwar um ein Drittel. Der Mensch ist ein »Wartender«. Er wartet und wartet – sein Leben lang.

Obgleich wir es so häufig tun, wir lieben es meistens nicht. Und weil wir es nicht lieben, tun wir's immer hektischer, ungeduldiger und ruheloser. »Wart mal schnell!« Fünf Warteminuten, die lassen sich noch ertragen, zehn Minuten nur noch bei (wenigstens innerlich) laufendem Motor. Was länger dauert, bedroht das Gefühl der Sicherheit und raubt uns die vermisste Ruhe – ausgenommen beim Zahnarzt. Solange man noch im Wartezimmer sitzt, wird nicht gebohrt. Ansonsten aber zählt das Warten zu den lästigen Zeiterfahrungen. Weil das so ist, warten wir oft nicht einmal mehr auf den von der Natur vorgesehenen Tag der Geburt eines Kindes, sondern legen den Termin dafür gemeinsam mit Arzt und Hebamme fest. Wir warten nicht mehr auf den Postboten und auch nicht mehr auf einen Brief, sondern erwarten, unverzüglich »angemailt« zu werden. Wir warten nicht mehr auf die Entwicklung unserer Urlaubsfotos, sondern sehen sie uns schon Sekunden nach dem Klick an. Wir warten nicht mehr auf den Start der Erdbeersaison, sondern wir holen uns die wohlschmeckenden Früchte das ganze Jahr über ins Haus. Wir warten nicht mehr auf das Abklingen einer Erkältung, nicht mehr auf das Christkind und auch nicht mehr auf den Osterhasen. Wir wollen alles, immer, überall, und das sofort!

»Dumme rennen, Kluge warten, Weise gehen durch den Garten.«

Rabindranath Tagore

Das Warten hat einen schlechten Ruf. Warten, so hört man's allerorten, sei »vertane« Zeit, ein »vermeidbarer« Zustand, ein Ereignis, dem man sich »ausgeliefert« sieht, von dem man hofft, so schnell wie möglich »erlöst« zu werden. Zum Warten wird man »verdammt«, »verurteilt« und zuweilen auch »gezwungen«. Warten ist ein Defekt, ist Sand im Getriebe, ein Fehler im System. Wartezeiten sind Zeichen schlechter Organisation, mangelhaft durchdachter Planung und unausgereifter Technik. Warten ist »Zeitdiebstahl«, »geraubte« Zeit, eine Art »Krankheit der Zeit«, kurzum, eine Zumutung.

Es ist nicht allzu verwegen, in der Moderne jene Epoche zu erkennen, die es sich zum Ziel gesetzt hat, das Warten abzuschaffen. Dass dies erfolgreich war, kann man nicht behaupten. Je mehr man sich anstrengte, dem Ziel näher zu kommen, umso weiter entfernte man sich von ihm. Heute, am Beginn des 21. Jahrhunderts, müssen wir uns eingestehen, dass der aufwendig geführte Kampf gegen das Warten kläglich gescheitert ist. Gelandet sind wir in einer Welt, in der das Warten, dessen Abschaffung uns derzeit lauter denn je versprochen wird, zur alltäglichen Normalität gehört. Es ist paradox. Durch die

Vordertür vertrieben, kehrt die Warterei durch die Hintertür zurück. Warum nur diese Feindseligkeit, warum die nicht enden wollende Mobilmachung gegen das Warten?

Schauen wir etwas genauer hin. Dann erkennen wir als Erstes, dass es nicht nur die eine Form des Wartens gibt, sondern ganz unterschiedliche. Beginnen wir mit der ärgerlichsten Form des Wartens, dem »Wartenlassen«.

Das Wartenlassen zählt zu den Selbstaufblähungsritualen der Mächtigen und derer, die mächtig sein wollen. Es hat seine bevorzugten Orte. Das sind die Flure, Gänge und Korridore, und das sind unzählige Vor-, Empfangs- und Wartezimmer und Schalter. Dort trifft man die an, über deren Zeit verfügt wird. Wartenlassen dient der Demonstration und der Manifestation von sozialen Unterschieden. Soziologen sprechen in diesem Zusammenhang von demonstrativen Akten der Produktion und Reproduktion sozialer Ungleichheit. Wartenlassen ist, so gesehen, diejenige Variante des Wartens, deren sich Mächtige bedienen, um ihre Vorrangstellung zu zelebrieren. Konkret sieht das so aus: Privatpatienten kommen schneller dran, Kassenpatienten müssen mit längeren Wartezeiten rechnen. Den Pförtner kann man sogleich sprechen, den Herrn Direktor jedoch erst in drei Wochen. Nicht in jedem Fall frei von sadistischem Geltungsdrang, genießen die Herren (es sind meist Herren) hinter den Doppeltüren die Ohnmachtserfahrungen derer, die vor ihrer Tür auf ihre Direktiven warten müssen. Da ist es denn auch kein Wunder, dass sich die Wartenden in solchen Situationen unwohl, abgewertet und entwürdigt fühlen. Ihr Warten ähnelt dem »eines Gefangenen auf die Gelegenheit zum Ausbruch« (Musil).

Etwas weniger entwürdigend – aber doch auch störend und unerwünscht – ist das Warten in Situationen, in denen die Verwertungslogik der knappen Zeit das Geschehen bestimmt. Das zumindest zeigt ein Blick in die – leider noch ungeschriebene – Geschichte des Wartens. Zu jener Zeit, als die Moderne Fahrt aufgenommen hatte, als sich die Menschen in ihrem Zeithandeln von der Natur- auf die Uhrzeit umstellten, begannen sie damit, Zeit in Geld zu verrechnen. Zeit musste von da an »genutzt«, »gewonnen« und »gespart« werden. Warten wurde in dieser Logik zur »verlorenen« Zeit, und »verlorener« Zeit wurde der Kampf angesagt. Wartezeiten verursachen nämlich, so gesehen, Kosten. So kommt es, dass alles Warten, das nicht zum Geldverdienen oder zum Geldausgeben genutzt wird, mit dem Makel behaftet ist, »verlorene« bzw. »gestohlene« Zeit zu sein, die sozusagen gestohlenem Geld entspricht.

In der Welt des Zeit-ist-Geld-Diktats spielt es keine Rolle, dass das Warten von unterschiedlicher Qualität sein kann. Zeit-ist-Geld-Anhängern gilt das Warten auf ein öffentliches Verkehrsmittel ebenso als »verlorene« Zeit wie das Warten auf die ersehnte Ankunft einer geliebten Person. Das Warten im Stau auf der Autobahn ist unter dieser Prämisse ebenso unnütz wie das Warten auf die Lottozahlen oder das Warten auf den Sonnenuntergang am Meer. Die qualitätslose Rechenmarke »Geld« raubt dem Warten jeden besonderen Charakter und jeglichen Eigensinn. Wo die Zeit zur Dienstmagd Mammons wird, spielen die mit dem Warten verbundenen Gefühle und Stimmungen keine Rolle; da wird weder freudig noch erwartungsvoll gewartet, nicht zuversichtlich und nicht hoffnungsfroh. Und so kann der Eindruck entstehen, man müsse etwas gegen das Warten unternehmen.

»Alle Dinge kommen zu dem, der zu warten versteht.«

Henry Wadsworth Longfellow

Dass Warten auch zu den schönen Töchtern der Zeit gehört, erschließt sich einmal wieder bei einem Blick in das inspirierende Wörterbuch der Brüder Grimm. Schlägt man dort beim Stichwort »Warten« nach, findet man nicht den geringsten Hinweis darauf, dass »Warten« etwas Unangenehmes, gar etwas Entwürdigendes an sich haben könnte, und auch keine Bedeutung, die auf eine »Belästigung« oder gar eine »Nötigung« hinausliefe. Auch von einer »verlorenen«, einer »unnützen« Zeit steht da kein Wort. Im Gegenteil, Warten ist für die Grimms eine attraktive, eine lebendige Zeitqualität. Warten ist ein Geschenk der Zeit, sie ist Lust an der Zeit. Warten, so steht dort geschrieben, bedeutet: wohin schauen, Ausschau halten, aufpassen, seine Aufmerksamkeit auf etwas richten, versorgen, pflegen, einem dienen, harren usw.

Warten ist eine Zeit der Erwartung, des Hoffens und Wünschens. Der Kampf gegen das Warten gleicht in den Augen der Grimms einem Kampf gegen das Lebendige im Leben. Es zählt zu den Merkwürdigkeiten des begriffsgeschichtlichen Bedeutungswandels, dass wir einen der Bedeutungshöfe dieses grimmschen »Wartens« heute nur mehr dort kennen, wo es um die Pflege – also Wartung – des Autos und anderer Maschinen geht.

Über die Zeit, die das Warten nimmt, ist bereits hinreichend viel gesagt worden, weniger hingegen zu jener, die es schenkt. Am eindrücklichsten und auch am einfühlsamsten hat Walter Benjamin dem Glück des Wartens Ausdruck verliehen. Benjamin, ein Meister und Liebhaber des Wartens, empfand das Glück des Wartens in jenen Augenblicken besonders intensiv, wenn er an Bahnsteigen auf Frauen zu warten gezwungen wurde. Sie kamen ihm – gestand er – umso schöner vor, je länger er auf sie wartete. Selbst dort, wo es um einen Nutzen geht, ist Warten beileibe nicht immer »verlorene« Zeit, sondern häufig ein produktiver und profitabler Zustand. Bauern und Bäuerinnen, Gärtner und Gärtnerinnen können davon ein Lied singen. Es ist die »Kunst des Wartens«, die man beherrschen muss, um die schönsten Äpfel, die besten Kartoffeln zu bekommen. Die Natur kann warten, und die, die mit ihr zu tun haben, müssen es lernen.

»Denn alles nimmt ein gutes Ende für den, der warten kann.«

Leo Tolstoi

Dass man warten muss, dass »gut Ding Weile haben will«, gilt nicht nur für Äpfel, Kartoffeln und Babys, das trifft auch zu auf Abläufe in der Erziehung und Bildung. Bildung heißt

»Wartenkönnen« (Adorno). Dieses »Wartenkönnen« bedeutet in diesem Falle jedoch nicht, die Dinge unbeteiligt geschehen zu lassen. Warten in der Erziehung und der Bildung ist immer auch aktives Tun, ist Aufmerksamkeit und Präsenz. Sie darf nicht mit Untätigkeit und erst recht nicht mit Gleichgültigkeit verwechselt werden. Bildung kann man bekanntlich nicht machen, man kann sie nur zulassen, muss also auf sie warten. Die Bedingungen fürs Zulassen, fürs Warten und Wartenkönnen hingegen, die kann, muss und sollte man beeinflussen und gestalten. So wie Thomas Mann sie in seinem Felix Krull beschreibt: »Bildung wird nicht in stumpfer Fron oder Plackerei gewonnen, sondern ist ein Geschenk der Freiheit und des äußeren Müßigganges; man erringt sie nicht, man atmet sie ein.«

Gebildete wissen: Wer sich auskennt, kann warten. Warten erst macht jene Fragen und Antworten möglich, die das Warten und Abwarten zur Voraussetzung haben. Denn hinter der Zumutung, die das Warten auch immer ist, kommt dessen hervorragende Eigenschaft zum Vorschein. Warten verhindert etwas und ermöglicht damit etwas anderes, das ohne Warten keine Chance gehabt hätte, zum Beispiel die Zukunft. Denn auf die Zukunft müssen wir alle warten, denn ohne Warten keine Zukunft.

Wer warten kann, hat viel getan. Warten und Wartenkönnen bereichern das Leben, machen die Zeit und das Leben bunter, vielfältiger und friedlicher, mit einem starken Wort: menschlicher. Das Warten ist nicht die Hölle. Die Hölle ist ein Leben, das kein Warten kennt.

»Wenn man wartet, soll man nichts anderes tun«, empfiehlt der bayerische Kabarettist Gerhard Polt augenzwinkernd und trifft damit den Punkt. Wer das Warten aushält, sagt Polt, tut eigentlich genug. Man muss nicht eine Übersprungshandlung an die andere reihen, nicht in kurzen Abständen auf die Uhr schauen, nicht nervös auf und ab gehen und, je nach Temperament, mal leise, mal laut vor sich hinfluchen. Es hilft nichts. Man macht sich eher dabei lächerlich, vermeiden zu wollen, was gar nicht zu vermeiden ist. Unsere Empfehlung: Vermeiden Sie das!

Wie aber soll man den Wartefrust vermeiden?

Schalten Sie um. Wechseln Sie Ihre Zeitvorstellung von »verlorener Zeit« auf »gewonnene Zeit«. Klagen Sie nicht täglich über die Ihnen fehlende Zeit? Haben Sie nicht stets zu wenig oder gar keine Zeit? Jetzt, wo Sie warten, warten müssen, haben Sie Zeit, die Zeit, die Sie immerzu suchen. Jetzt haben Sie endlich Zeit, sich mal umzuschauen und wahrzunehmen, was Sie, vom Zeitdruck gehetzt, immerzu ignoriert und übersehen haben: die Details der Hausfassade gegenüber, die blühenden Linden am Straßenrand, den neuen Buchladen neben dem Supermarkt usw. Und jetzt haben Sie auch die Zeit und die Chance, neue Leute kennenzulernen. Sie sind ja nicht die Einzige, die auf den Bus wartet. Da ist die Frau, die fast täglich mit Ihnen zusteigt und in die gleiche Richtung fährt. Da ist der Mann aus dem Nachbarhaus, den man immer bis spät in der Nacht am Schreibtisch sitzen sieht und deshalb heimlich für einen Schriftsteller hält, und, und, und. Sie alle warten auch und bilden mit Ihnen eine Art Schicksalsgemeinschaft der Wartenden. Eine gute Gelegenheit, um ins Gespräch zu kommen und aus »verlorener« »gewonnene« Zeit zu machen.

Bleiben wir realistisch: Nicht jedes Warten lässt sich »schönwarten«. Es gibt auch unerträgliche, äußerst belastende Situationen des Wartens. Dazu zählen das Warten auf den Arzt in einer Notfallsituation, Warten auf ein Spenderorgan, das Warten auf Heilung, Rettung usw. Das Drama, das mit solchen Wartesituationen oftmals einhergeht, lässt keine Ratschläge zu.

Üben Sie das Warten. Versuchen Sie immer dann, wenn Sie zum Warten gezwungen werden, etwas zu tun, was Sie bisher noch nie in solchen Situationen getan haben.

Sprechen Sie im Wartezimmer, an der Straßenbahnhaltestelle, auf dem Bahnsteig den einen oder die andere Mitwartende an. Experimentieren Sie und lassen Sie sich nicht von der ersten Enttäuschung entmutigen. Machen Sie Warten zu Ihrem Projekt mit dem Ziel, im Warten nicht immer nur eine Störung, sondern auch so etwas wie Normalität zu sehen, in der Sie nach Chancen suchen, der Situation des Wartens etwas Positives abzugewinnen. Auch Zumutungen – das sind Wartesituationen ja häufig – haben Handlungsspielräume, über die Sie als Betroffene selbst bestimmen können. Sie gilt es zu nutzen, nicht zuletzt, um sich nicht dem handlungsblockierenden Gefühl des Ausgeliefertseins auszusetzen. Ist aber an und in der Wartesituation ganz und gar nichts zu ändern, dann ist Gelassenheit immer noch die gesündere Reaktion als Ärger und Frust.

▸ **Überprüfen Sie bei Gelegenheit, ob Sie alles Warten für »verlorene« Zeit halten oder ob Sie von Situation zu Situation das Warten unterschiedlich bewerten.** Folgende Fragen könnten dafür hilfreich sein: *Was macht* das Warten für mich zu einer Zumutung? *Gab es* einmal Momente des Wartens, die mich weder gestört noch aufgeregt haben? *Habe ich* das Warten schon einmal genossen? *Was tue ich* gewöhnlich beim Warten, wie vertreibe ich (mir) die Zeit? *Was müsste* sich ändern, damit mir Warten weniger lästig ist?

▸ **»Nicht weniger, schöner Warten« heißt die Maxime, der zu folgen wir Ihnen empfehlen.**
Machen Sie aus Ihrem Warten einen Zustand des ***Erwartens***. So oder so ähnlich wie Ihre Eltern es mit Ihnen im Advent gemacht haben, als Sie auf die weihnachtliche Bescherung gewartet haben. Sie können das auch dadurch tun, indem Sie ***wieder Briefe schreiben*** und nicht nur mailen. Dann haben Sie Gelegenheit, auf einen Antwortbrief zu warten. Sagen Sie Ihren Freunden und Freundinnen: »Nein, keine E-Mails bitte!«, denn deren Inhalt vergisst man nach einer halben Minute. Einen Brief und was drinsteht, vergisst man nicht so schnell.

▸ **Warten Sie sich beim Warten. Tun Sie sich etwas Gutes.**
So wie es die Brüder Grimm in ihrem Wörterbuch beschreiben: ***Wohin schauen, Ausschau halten, aufpassen, seine Aufmerksamkeit auf etwas richten, versorgen, pflegen, einem dienen …*** Die Begriffe und die Formulierungen haben sich im Laufe der Zeit geändert. Heute heißt das »meditieren«, herumschauen, sich der Situation überlassen. Kurzum warten, nichts als warten.

Pausen – Erholung und Inspiration

Es ist einer der großen Irrtümer unserer Zeit, mittels Beschleunigung und Zeitverdichtung mehr Leben ins Leben bringen zu können. Das Gegenteil tritt ein. Je schneller wir werden, umso häufiger kommen wir zu spät, umso mehr verpassen wir. Nicht jedoch, weil wir nicht rechtzeitig dort sind, wo wir hinwollen, sondern weil wir – gehetzt von der Terminfülle, die es einzuhalten, und den vielen Dingen, die es zu tun gilt – an den schönen und angenehmen Zeiten und Erfahrungen des Lebens vorübereilen.

Längst hat der Eroberungshunger der maßlosen Beschleunigung die einst abwechslungsreichen Ufer der Zeit planiert, begradigt und ihrer Vielfalt beraubt. Der Zeitgeist liebt die Pause nicht. Die Diktatur des Immer-schneller und die des Zeitsparens haben die Pause zu ihrem Feindbild erkoren. Im Fernsehen ist jede Pause eine Sendestörung, im Internet ein Defekt, im Straßenverkehr ein Ärgernis und in der Arbeitswelt nichts weiter als ein geldwerter Zeitverlust. Allein in der widersprüchlichen Form von Werbepausen können Pausenzeiten Toleranz und Akzeptanz erwarten. Sie folgen dem Motto: »Pausen verkaufen wir!« Es ist traurig zu sehen, dass Pausen nur mehr dort geduldet werden, wo sie den Verwertungsinteressen der Ökonomie entgegenkommen und als treue Zuarbeiter jenes Zeit-ist-Geld-Imperiums fungieren, das es auf die Eliminierung sämtlicher ökonomisch nicht verwertbarer Zeitqualitäten abgesehen hat.

Die »Pause« hat eine lange und ehrwürdige Geschichte. Eine würdige Gegenwart hat sie nicht. Im alten Griechenland waren Pausen unverzichtbarer Teil der Lebensqualität. Die historischen Quellen lehren uns, dass ein gewisser Aristos im Jahr 309 vor Christus für seine Musiker mehr Pausenzeiten verlangt hat und dafür sogar den ersten uns aus der Geschichte bekannten Streik riskierte. Dass auch die Römer dem Pausieren und dem Innehalten viel Positives abgewinnen konnten, wissen wir von Cicero, der in seiner Schrift über den Redner einen engen Zusammenhang zwischen dem Pausenmachen, dem Innehalten und Nichtstun einerseits und der bürgerlichen Freiheit andererseits herstellte: »Mir scheint nämlich selbst ein freier Bürger nicht wirklich frei zu sein, der nicht irgendwann auch einmal einfach nichts tut.« Ciceros Hinweis ist heute so aktuell wie damals. Ein kleiner Test belegt es: Eine der am stärksten irritierenden Fragen, die man einem Zeitgenossen heutzutage stellen kann, lautet: Was tust du, wenn du nichts tust? Die wenigsten kommen auf die Idee, einfach nichts zu tun. Und eine Mehrheit derer, die es wirklich fertigbringt, nichts zu tun, hält das für eine schreckliche Erfahrung.

Pausen sind in der Zeit, was Bänke im Raum sind.

Die Pause ist ein »Dazwischen«, ein zeitliches Intervall zwischen zwei Aktivitäten, zwei Zuständen. Pausen sind zeitliche Zwischenräume, Zwischenzeiten. Sie machen eine Bretterwand zum Lattenzaun; Morgenstern hat sich dafür die bereits weiter vorne zitierten Reime einfallen lassen. Wohlgemerkt, sie machen die Bretterwand zu einem »Lattenzaun mit Zwischenraum, hindurchzuschaun« – und das ist das Schöne und Wichtige an der Pause.

Pausen sorgen für Abstand und dadurch, wie beim Lattenzaun, für den Aus- und den Durchblick, das ist der Grund für ihre Unverzichtbarkeit. Sie unterbrechen ein Tun durch ein Nichtstun, machen durch einen Akt des Unterlassens aus einer Handlungssequenz zwei. So bewahren Pausen die Menschen vor dem grausamen Schicksal des Sisyphos, ununterbrochen weitermachen zu müssen.

Die Pause ist ein sanfter Sturz aus dem Gewohnten. Sie macht das, was sie unterbricht, zu etwas Vergangenem und das, was ihr folgt, zu etwas Zukünftigem. Dadurch, dass sie Abstand schafft, schafft sie zugleich Ende und Anfang. Anfangen kann man nur, wenn man zuvor aufgehört hat und dadurch

Ende und Beginn zeitlich auf Distanz gebracht wurden. Das ist die Funktion der Dehnungsfuge »Pause«.

Pausen sind also nicht »nichts«. Sie sind weder leere noch überflüssige Zeiträume, und sie sind keine Zeitverluste. Wenn sie's doch sind, dann sind sie »wertvolle Zeitverluste«. Weil in ihnen nichts geschieht, geschieht etwas, was sonst nicht geschehen würde. »Beim Nichtstun«, so Lao Tse pointiert, »bleibt nichts ungetan.« Das ist, was den Pausen ihren Wert verleiht, ihr schöpferisches Potenzial ausmacht und die Pausierenden distanz- und urteilsfähig und im besten Sinne kritisch macht.

»Wenn du immer rennst, wirst du niemandem mehr begegnen, nicht einmal dir selber. Wenn du das Tiefste in dir ergreifen willst, musst du eine Pause machen können.«

Französische Weisheit

Pausen sind darüber hinaus auch Zeiträume des Nach- und des Vorausdenkens, sind Spielräume der Fantasie, der Tagträumerei und des Ab- und Umschaltens. Es sind vornehmlich die Pausen, in denen Sinne und Gedanken Auslauf haben. Das hat Walter Benjamin auch so gesehen: »Zum Denken«, notiert er, »gehört nicht nur die Bewegung der Gedanken, sondern ebenso ihre Stilllegung.« Das war es, was die Pausenverächter hinter den glitzernden Glasfassaden, die uns bei ihrer pausenlosen Jagd nach dem schnellen Geld nahe an den Abgrund geführt haben, vergessen hatten. Kafka hätte sie zwar frühzeitig durch den Hinweis warnen können, dass das pausenlose Leben zu einer fortwährenden Ablenkung wird, »die nicht einmal zur Besinnung darüber kommen lässt, wovon sie ablenkt«. Doch sie hatten nicht die Zeit, ihn zu lesen. Die Hauptsünde der Menschheit, so Kafka, ist ihre Unruhe und Ungeduld. Sie sind es, die den Menschen das Paradies gekostet haben, und sie versperren ihnen, weil sie davon nicht lassen können, den Weg dorthin auch zurück. Kurz: Nicht die Ruhe, die Pause ist die erste Bürgerpflicht.

Also: Pausemachen ist keine Sünde, es ist nicht mal eine Fahrlässigkeit, und erst recht ist es keine »verlorene« Zeit. Pausen sind lebendige Zeiten, sie stellen einen Unterschied her. Die Pause »Sonntag« markiert den Unterschied zwischen Werktag und Feiertag, die Pause »Schlaf« jenen zwischen Passivität und Aktivität, die »Mittagspause« unterscheidet den Vormittag vom Nachmittag.

Die berühmteste Pause der Welt dauert vier Minuten und 33 Sekunden. John Cage, der größte Pausenspezialist unter den Komponisten, brachte sie 1952 zur Uraufführung – und provozierte damit einen Skandal. Seine Komposition 4'33 kann von jedem beliebigen Ensemble und Instrument dargeboten werden, vorausgesetzt, die Interpreten halten sich an die den drei Sätzen vorangestellten Angaben, die jeweils »tacet« (Stille) lauten. Das Schweigegebot macht die Pause hörbar, macht sie wahrnehmbar für die spontanen Geräusche der natürlichen Umwelt und der sozialen Mitwelt. Man hört den eigenen Herzschlag, das verdruckste Hin- und Herrutschen der Nachbarn, die klappernde Tür, das unterdrückte Kichern und Glucksen des überrumpelten Musikpublikums. Und siehe da, plötzlich hat man die Wahl, die Pause zu fürchten oder zu achten und zu lieben. Und man erkennt: Es gibt keine Stille, die nicht voller Klänge, und keine Pause, die nicht voller Bewegung wäre.

Die Diktatur des »Sofortismus« aber hat die Pause zu ihrem ungeliebten Gegenspieler erklärt. Aus Pausen wurden so Störungen, aus dem Innehalten ein Defekt. Im Sendebetrieb des Hörfunks wird im Falle einer unfreiwilligen Pause ab 30 Sekunden durch einen akustischen Alarmsummer eine Störung angezeigt. In den wenigen Daseinsbereichen, in denen Pausen weiterhin toleriert werden, sind sie – im besten Falle – zu einem Halbschattendasein verdammt. Pausen sollen, *müssen* »gefüllt« werden – so will es die Politik, wollen es die Wirtschaftsführer, so streben es die Freizeitindustrie wie das Fernsehen und das Internet in seltener Einigkeit an. Füllen jedoch will man sie nicht mit Ruhe, Stille und eventuell sogar Muße, sondern ausschließlich mit geldwertem Tun, mit Pausenprogrammen. Nur mehr eine radikale Minderheit kann der Leere zwischen dem Tun und dem Machen etwas abgewinnen. Nur mehr wenige verstehen es, mittels Pausen mehr Bewegung in ihr Leben und die Zeit zu bringen.

Dabei gibt es Pausen »in allen Größen« (Karl Valentin). Einige dauern nur Sekunden, andere mehrere Stunden, und zuweilen, wenn sie als Auszeiten daherkommen, ziehen sie sich gleich über mehrere Tage und Wochen. Imponieren können die Pausen mit einer Vielzahl von Namen. Deren Zahl steht in krassem Widerspruch zum einfältigen Umgang mit ihnen. In der Realität begegnen wir Kaffeepausen, Schulpausen, Frühstückspausen, Pinkelpausen, Arbeitspausen, Theaterpausen, Sendepausen, Zigarettenpausen, Denkpausen, Sprechpausen, Babypausen, Erholungspausen, Atempausen, es gibt Winter- wie Sommerpausen, und selbst Generalpausen befinden sich im Angebot. Darüber hinaus gibt es noch Pausen, die nicht so heißen, aber welche sind. Ältere Menschen sprechen beim Pausenmachen gerne vom Rasten, Jüngere, die das Gleiche tun, nennen es Chillen oder »hängen einfach mal eine Zeit lang ab«. Der eine nimmt eine Auszeit, die andere erlaubt sich eine Siesta.

Was wäre ein Leben ohne Träume? Ein Albtraum!

Pausen sind Zwischenzeiten. Sie eröffnen und bieten die Gelegenheit, zu sich zu kommen, und zwingen dabei doch nicht, bei sich bleiben zu müssen. Deshalb gehen sie auch häufig der Selbsterkenntnis voraus. Sie dienen dem Nach- und dem Vorausdenken, regen zum Phantasieren und Träumen an, forcieren das Abschalten und Verarbeiten in einem.

Pausen schaffen beides zugleich, Ordnung und Unordnung. Sie lassen Distanzen entstehen, vermitteln Orientierung und geben Gelegenheit, anders weiterzumachen. Sie regen an, den Richtungswechsel zu wagen, fördern den Möglichkeitssinn. Sie sind ein Einspruch gegen das Immer-weitermachen-Müssen. Gelassen kann nur sein, wer auch etwas sein lassen kann.

Die prominenteste Pause ist der Schlaf. Der Mensch macht sie nicht freiwillig. Es ist seine Zeitnatur, die sie verlangt. Im Durchschnitt »verschläft« der Homo sapiens annähernd ein knappes Drittel seines Lebens, 90-Jährige also etwa 30 Jahre. Das ist natürlich keine »verlorene« Zeit. Die Zeit des Schlafs ist vielmehr eine lebensnotwendige, eine unverzichtbare Zeitqualität. Der heilige Franziskus spricht vom »großen Bruder Schlaf«, ein Bruder, der für viele Zeitgenossen auf quälende Weise abwesend ist. Denn mehr und mehr Menschen erfahren heutzutage die Erholsamkeit des Schlafs nur mehr als etwas, das sie vermissen, mit der bedauerlichen Folge, dadurch um ihre Träume gebracht zu werden.

Für all die, die das Leben nicht leben, um es hinter sich zu bringen, sind Pausen Leuchttürme ihres Daseins. Sie weisen ihnen den Weg und bewahren sie davor, an den Untiefen ihres Tuns zu scheitern. Sie ordnen, orientieren, strukturieren und lassen eine Ahnung von dem entstehen, was nach ihnen kommt. Pausen sind Gelegenheiten, danach wieder gestärkt auf die Beine zu kommen und gekräftigt mit neuem Elan fortzufahren. Sie verhindern eine vorschnelle Anpassung an Bestehendes und Vorgegebenes, schaffen Abstand und machen im besten Sinne skeptisch, kritisch und urteilsfähig. Pausen sind Zeiten fürs Nachdenken und Vorausdenken, fürs Abschalten und Verarbeiten. Sie ermuntern, sich spielerisch zu erproben und Möglichkeiten auszutesten. Wenn eine Gemeinschaft glaubt, auf Pausen verzichten zu können, untergräbt sie das Fundament ihrer Existenz und verzichtet auf den Mutterboden ihrer Erneuerung.

»Wir müssen von Zeit zu Zeit eine Rast einlegen und warten, bis unsere Seelen uns wieder eingeholt haben.«

Indianische Weisheit

Der Weg zu Zeitwohlstand, Zeitzufriedenheit und einem zeitreichen und zeitsatten Leben führt durch die Doppeltüre von Pause und Ruhe. Kein Mensch kommt zur Besinnung, wenn er von Besinnung zu Besinnung, von Meditation zu Meditation eilt. Ohne hin und wieder stehen zu bleiben, ohne Innehalten geht es nicht, ohne Pausen kommt man nicht zu Sinnen. In einer sich mehr und mehr verdichtenden Welt sind Pausen als elastische »Entdichter« des Lebens notwendiger denn je. Im Getriebe einer stressenden und belastenden Alltagshektik sind sie unverzichtbare zeitliche Dehnungsfugen. Dabei sind jene Pausen, in denen man nicht gestört wird, nur mehr die zweitwichtigsten. Die wichtigsten Pausen sind diejenigen, in denen man sicher sein kann, nicht gestört zu werden. Sie erlauben – auch wenn's nur für kurze Zeit ist – den Ausstieg aus der Zwangsläufigkeit des Geschehens und garantieren, was wir »Freiheit« nennen. Hätte die Freiheit zwei Schwestern, dann hieße die eine von ihnen »Muße« und die andere »Pause«.

Die Pause ist der Rundumverwertung von Zeit in Geld im Wege. Sie steht damit heute unter Rationalisierungsdruck – und damit zur Disposition. Das ist mehr als bedauerlich, zumal sie ein Geschenk ist, das uns immer wieder über den Gartenzaun des Paradieses zugeworfen wird und das wir nur aufheben müssten, um uns als Beschenkte der Zeit zu fühlen. Um das tun zu können, müssten wir den Zeitgeist – ein schönes Bild von Francis Bacon – nicht nur mit Flügeln, sondern auch mit Bleigewichten ausstatten.

Versuchen Sie also, jenen Zeitgenossen nachzueifern, die »nicht im Handumdrehen mit einer Entsetzen einflößenden Geschwindigkeit mit ihrem Innen- und Außenleben fertig werden, als wären Menschen bloß Semmeln, die man in fünf Minuten herstellt und hierauf verkauft, damit sie verbraucht werden« (Robert Walser).

Ohne Pausen geht es nicht. Auch wenn uns die Vertreter der Rundumaktivität vorgaukeln, wir könnten pausenlos glücklich sein – glauben Sie Ihnen nicht! Wer sich keine Pausen gönnt, foltert sich. Unsere Zeitnatur gibt den Grundrhythmus vor: Anspannung und Entspannung, Aktivität und Passivität. Atemlos wird, wer den Vierschritt Einatmen – Pause – Ausatmen – Pause missachtet. Der Chronobiologe Christian Cajochen beschreibt es so: »Wer zehn Nächte hintereinander nur sechs Stunden schläft, befindet sich, was Leistungsvermögen, Reaktionsgeschwindigkeit, Gedächtnis und Urteilskraft angeht, in einem Zustand, als hätte er ein Promille Alkohol im Blut.« (Süddeutsche Zeitung Magazin: Heft 15/2014).

Würden Spitzensportler auf ihrem Weg zu Leistungssteigerungen keine Pausen machen, wären sie keine Spitzensportler. Oft bringt ihnen eine Pause mehr als zusätzliche Trainingsaktivitäten. Das trifft auch auf Spitzenmanager zu, die sich gerne mit Spitzensportlern umgeben und vergleichen. Jene, die sich für unentbehrlich halten und sich auch deshalb weigern, hin und wieder mal eine Pause zu machen, trifft man dann bei ihrer großen Pause in der Burn-out-Klinik an.

Auch geistige Leistungen, geistige Höchstleistungen umso mehr, sind ohne gelebte Pausenkultur undenkbar. Die Melodien von Reden, Vorträgen, Vorlesungen baut sich aus Worten und Pausen auf. Die Stille schafft eine Dramaturgie, die dem Gesagten Gewicht verleiht. Pausen sind eine Art zeitlicher Humus für Inspiration, Kreativität und Innovation, sie sind die Bedingung für deren Möglichkeit. Pausen sind auch dann, wenn in ihnen nichts getan wird, keine Zeiten, in denen nichts geschieht. Die Hirnforschung bestätigt, dass die Pause keine »Phase neuronaler Inaktivität« ist. Dasselbe gilt natürlich für die große Pause »Schlaf«. Deren Produktivität besteht unter anderem in dem Transfer des tagsüber Gelernten und/oder Erlebten, das einem nochmals »durch den Kopf« geht.

Wer nichts verpassen will und deshalb keine Pausen macht, versäumt sehr viel – das Innehalten, das Warten und das Erwarten. Und das Nichtstun.

Regel Nummer eins – und das ist keine Empfehlung, das ist ein »Muss«: Machen Sie Pausen.

Machen Sie ***regelmäßige Pausen*** und auch spontane, je nach Belastung, je nach Situation. Die regelmäßigen strukturieren den Alltag, schaffen Orientierung und entlasten von Zeitentscheidungen. Die spontanen dienen der Belastungsreduktion, der Erholung und der Wiederherstellung der Arbeitskraft.

▸ **Treibt Sie die Frage um: Was tun in der Pause?**
Dann lautet unsere Antwort: nichts oder das Gegenteil dessen, was Sie zuvor getan haben. Haben Sie lange gesessen, stehen Sie auf, sind Sie viel gelaufen, setzen Sie sich hin, haben Sie eine Menge geredet, tun Sie's in der Pause nicht, waren Sie alleine, dann suchen Sie den Kontakt zu Mitmenschen.

▸ **Hören Sie auf Ihren Körper. Er teilt ihnen verlässlich mit, wann Sie eine Pause brauchen.**
Unsere tagesrhythmische Zeitnatur verlangt neben der Schlafpause in der Dunkelheit auch um die Mittagszeit eine längere Pause. Die im Arbeitsbereich übliche 30-Minuten-Mittagspause ist zu knapp bemessen. Die ***Chronobiologen empfehlen eine Stunde*** als Minimum, in der man nicht nur die Arbeit unterbricht, sondern auch ausruht. Konkret: Füße hoch, Augen zu

und – wenn möglich – ein Kurzschlaf von 10 bis 15 Minuten. Zuweilen scheitert diese sinnvolle Art der Regeneration bei uns in Mitteleuropa an den Reaktionen der Mitwelt. In asiatischen Ländern ist das anders. Dort wird das kurze Einnicken in der Öffentlichkeit und auch am Arbeitsplatz eher akzeptiert, weil unterstellt wird, dass man seiner Zeitnatur nachgibt, um anschließend ***wieder produktiver*** tätig werden zu können. Auch hier in Europa sind Zeichen für ein Umdenken zu beobachten. Die ersten Unternehmen haben damit begonnen, Ruheräume einzurichten, und probieren, ihre innerbetriebliche ***Pausenkultur*** zu verbessern. Sie tun das in erster Linie, weil sie erkannt haben, dass Pausen, werden sie zum rechten Zeitpunkt gemacht, die Produktivkraft fördern.

▸ **Auch unsere Fähigkeit zu konzentrierter Aufmerksamkeit ist tagesrhythmisch unterschiedlich verteilt.**
In der traditionellen Literatur wird üblicherweise empfohlen, nach 60, allerhöchstens 90 Minuten konzentrierten aufmerksamen Zuhörens oder Lernens eine Pause zu machen. Das ist eine ***grobe Faustregel***, die bei konsequenter Befolgung häufig davon abhält, die Pausenhäufigkeit und die Pausenlänge nach der jeweiligen Belastung und der ***tagesrhythmischen Disposition*** auszurichten. Wir raten Ihnen, sich nicht starr an diese Faustregel zu halten, sondern, was die Pausenhäufigkeit und die Pausenlänge betrifft, sie an der jeweiligen ***Belastung*** auszurichten.

▸ **Ein Wort zu den Raucherpausen in der Arbeit:**
Bis vor nicht allzu langer Zeit hatten Raucher den Vorteil, dass sie eine ***sozial akzeptierte*** Rechtfertigung für ihre Pause hatten. Das hat sich geändert. Mit dem Verbot des Rauchens in öffentlichen Räumen wurde nicht nur das Rauchen verbannt, in vielen Fällen auch die damit verbundene Pause. Das ist aber nur dann plausibel, wenn man unterstellt, dass die Raucherpause wegen des Rauchens gemacht wird. Aber häufig wurde geraucht, um eine Pause zu machen. In diesem Fall ist es kon-

traproduktiv, mit dem Rauchen zugleich auch die Pausen abzuschaffen. Raucherpausen sind immer auch ein Indiz, dass jemand eine Pause braucht, und dieses Bedürfnis sollte man auch am Arbeitsplatz akzeptieren. ***Unser Rat: Ersetzen Sie Raucherpausen durch Nichtraucherpausen.***

▸ Schaffen Sie sich Pausenrituale.

Achten Sie aber darauf, dass es keine sind, die Sie noch zusätzlich stressen, weil Sie sie in dem sowieso schon engen Tagesablauf auch noch glauben unterbringen zu müssen. Schauen Sie sich in Ihrer sozialen Mitwelt um. »Ruheständler« beginnen den Tag gerne mit dem, was Hegel ***»Morgengebet der bürgerlichen Gesellschaft«*** genannt hat, mit dem ausgiebigen Lesen der Tageszeitung. Hundebesitzer und Hundebesitzerinnen lassen sich ihr Morgenritual von den Bedürfnissen ihres tierischen Mitbewohners diktieren. Danach gibt es eine Kaffeepause, die den Übergang markiert zu dem, »was heute zu tun ist«. Die Teeküchen in Bürolandschaften, die Kaffeeautomaten auf Laborgängen und in Werkstattecken sind fest installierte Aufforderungen zum Pausenmachen. Nutzen Sie Pausen, um Ihrem Alltag einen ***rhythmischen Verlauf*** zu garantieren, das gilt für Arbeit und Privatleben.

▸ Kämpfen Sie möglichst nicht gegen Ihr Schlafbedürfnis an.

Versuchen Sie vor allem nicht, den ***natürlichen Rhythmus*** von Aktivität und Passivität, Wachen und Schlafen außer Kraft zu setzen, um ihn dem Prinzip des pausenlosen Funktionierens zu opfern. Sie opfern dabei am wahrscheinlichsten sich selbst. ***Schlafmangel schwächt*** die Immunabwehr, belastet das Herz und den Kreislauf, macht gereizt und schädigt das Gedächtnis. Der Blick in den Spiegel nach einer schlaflosen Nacht macht das sichtbar. Glauben Sie denen nicht, die behaupten, sie würden mit drei bis vier Stunden täglichem Schlaf auskommen. Eine solche Behauptung zeigt vor allem, dass da einer bereits ***Opfer seines Schlafmangels*** geworden ist. Der Mensch hat ein Recht auf Schlaf und auf Pausen, ein Recht, das man dadurch verteidigt, indem man es ausübt.

▸ **Wie viel besser wäre es um unsere Politik, aber auch um unser Alltagsleben bestellt, wenn wir der Tradition der Jesuiten folgen würden und vor Entscheidungen ein einstündiges »Silentium« (eine stille Pause) einführen würden!**
Die Jesuiten sahen darin die Chance, dem Heiligen Geist eine Möglichkeit zu geben, die Entscheidung mit zu beeinflussen. Es gibt auch noch andere gute Gründe, dieses Verfahren zu empfehlen – und man muss für sie nicht Kirchenmitglied sein.

▸ **Meiden Sie Personen, die Ihnen Pausenprogramme aufschwätzen wollen.**
Das tun sie nur aus einem Grund: Sie wollen daran verdienen. Gehen Sie auch auf Distanz zu sogenannten Pausenfüllern, seien Sie standhaft gegenüber Angeboten, die Ihnen versprechen, mit ihnen oder ihren Produkten die Pause zu verbringen. Glauben Sie nicht, dass alle Pausen lila sind und man unbedingt eine braune Limonade in der Pause trinken soll. Üben Sie sich in solchen Fällen in der ***Kunst des »Weglassens«***. Das Beste, was Sie in der Pause tun können, ist, sich am Verstreichen der Zeit zu erfreuen, um Ihren Möglichkeitssinn für das Unvorhersehbare zu fördern. Spielen Sie in den Pausen, am besten mit der Zeit.

▸ **Die Pause ist ein Trainingsgelände fürs Zwecklose.**
Sie sollten es stets dann aufsuchen, wenn Sie das Gefühl haben, mal etwas anderes, mal etwas Entspannenderes zu brauchen. Klar, wenn Sie meinen, es tut Ihnen gut, können Sie in der Pause auch Entspannungsübungen machen. Sie können sich aber auch an einem schönen Tag unter einen blühenden Apfelbaum legen und ***in den Himmel schauen.*** Auch das entspannt – ist aber keine Übung, an der jemand Geld verdient.

▸ **Falls Sie die Möglichkeit haben – und die haben einige häufiger, als sie denken –, durch zeitorganisatorische Entscheidungen Einfluss auf Ihr Umfeld zu nehmen, denken Sie daran:**
Die Pausenkultur zählt zu den wichtigen Faktoren für Arbeitsmotivation, Leistungsniveau und Wohlergehen. Die formellen und auch die informellen ***Pausenregeln und Pausengewohnheiten*** sollten zu einem gemeinsamen Thema gemacht werden. Das gilt besonders dort, wo viel in Teams und Projektgruppen gearbeitet wird. Zur Sprache kommen sollten dabei sowohl die unterschiedlichen ***Pausenbedürfnisse*** der Einzelnen als auch der Regelungsbedarf der Organisation.

Merke: Die besten Pausen sind die, die man macht, bevor man sie braucht!

Und jetzt: Machen Sie am besten eine Pause, eine Pause ohne Pausenprogramm – so ganz nach Ihrem Gusto.

Muße und Müßiggang – vom süßen Nichtstun

Der Mensch, so Aristoteles, lebt um der Muße willen. Eine schöne Idee. Der Alltag sieht anders aus. Zeiten und Orte der Muße sucht man in ihm meist vergebens, stattdessen sind all überall Spuren des eiligen Geistes und jene vom Teufel gerittene Betriebsamkeit zu finden, die Goethe für »veloziferisch« hielt, ein Ausdruck, in dem er das Teuflische und das Rad zusammenband. Wer von uns überdrehten Zeitgenossen lädt die Zeit noch zu sich ein, um mit ihr den Augenblick zu genießen? Wo findet man die Zeitoasen der Beschaulichkeit, die sich den Fristen, Terminen und Deadlines verweigern und in denen die fruchtbaren Momente herrschen, wenn man bei sich und sich selbst genug ist? Muße – so nennen wir heute eine uns fremd gewordene Zeiterfahrung. Und fremd ist sie uns, weil wir die Sterne, die wir ununterbrochen greifen sollen, nicht einmal erst anschauen – um es dann, zumindest hin und wieder, beim Betrachten zu belassen.

»Selig«, heute würden wir »glücklich« sagen, kann man auf ganz unterschiedlichen Wegen werden. Die Philosophen des Mittelalters kannten noch zwei Pfade, die zu einem erfüllten Leben führten: einen über die Aktivität *(vita activa)* und einen zweiten über das Beschauen, die Beschaulichkeit, die Kontemplation *(vita contemplativa)*. Den über die Aktivität haben wir längst zu einer mehrspurigen Schnellstraße ausgebaut, jenen über die Beschaulichkeit hingegen zum unattraktiven Grünstreifen zwischen vielfältigen Hochgeschwindigkeitstraßen verkommen lassen.

Die endlose Hektik, der immerwährende Zeitdruck und die unaufhörliche Ungeduld hindern uns daran, die Muße, wie der Romantiker Schlegel es so schön formulierte, als den »letzten Rest von Gottähnlichkeit, die uns aus dem Paradies noch blieb«, zu erkennen. Muße ist eine Zeiterfahrung jenseits der Ungeduld, der Geschäftigkeit und der Unruhe, sie ist eine fruchtbare Zeitoase der Zeitlust. Die Zeit spielt in Mußezeiten keine Rolle. Mußezeiten sind zeitlose Zeiten. Die Zeit ist kein Thema, man denkt nicht an sie, misst sie nicht, kalkuliert nicht mit ihr, und schon gar nicht managt oder spart man sie. In den Gärten der Muße ist die Formel »Zeit ist Geld« unbrauchbar. Mußezeiten trifft man nur jenseits der Terminkalender an, jenseits der Deadlines und des routinierten Blicks auf die Uhr. In den Bereich der Muße gelangen nur die, denen es gelingt, die Territorien der zählbaren Zeit und die Herrschaftsgebiete der Zeiger und Ziffernblätter zu verlassen. Rousseau, der in den Gärten der Muße schlenderte, schildert in seinen Bekenntnissen, wie es ihm dabei erging: »Die Muße, die ich liebe, ist nicht die eines Nichtstuers, der mit gekreuzten Armen in völliger Untätigkeit verharrt und nicht mehr denkt, als er handelt … Ich beschäftige mich gerne mit Nichtigkeiten, beginne hundert Dinge und vollende nicht eins, gehe und komme, wie es mir einfällt, wechsle in jedem Augenblick den Plan, folge einer Fliege in all ihren Flügen …, kurz, ich schlendere am liebsten den ganzen Tag ohne Plan und Ordnung umher und folge in allem nur der Laune des Augenblicks.«

Muße, das ist verfügbare Zeit, über die nicht verfügt wird, ist der Zustand zeitlicher Offenheit, bei dem man sich in den Fluten und Wellen der Zeit hin und her treiben lässt. Man schaukelt im zeitlichen Auf und Ab, bleibt dabei unbestimmt und wandlungsfähig. Die Zeit zeigt sich im Zustand der Muße als Freundin, sie kommt einem ganz nah, wird aber nicht zum Thema. Sie bietet einem den Arm, und wenn man die Gelegenheit ergreift, dann kann man mit ihr gemeinsam durchs Wirkliche und Unwirkliche flanieren. Das alles lässt sich nicht planen, man kann es nicht kalkulieren und auch nicht zielstrebig aufsuchen. Die Zeiten kommen auf einen zu, sie ereignen sich. Man muss bereit sein, sich vom Alltagsgetümmel zu entfernen, um sich bereitzuhalten, den Augenblick zu ergreifen und zu genießen. Man kann die Bedingungen für Mußeerfahrungen herstellen, aber die Erfahrung eines so selbstgenügsamen Zustands kann man nur erhoffen – beherrschen kann man ihn nicht. Den Angestrengten und Zeitraffern verweigern die Türwächter den Zugang zum Reich zeitloser Unangestrengtheit, in der sie befreit von den dunklen Flecken der Vergangenheit und den Sorgen um die Zukunft die Zeit genießen können.

Der Gott der Muße ist Kairos. Als Personifikation des rechten, des günstigen Augenblicks und der ungeplanten Gelegenheit haben die Griechen der Antike ihn sich einfallen lassen. Ausgemalt haben sie ihn sich als ein göttliches Wesen von leichtfüßiger Gestalt, mit kahlem Hinterkopf und Stirnlocke, an der man den schicksalhaften Moment, den günstigen Augenblick festhalten kann.

Was unterscheidet die Muße vom Müßiggang und vom Nichtstun? Ohne eine Tiefenbohrung in die Geschichte der Bedeutungsveränderungen lässt sich auf diese Frage keine befriedigende Antwort finden. Was das »Nichtstun« betrifft, so hatte die Antike dazu ein durchaus zwiespältiges Verhältnis. Sofern das Nichtstun weder Würde noch Ehre verletzte, galt es als durchaus akzeptiertes, zuweilen auch anerkanntes, hin und wieder sogar geschätztes Verhalten. Der wohl bekannteste antike Repräsentant des anerkannten Nichtstuns ist der »Geh-mir-aus-der-Sonne«-Diogenes. Dieser wortkarge Stadtstreicherphilosoph demonstrierte in der Öffentlichkeit, wie wenig irdische Güter man zum Leben braucht, mit welch geringen Mitteln man zufrieden und bei sich sein und bleiben kann. Dafür und ob seiner Klugheit, seines Muts und seiner Bereitschaft zum Verzicht, so berichtet eine verbreitete Legende, schätzte und bewunderte ihn sogar Alexander der Große. Der von Diogenes demonstrativ vorgelebten asketischen Daseinsform des scheinbaren Nichtstuns hat man im alten Griechenland den Wert und das Ansehen der Muße zuerkannt. Sokrates sah in dieserart bewusst gewählter Existenz die »Schwester der Freiheit«. Erhalten hat sich dieser freiheitliche Akzent des Nichtstuns bis heute, unter anderem in Heinrich Zilles Spruch: »Wie herrlich ist es, nichts zu tun / und dann vom Nichtstun auszuruhn!« Zilles Verse stammen allerdings schon aus einer Zeit, in der das Nichtstun bereits einen erheblich weniger positiven

Ruf hatte. Doch zuerst noch einmal zurück in die Geschichte des begrifflichen Bedeutungswandels.

Das Mitteldeutsche »muoze« schloss an die antike Wertschätzung der »Muße« an. »Muoze« hatte ursprünglich die Bedeutung von »freier Zeit«, stand für einen »Spielraum für etwas nicht vorab Bestimmtes und Geregeltes«. In der mittelalterlichen Philosophie und Theologie besaß die *vita contemplativa*, das beschauende, beschauliche Dasein, einen hohen, der Arbeit *(vita activa)* zuweilen sogar übergeordneten Status. Selbst der strenge Thomas von Aquin sah die Kontemplation der Arbeit überlegen: »Es ist also zu sagen, dass das beschauliche Leben schlechthin besser ist als das tätige Leben.« Die *vita contemplativa* kam dem, was wir gemeinhin mit »Muße« bezeichnen, sehr nahe, nicht zuletzt, weil sie dem schauenden und dem beschaulichen Dasein einen so hohen Stellenwert einräumt. Das hat sich gegen Ende des Mittelalters verändert. Das Historische Wörterbuch der Philosophie spricht hier vom »Verlust« der *vita contemplativa* in der Epoche der Moderne.

Zu Beginn der Neuzeit kam es im Rahmen der Aufwertung der Arbeit und des Arbeitsbegriffs zu einer Neu- bzw. radikalen Umwertung des Zeithandelns. Als sich die Arbeit von einem notwendigen Übel zu einer heiligen Pflicht wandelte, rückte die »Muße«, bis dahin dem beschaulichen Leben, der *vita contemplativa*, zugerechnet, in ihrer Wertschätzung und ihrem Ansehen in die Nähe des lasterhaften Müßiggangs, der Trägheit und Faulheit.

Für Luther war Muße ein Schritt hin zum Müßiggang, und Müßiggang war bei ihm ähnlich verachtenswert wie Fressen, Saufen, Spielen, Tanzen und Unkeuschheit. Müßiggang war für ihn des Teufels Ruhebank. Und doch hielt er sich ein Türchen für eine weniger strenge Bewertung offen. Er sprach nämlich meist nicht von »Müßiggang«, sondern von »faulem Müßiggang«, was anklingen ließ, dass der Müßiggang nicht rundum zu »verteufeln« war, sondern eben nur der »faule« Müßiggang. Zwischen Müßiggang und Muße lässt Luther zumindest einen Türspalt offen. Was er am Müßiggang moralisch verdammt, hat mit dem kontemplativen Dasein wenig gemein, dafür eher mit der ausdrücklichen Verweigerung von Arbeitsfleiß, Mühe, Gehorsam und Verlässlichkeit. So hat der Protestantismus einen großen Anteil daran, dass Muße immer weniger erstrebenswert und die Mußezeit und der Mußeraum über die Jahrhunderte hinweg brüchiger und brüchiger werden.

Dass Mußezeiten fast schon ebenso missbilligt wurden wie der lasterhafte Müßiggang, ergab sich aus der neuen Zeitwahrnehmung und den veränderten Zeiterfahrungen, aber auch aus einem anderen Umgang mit Zeit. Die neue Zeiterfahrung führte zur Maßregelung und nicht selten auch zur Diffamierung jener Zeitgenossen, die sich, was ihren Arbeitseifer betraf, aus welchen Gründen auch immer zurückhielten oder die Arbeit ganz verweigerten.

Mit der Erfindung und Verbreitung der mechanischen Uhr gegen Ende des Mittelalters hatten sich das Zeitverständnis und Zeiterleben in Europa aber auf radikale Art und Weise verändert. Die Uhr und ihre quantitative Zeit prägten hinfort das Zeithandeln und dessen Bewertung. Erstmals in der Geschichte wurden »Zeit« und die Art und Weise, wie man mit ihr umgeht und umzugehen hat, zu einem Thema. Zeit durfte, sollte und musste schließlich »genutzt« werden. Jene Bürger und Bürgerinnen, die das nicht oder nur ungenügend taten, wurden als Müßiggänger abgestempelt. Seitdem die Gesellschaft sich über Arbeit definiert – frei nach Schillers Motto: »Arbeit ist der Bürger Zier …« –, herrscht die Moral: »Müßiggang ist aller Laster Anfang.« Wo man nicht arbeitet, um zu leben, sondern lebt, um zu arbeiten, wird Müßiggang rabiat verurteilt und Nichtstun moralisiert, ebenso und schlimmer noch die Faulheit.

Andererseits aber kennen wir aus der Zeit der beginnenden Moderne einen auf Machtdemonstration hin ausgerichteten »aristokratischen Müßiggang«. Dieser Müßiggang der aristokratischen Klasse galt nicht als Arbeitsverweigerung, sondern als eine Form höfischer »Arbeit«. Er war Teil des Hofzeremoniells und unterlag strengen Regeln und Ritualen, die von den jungen Adligen im Rahmen ihrer Standeserziehung erlernt werden mussten. Paradox formuliert: Aristokratischer Müßiggang war ein wichtiger Teil der Aristokratenarbeit.

Mit der Aristokratie ging schließlich auch diese Form des Müßiggangs unter. Die mit der Aufklärung und der industriellen Revolution an die Stelle des Adels getretenen Industriebarone unterwarfen sich – auch unter dem Aspekt ihrer Vorbildfunktion – mehrheitlich jener Arbeitsmoral, die sie auch ihren Arbeitern vorschrieben. Sie zeigten sich fleißig, pünktlich und strebsam und mussten damit rechnen, falls sie das nicht waren, wie ihre Arbeiter als »Müßiggänger« etikettiert zu werden. Während Aristoteles die Muße noch dem Tätigsein zuordnete, ist das für die, die über die Alltagsmoral der industrialisierten Menschen entscheiden, nicht mehr der Fall.

Mit dem Ende der Industriegesellschaft, deren Zeugen und Mittäter wir sind, deutet sich eine erneute Bedeutungsverschiebung und Umwertung dessen an, was man unter Muße, Müßiggang und Nichtstun versteht. Basis dafür sind die entstandenen Möglichkeiten, mit den Versprechen auf Muße und Mußezeiten, dem »Dolce far niente« und auch dem Nichtstun, Geschäfte zu machen. Der nachindustriegesellschaftliche Kapitalismus macht heute zu seinem Antrieb, was er, als er noch modern war, für ein Hindernis hielt. Aus den Problemen, den Schäden, die er verursacht, schlägt er Profit. Mit dieser paradoxen Logik im Rücken wurde die Sehnsucht nach Muße, wurde der Müßiggang, eingeschlossen die Zeiterfahrungen des »Ausstiegs« und des Nichtstuns, inzwischen in den Geldkreislauf des Konsums integriert und zu profitablen Angeboten der Marktsegmente »Wellness« und »Entschleunigung«. Es ist heute relativ unproblematisch – immer vorausgesetzt, man hat zuvor in guter Position fleißig gearbeitet –, sich einen halbjährigen Müßiggang, eine Nichtstun-Auszeit zu nehmen. Zuweilen kann man sogar auf einen Firmenzuschuss spekulieren, wenn man sich zum Kursus »Angeleitetes Faulsein« im Rahmen eines Power-Wellness-Wochenendes anmeldet.

Eine Gesellschaft, die Zeit nur noch in der Form des Hochbetriebs kennt und ihren Wachstumsfetischismus mit endlosen und maßlosen Steigerungen des Tempos füttert, macht es ihren Mitgliedern schwer, schlichte Muße als einen sinnvollen und erstrebenswerten Zustand zu begreifen.

Der als Wegweiser sonst eher reservierte Adorno hat in den Reflexionen seiner »Minima Moralia« den Mut gefunden, die Richtung in eine mußefreundlichere Gesellschaft zu skizzieren: Diese nämlich ließe auch einmal Möglichkeiten ungenutzt, »anstatt unter irrem Zwang auf fremde Sterne einzustürzen«. Die Bedingungen hierfür würden sich verbessern, wenn die Menschen nicht so viel Angst haben müssten, den Anschluss zu verpassen, weniger fürchten müssten, etwas zu versäumen oder vom rasenden Zeitgeist abgehängt zu werden. Richtschnur einer mußefreundlichen Gesellschaft wäre es dann, nicht mehr in erster Linie den materiellen Lebensstandard zu steigern, sondern persönliches Wohlergehen; statt Steigerung des Güterwohlstands Steigerung des Zeitwohlstands. »Mehr Muße« hieße dann auch der Ausweg aus dem Alltagsdilemma, entweder vom Leben bestraft zu werden, weil man zu schnell ist, oder vom Chef gerügt zu werden, weil man zu langsam ist.

»Nichts, wenn man es überlegt, kann dazu verlocken, in einem Wettrennen der Erste sein zu wollen.«

Franz Kafka

Das Bedeutungsspektrum von »Muße« und »Faulheit« ist nicht über alle Zeiten hinweg gleich geblieben. Die sich immer wieder verändernden Lebenswirklichkeiten verlangten ganz besonders in jenen Zeiten, als die Tugend- und Lasterkataloge Neubewertungen erfuhren, dass Traditionsballast abgeworfen werden musste. Mal nähern sich die Bedeutungen und Wertigkeiten an, dann wieder trennen sie sich, um Unterschiedliches zu akzentuieren – und zuweilen verschwand die Muße sogar unter dem weiten Mantel der Faulheit. Das alles nachzuzeichnen würde den Rahmen sprengen. Machen wir's daher kurz: Faulheit und Muße sind nicht dasselbe. Faulheit ist eine Verweigerungshaltung. Muße ist dies gerade nicht. Hieß »Faulheit« im Mittelalter, dem Teufel Raum zu geben, so ist der schlechte Ruf, den die Faulheit heute besitzt, kein Höllenprodukt, sondern eines der kapitalistischen Arbeitsmoral. Erst als man sich entschloss, eine Leidenschaft zur Verrechnung von Zeit in Geld zu entwickeln und diese zu belohnen, wurde der Vorwurf der »Faulheit« zu einer Art Rüge, die für die Gerügten gravierende negative Folgen hatte. Im Unterschied zur antiken Verachtung der Arbeit wurde vor allem in den protestantischen und calvinistischen Regionen Europas Arbeit zur Tugend und zur Pflicht. Faulen und jenen, die man für »faul« hielt, wurde der »Faulteufel« in Arbeits- und »Zuchthäusern« ausgetrieben. Seither ist die Nachsicht gegenüber dem Nichtstuer und dem Müßigen erheblich geschrumpft. Inzwischen geraten schon alle unter Rechtfertigungsdruck, die am Feierabend einfach nur mal einige Zeit vor sich hindösend im Sessel sitzen möchten.

Urlaubstage eignen sich gut zum Ab- oder Umschalten, mit »Muße« aber sollte man Ab- und Umschalten nicht verwechseln. Zwar gibt es Zeitbedingungen, die Mußeerfahrungen befördern, eine Garantie aber geben auch Ferien und Urlaub nicht. Sowenig unser Wohlergehen und Glücksempfinden – ab einem bestimmten Niveau – mit dem Einkommen steigen, so wenig erweitern sich die Chancen auf Mußeerfahrungen mit der Zahl der Urlaubstage. Muße ist nicht das, was wir Freizeit, und auch nicht, was wir Erholung, Entspannung oder Urlaub vom Alltag nennen. Ähnlich verfehlt ist es, die Zeiten, zu denen man seine Hobbys pflegt, in denen man endlich mal wieder ausschläft oder das macht, was man immer schon mal gerne machen wollte, Mußezeiten zu nennen. Ebenso wenig sind jene Zeiterfahrungen mit »Muße« zu verwechseln, die sich die Amerikaner und immer öfter auch die Europäer als »Quality Time« schönreden.

Muße ist keine Kategorie, die in Prospekte von Reiseveranstaltern und Anbietern von Wellnessaufenthalten gehört, obgleich dagegen häufig verstoßen wird. Sie eignet sich auch nicht für eine jener Optionen, die man bei der Buchung eines All-inclusive-Arrangements schnell mal ankreuzt. »Muße« ist nicht einmal der zutreffende Begriff, wenn es sich um das Angebot zu einem Selbstbesinnungstrip auf dem Rücken eines Kamels durch die Wüste handelt. Mit Freizeit hat Muße so viel, oder besser, so wenig zu tun wie der Kuckuck mit der Zeit. Die Zeitinstitution »Freizeit« ist im 19. Jahrhundert als Reaktion auf die Belastungen der Industriegesellschaft und deren überlange und stressige Arbeitszeiten erfunden worden. Durch den inzwischen längst auch rechtlich abgesicherten Anspruch auf Freizeit haben sich jedoch die Bedingungen für Mußezeiten nicht wirklich verbessert.

Freizeit ist nicht dasselbe wie »freie Zeit«. Freizeit ist erwerbsarbeitsfreie Zeit. Sie ist insofern an die Arbeitszeit gebunden, als sie die andere Seite des zweckgerichteten Tuns ist, die Zeit der Wiederherstellung der verbrauchten Arbeitskraft. Etwas völlig anderes hingegen sind Mußezeiten. Diese verweigern sich dem Gegensatz von Arbeit und Freizeit, der das Dasein in modernen Gesellschaften prägt. Sie kennen keine Planung und kein abzuarbeitendes Programm, sind kein absichtsvolles Tun. Mußezeiten dienen nicht, wie die Freizeit das tut, der Erholung von Arbeitsbelastungen und auch nicht der Wiederherstellung der Arbeitskraft. Sie sind nicht der Brandschutz vor dem drohenden Burn-out und sind auch nicht da, um Lebensräume abzusichern, in denen man kein »Befehlsempfänger« ist. Die Freizeit ist es nicht, die die Tore zur Muße öffnet. Sie kann zwar die Bedingung dafür verbessern, garantieren aber kann sie diese nicht. Und noch etwas unterscheidet die Freizeit von der Muße: Freizeitliche Zeiten können langweilen, Zeiten der Muße tun das nie. Freizeit ist befristet, Muße aber verweigert sich jeglicher Fristsetzung. Sie ist, formal gesehen, ein Mangel an Zeitmangel. Inhaltlich betrachtet, ist sie tätiges Freisein, lebendige Ruhe. Die Muße ist das Versprechen, ein Leben auch jenseits der Mühen des Alltags führen zu können. Sie lässt sich weder mit dem Terminkalender in der

Hand noch mit der Uhrzeit planen. Man kann sie auch nicht, wie man das mit der »Freizeit« oder mit der Vereinbarung eines regelmäßig wiederkehrenden »freien Mittwochnachmittags« machen kann, als Rechtsanspruch absichern. Verbessern, herstellen und organisieren kann man manchmal die Bedingungen für ein mögliches Eintreten von Mußezeiten und Mußeerfahrungen. Fragt man, wie diese aussehen könnten, dann wären an erster Stelle zu nennen: Gelassenheit, Langsamkeit, ein rhythmisiertes Alltagsleben und die Fähigkeiten zur Selbstgenügsamkeit, zur Selbstbeschränkung und zum Verzicht.

Muße, das ist so etwas wie der gedehnte rechte Augenblick, ein Verweilen als selbsttragender Zustand, der nicht um äußerer Zwecke willen angestrebt wird und auch nicht angestrebt werden kann. In Mußezeiten kommt die Zeit auf einen zu. Man gewinnt Abstand zum Getriebe des Alltäglichen und von den Zwängen und Sorgen des Daseins, um sich dem Seienden hinzugeben. Arbeit ist das nicht, anstrengend aber kann das durchaus sein, denn ohne Aktivität wird man den Zustand der Muße nicht erreichen. Christoph Wilhelm Hufeland hat es auf den Punkt gebracht. Er sah in der Muße eine »gesteigerte Empfänglichkeit, ein Tun, das nicht aus dem Zwang der Not kommt, nicht aus der Gier nach Gewinn, nicht aus dem Gebot der Pflicht, sondern allein aus der Liebe und der Freiheit«.

Muße hat weder Zweck noch Ziel. Sie ist zwecklos und nutzlos, sinnlos ist sie aber nicht. Ein Leben, das mit dem Anspruch gelebt wird, zeitsatt und gelungen gelebt zu werden, kann auf Mußezeiten nicht verzichten. Aber man muss wahrscheinlich auf sie verzichten, wenn man das Ziel hat, so viel wie möglich in die Lebenszeit hineinzupacken.

Muße ist immer beides zugleich: Tun und Sein, Seinlassen und Tätigwerden. Wenn Arbeit Zeitversessenheit ist, so ist Muße Zeitvergessenheit. Muße ist ein dem Augenblick zugewandtes Zeitleben und Zeiterleben, und das verbindet sie mit der Liebe. Und in solchen Zeiten erfährt man, was Hölderlin beschreibt: »Sorglos schlummert die Brust und es ruhn die strengen Gedanken.«

Was tun?

Es gibt Erlebnisse und Erfahrungen, die lassen sich nicht im Voraus planen. Sie passieren einfach.

Sie passieren aber nur, wenn man nicht versucht, sie gezielt herbeizuführen. Es ist ihre Unplanbarkeit, die ihre Attraktivität ausmacht. Das gilt für die Liebe, und das gilt auch für die Muße und die Stunden des Selbst- und Weltvergessens.

Trotzdem: Kann man Muße lernen, kann man sie vielleicht erneut lernen? Und wie könnte das gehen, wenn das, was wir »Muße« nennen, in erster Linie eine Frage des »Lassens« und nicht eine des »Tuns« ist? Auch wenn es keine handfesten alltagspraktischen Tipps gibt, hier doch einige Hinweise. Sie sind nicht ohne Haken und Widerhaken, denn sie können nur darauf hinauslaufen, womöglich die Bedingungen für die Lustversprechen der Muße zu ermöglichen.

▸ **Verplanen Sie nicht sämtliche Zeiten des Tages, lassen Sie Raum für Offenes und Überraschendes.**
Verabschieden Sie sich von der Vorstellung, alle Zeit in den Griff bekommen zu können. Sorgen Sie für *Zeitinseln* im Fluss der Zeit. Gehen Sie nicht auf die Zeit zu, um diese zu managen und mit Terminen und Fristen zu verplanen. Geben Sie ihr die Chance, auf Sie zuzukommen. Gelingen kann das nur, wenn Sie hin und wieder mal *auf Abstand* zu jenen Kleingeräten gehen, die Sie zu ihren dauererreichbaren Dienstboten machen, die stetig betteln, von Ihnen mit Aufmerksamkeit gefüttert zu werden. Und noch etwas: Glauben Sie denen nicht, die der Zeit, wo immer sie können, ein Preisschild um-

hängen. »Time is honey«, nichts anderes ist Muße. Üben Sie sich im ***Zeitverlieren*** und im ***Verschwenden*** der Zeit, und glauben Sie dem Gerücht nicht, es gäbe »verlorene« Zeiten. Stündlich kommt neue nach! Ganz sicher!

▸ **Der Königsweg zur Muße ist der Umweg.**
Für diejenigen, die dafür gerne einen Wegweiser hätten, eine Empfehlung: Man suche sich einen Gegenstand – das kann ein Baum sein, eine Landschaft, ein Bild, eine Blume – und betrachte diesen Gegenstand konzentriert, schiebe nach und nach die einem zufliegenden, ablenkenden Gedanken weg und bemühe sich, mehr und mehr zu einer Art innerer Ruhe zu kommen. Erhält der betrachtete Gegenstand nach und nach eine besondere Bedeutung, entdeckt man an ihm neue, bisher unentdeckte Seiten, ist man auf dem richtigen Weg. Die Unrast fällt ab, die Ungeduld entfernt sich, die ***Lustversprechen der zeitlosen Zeit*** werden nach und nach erfüllt.

▸ **Sie können die Zeit für sich aber auch wieder folgendermaßen als Freundin zurückgewinnen:**
Setzen Sie sich in einen Sessel, oder lehnen Sie sich entspannt an einen Baumstamm, setzen Sie Kopfhörer auf, und hören Sie sich Simon & Garfunkels kontemplativen Song »Feelin' Groovy« über die Annehmlichkeiten des temporeduzierten Lebens und den Genuss der Dauer an.

Machen Sie statt einer »To-do-Liste« eine »Let-it-be-Liste«. Notieren Sie am Abend, was Sie am nächsten Tag sein lassen können, worauf Sie verzichten werden; und dabei immer schön bescheiden bleiben, sonst schaffen Sie's nicht. Wichtig ist nur, dass Sie das, was Sie sich vorgenommen haben, auch wirklich sein lassen. Folgen Sie dem Leitspruch des amerikanischen Schriftstellers Henry David Thoreau: »Ein Mensch ist reich, gemessen an den Dingen, ohne die er auskommen kann.« Widerstehen Sie der Versuchung, die frei gewordene Zeit irgendwie zu füllen, lassen Sie die Zeit auf sich zukommen. Dann hat die Muße eine Chance.

Muße ist ein Zustand, der dann erreicht ist, wenn Sie die Fliege wahrnehmen, die aufgeregt brummend versucht, durch das geschlossene Fenster zu kommen. Wenn Sie das auf dem Tisch liegende Magazin ignorieren und nicht darin blättern, wenn Sie nicht wissen, wo das Mobiltelefon liegt, und auch nicht nach ihm suchen. Tee trinken, das wäre hilfreich, und, in einem Sessel sitzend, dösend der Zeit beim Vergehen zusehen, noch hilfreicher.

Schätzen und pflegen Sie die kleinen Fluchten des Alltags: das ausgiebige Sonntagsfrühstück, das ausgiebige Bad am Samstagabend, das zeitlose Spiel mit den Kindern, das zehnminütige Dösen und »Hängenlassen« nach dem Mittagessen usw. Auch wenn sie nicht das sind, was man als Muße versteht, so gehören diese Zeiten zu einem Leben, das Mußezeiten kennt und pflegt.

Üben Sie sich im Zeitverlieren und im Zeitverschwenden, und hören Sie auf, Ihre Zeiten nach gewonnener oder verlorener Zeit einzuteilen und zu unterscheiden. Es bringt nichts, denn tagtäglich kommt ja neue Zeit nach – so sicher, wie es auch jeden Tag dunkel wird.

Langeweile – lange Weile

»Stell dir vor, du gehst in dich und findest nichts.« Was dann? Dann, ja dann ist es langweilig, unendlich langweilig. Wer in diesem Zustand auf die Idee kommt, den Fernseher einzuschalten, rasch eine Reise bucht, zum Shoppen in die Stadt geht oder auch nur kurz mal irgendwo anruft, ist verloren, verloren an die Langeweile und die leeren Untiefen des Selbst. Wer das tut, dem geht's wie Robert Gernhardts Reimfigur:

»Ich horche in mich rein,
In mir muss doch was sein.
Ich hör nur ›Gacks‹ und ›Gicks‹:
In mir da ist wohl nix.«

Problematisch ist nicht jener Zustand der leeren, der nicht vergehen wollenden Zeit, den wir mit einem unscharfen Begriff »Langeweile« nennen. Problematisch ist die Ungeduld, mit der man sie gemeinhin zu vertreiben sucht. Wer die Langeweile, dieses »Gift des Behagens« – wie Heimito von Doderer sie nennt –, möglichst schnell loswerden will, wer sie nicht aushält und nicht fähig oder willens ist, sie zu durchstehen, erreicht genau das Gegenteil von dem, was er will: Er erhöht das Tempo ihrer Wiederkehr.

Langweilig ist nicht irgendetwas, kein Buch, kein Meeting, kein Vortrag, kein Fußballspiel, keine Landschaft. Langweilig bin ich immer nur mir selbst. Kann man nichts mit sich selbst anfangen, ist man sich selbst nicht genug, geht man sich selbst aus dem Weg, dann wird's einem langweilig. Und wenn in solchen Momenten dann auch die Frage nach dem Sinn allen Tuns gefährlich nahe kommt und nicht abzusehen ist, was dabei als Antwort herauskommt, dann liegt es nahe, das Smartphone aus der Tasche zu ziehen und mal nachzusehen, ob jemand eine SMS geschickt hat, oder durch einen Knopfdruck auf eine der herumliegenden Fernbedienungen das bedrohliche Selbst und alle Sinnfragen auf Sicherheitsabstand zu bringen. Kurzum: Man lenkt sich ab.

Der Kampf gegen die Langeweile ist kontraproduktiv. Es gibt keinen schnellen Weg aus der Langeweile heraus. Alle Abkürzungen führen tiefer in sie hinein. Denn, so Friedrich Nietzsche: »Wer sich völlig gegen die Langweile verschanzt, verschanzt sich auch gegen sich selbst« – und landet beim Paradox von der Verlängerung der Langeweile durch den Kampf gegen sie. Je mehr man gegen die Langeweile tut, umso langweiliger wird's. Es gibt nur einen Weg aus der Langeweile heraus. Das ist – auch wenn er zuweilen lang dauert – der kürzeste und erfolgreichste: Er führt durch die Langeweile hindurch. Langeweile bekämpft man am ehesten durch Geduld zur Langeweile. So wie es keine Abkürzungen gibt, so auch keine Ausweichrouten und Umwege.

Vergeblich auch die Flucht in die hochbeschleunigte Zerstreuungsöffentlichkeit – zu den flimmernden flachen Bildschirmwelten. Sie vermehren und vertiefen durch die Schnelligkeit ihres Programmwechsels jenen Zustand des Selbst- und Sinnverlusts, den zu vertreiben sie vorgaukeln. Im besten Fall gelingt es ihnen, die Langeweile für eine kurze Zeit erträglicher zu machen, indem sie sie ein wenig abwechslungsreicher gestalten. Bekanntlich ist die Langeweile dort am größten, wo man keine Zeit für sie hat.

Bei dem bereits zitierten Friedrich Nietzsche findet man ein gutes Argument für das Durchstehen und Durchleben der Langeweile: »Geduld und lange Weile sind jene unangenehmen Windstillen der Seele, welche der glücklichen Fahrt und lustigen Winden vorangeht.« Will sagen: Die Langeweilevertreiber müssen auf jene attraktiven Zeiterfahrungen verzichten, die »hinter« der Langeweile auf sie warten, die Zeiten des selbstgenügsamen Wohlergehens und des zeitsatten Glücklichseins.

Die Langeweile ist eine zutiefst menschliche Angelegenheit. Tiere kennen keine Langeweile, sie ist ihnen unbekannt. Sie sehen ja auch nicht fern, gehen nicht shoppen, finden flimmernde Oberflächen nicht allzu attraktiv und telefonieren auch nur im Zirkus. Das ist auch der Grund, warum sie sich nicht langweilen. Das wiederum veranlasste den großen Spötter Voltaire zu der Feststellung: »Wenn Affen sich langweilten, wären sie Menschen.«

Heute ist die Langeweile – bzw. der Kampf gegen sie – zu einem lukrativen Geschäft geworden. Verdient werden kann bei dem Handel mit der Langeweile auf Dauer nur dann, wenn diese nicht ab-, sondern mehr und mehr zunimmt. Dafür sorgen ein boomendes Zerstreuungsgewerbe und ein auf Ablenkung zielendes Unterhaltungsbusiness. Mit bunt bebilderten Versprechen, ablenkender Betriebsamkeit, Pseudoaktivitäten und inszenierter Fröhlichkeit verspricht man den Sieg im Kampf gegen die ängstigenden Gefühle von leerer Zeit und langer Weile. Wer da schwach wird, ist an die Langeweile verloren. Nur wer Zeit für die Langeweile hat, langweilt sich nicht.

Die personalisierte Form der Langeweile ist der »Langweiler«. Langweiler, nein danke, das will man auf keinen Fall sein. Um das zu verhindern, stürzt man sich ins Gewühl, hängt einen Termin an den anderen, geht von einem Event zum nächsten und macht sich auf die Schnäppchenjagd nach der besten Party. Sollte es dann auch noch gelingen, möglichst viele Freunde und Freundinnen per Kurznachricht an jenen Ort zu lotsen, an dem »die Post abgeht«, ist so ziemlich alles getan, um nicht als »Langweiler« abgestempelt zu werden. Ob das der Fall ist, das kann man inzwischen selbst überprüfen. Im Internet – auch so eine Langeweilevertreibungsagentur – findet man Selbsteinschätzungstests, welche einem, wenn man sie ausfüllt, verraten, ob man Langweiler oder Langweilerin ist.

»Langeweile! Du bist, Mutter der Musen, gegrüßt!«

Johann Wolfgang von Goethe

Man kann das auch teurer haben und zahlt eine vierstellige Summe für das »Do-Nothing-Weekend« in einem irischen Cottage mit Meeresblick, alternativ die zehntägige Meditation in einem nordafrikanischen Wüstencamp mit Power-Yoga-

Schnellkurs. All diese Angebote sind selbstverständlich perfekt durchorganisiert und – so steht's im Prospekt – mit zertifizierter Langeweilefrei-Garantie! Was sich als Kampf gegen die Langeweile ausgibt, als rettender Ausweg aus zweiter und dritter Hand, ist der Weg tiefer in den Teufelskreis der Langeweile hinein. Ablenkung mit Steigerungsgarantie.

Alles ist möglich, ausgenommen der Weg durch die Langeweile hindurch. Denn in einer Gesellschaft, die dem Tun mehr Platz einräumt als dem Lassen, ist die Langeweile ein Makel, ein Stigma, ein Zeichen des Versagens. Man liest sogar hin und wieder, dass sie – in hohen Dosen zu sich genommen – auch krank macht. Die Belastung durch Langeweile sei höher als die durch Stress, heißt es schon. Kaum diagnostiziert, ist auch schon ein Name für diese »Krankheit« gefunden: »Bore-out« – und es ist sicher kein Zufall, dass das ein wenig so wie »Burnout« klingt. Man hat sie nicht gerne und möchte auch nicht mit ihr in Verbindung gebracht werden.

Ungeduld, Stress, Hetze und Ablenkung, all das haben wir im Überfluss. An was es uns heute mangelt, ist lange Weile, das sind Orte und Zeiten des Verweilenkönnens und Verweilendürfens, des Innehaltens, des Zusichkommens und des Wohlergehens. Zu diesen gelangt man aber nicht durch den noch so gut organisierten Kampf gegen die Langeweile, man erreicht sie ausschließlich, indem man nichts gegen sie tut. Denn, so der Publizist und Soziologe Siegfried Kracauer: »Jeder Mensch hat ein bescheidenes Recht auf seine persönliche Langeweile. Langeweile ist der einzige Weg, sich in einer hektischen Welt wieder als Mensch zu fühlen.« Es handelt sich dabei um ein Recht, dessen wir uns viel zu wenig bewusst sind. Bestehen wir auf unserem Recht auf Langeweile, und ignorieren wir alle noch so verführerisch klingenden Angebote, die Langeweile für uns zu vertreiben. Denn »gut Ding« will nun mal lange Weile haben. Lange Eile haben wir genug!

Sich langweilen heißt zu sich kommen, ist ein unverzichtbarer Bestandteil der Psychohygiene. Wem es an Zeiten mangelt, sich zumindest hin und wieder selbst zu begegnen, läuft Gefahr, sich von sich selbst zu entfremden. Langweilen bedeutet, mit sich selbst in Resonanz zu gehen und dabei festzustellen, wie gut man mit sich selbst auskommt. Die Langeweile konfrontiert die Menschen mit dem Wesentlichen, mit sich selbst.

Die Psychotherapeutin Verena Kast beschreibt das in folgenden Worten: »Langeweile ist Humus für Lebendigkeit. (...) Sich langweilen ist die Abwesenheit des Gefühls des Interesses. Es braucht Geduld und Überzeugung, dass nach einiger Zeit dann schon wieder etwas in einem selbst los sein wird.« (»Langeweile – das Leben muss nicht öde sein«, Verena Kast in »Einfach Leben«, Herder, Freiburg 2013)

Was unserer Geduld oftmals im Wege steht, sind unsere subjektiven und unsere sozialen Wertungen und Bewertungen der Langeweile. Üblicherweise verbinden wir mit Langeweile negative, quälende Zeiterfahrungen: uninteressante Schulstunden, endloses Kaffeetrinken mit Verwandten, als überflüssig empfundene Meetings, wenig spannende Routinearbeiten, sich hinziehende Diskussionen, überlange Fahrten in Zug und Auto. Der am meisten verbreitete Impuls gegen eine Infektion mit dem Langeweilevirus ist Aktivismus, Flucht aus der Situation oder – wenn das nicht möglich ist – Pseudoaktivitäten, unter dem Tisch und über dem Tisch.

Man kann sich aber auch lösen von dieser negativen Wertung des Zustands, den wir »Langeweile« nennen. Man kann sich die lange Weile auch als offene, unverplante Zeit vorstellen. Sobald man einen solchen Perspektivwechsel vollzieht, wandert die Langeweile aufs weite Feld der attraktiven Zeiten. Dann wird die Langeweile zu jenem »warmen, grauen Tuch, das innen mit dem glühendsten, farbigsten Seidenfutter ausgeschlagen ist. In dieses Tuch wickeln wir uns, wenn wir träumen ...«. (Walter Benjamin)

Was tun?

Günstige Gelegenheiten, das eigene Recht auf Langeweile nicht nur einzuklagen, sondern auch zu leben und zu genießen, sind unter anderem die Wochenenden und die Urlaubs- und Ferienzeiten.

Hat man nicht bereits etwas voreilig einen rundum arrangierten Urlaub mit Bildungs- und Fitnessprogramm, mit Nonstop-Erlebnis- und Bespaßungsarrangement gebucht, dann sollte und könnte man es sich hin und wieder leisten, die Zeit einfach mal auf sich zukommen zu lassen, also nichts zu planen, fünfe gerade sein zu lassen und dabei das Risiko einzugehen, für einen Faulenzer oder Müßiggänger gehalten zu werden. (Zu Ihrer Entlastung: Solche Zuschreibungen gehen meist mit stiller Bewunderung einher.) Nur Mut! Versuchen Sie's mal!

▸ **Und so könnten Sie das dann machen:**
Gehen Sie vorsichtig und langsam – bedächtig, nicht eilig und übergangslos – vom Tun zum Nichtstun, von der Hektik des Alltags zum geduldigen und ruhigen Nichtstun über. Nochmals: nicht schnell und nicht mit »Power«.

Tasten Sie sich, wie in einem unbekannten unwegsamen Gelände, Schritt für Schritt voran. Machen Sie, möglichst nahe am Urlaubsbeginn, Tag für Tag etwas weniger als am Tag zuvor. Überlegen Sie am Abend eines jeden Tages, worauf Sie am nächsten Tag verzichten könnten, was Sie sein lassen könnten – und lassen Sie am nächsten Tag genau das auch wirklich sein.

Beobachten Sie sich beim Seinlassen, erspüren Sie, wie es Ihnen geht, wenn Sie sein lassen, was Sie sonst gemacht hätten. Von Vorteil ist dabei ein ruhiger Ort, eine stille Ecke, besser noch der Schatten eines Baums. Sehen Sie den Wolken bei dem zu, was sie am besten können, beim Vorüberziehen. Machen Sie das so lange, bis Sie den Zustand, nichts zu tun und doch am Leben zu sein, genießen können. Ist es so weit, haben Sie den ersten und zugleich den wichtigsten Schritt geschafft.

▸ **Danach geht's relativ einfach weiter:**
Steigern Sie die Zahl der Dinge, die Sie von Tag zu Tag sein lassen. Hören Sie erst damit auf, wenn Sie merken, dass Sie zu faul sind, sich zu langweilen. Das ist dann der Augenblick, in dem Sie hinter der Langeweile angekommen sind. Sie haben, so sagt Ihnen Ihr inneres Navi, »Ihr Ziel erreicht.«. Sie befinden sich auf der schönen Seite der Langeweile, dort, wo Sie nicht mehr auf die Zeit zugehen und mit ihr etwas machen müssen, sondern dort, wo die Zeit auf Sie zukommt, Ihnen zuwinkert und wo Sie endlich mal mit ihr gemeinsame Sache machen können. In diesem Augenblick haben Sie den Sehnsuchtsort der langen Weile erreicht und die Chance, zum »ungeschminkten Gesellschafter« (Hermann Hesse) der Zeit zu werden.

Wenn Sie dann die Langeweile auf diese Art im Urlaub oder zu einer anderen Gelegenheit wiederentdeckt und dabei schätzen gelernt haben, dann gönnen Sie sich gelegentlich mal ein Revival im Alltag.

Merke: Was immer Sie gegen die Langeweile tun: Lassen Sie es!

Jetzt – der vergessene Augenblick?

Auf der Suche nach dem »Jetzt« geht es uns wie einem Schmetterlingsfänger mit einem Kescher ohne Netz. Versuchen wir, das Objekt unserer Begierde zu fangen, ist es auch schon wieder entwischt. Alle Versuche, alle Anstrengungen, den kürzesten und flüchtigsten aller Zeiträume, das Jetzt, festzuhalten, enden stets mit der ernüchternden Erfahrung »ungreifbarer, unbegreiflicher« Zeit. Welche Vorstellung auch immer man sich von der Zeit macht, wie auch immer man sie erlebt, als Feindin oder Freundin, man bekommt sie nie in den Griff – nicht einmal für einen kurzen Augenblick. Und dennoch ist sie stets zugegen. Auch jetzt.

Der ausdehnungslose Zeitpunkt des »Jetzt« ist der Kern, der Fluchtpunkt unseres Empfindens. Er ist der Fluchtpunkt unserer Erwartung, unserer Sehnsucht und ihrer Erfüllung. Das »Jetzt« ist die Grundlage des Lebens, Leben findet stets nur »jetzt« statt! Alles andere ist Vergangenheit und Erinnerung oder Zukunft und Erwartung. Das Glücksversprechen des »Jetzt« speist sich aus seiner Position im »Dazwischen«, zwischen einem Vorher und einem Nachher, nährt sich aus seiner Zweideutigkeit zwischen den Schatten der Vergangenheit und den Sorgen und Erwartungen um die Zukunft. »Jetzt« ist jene Zeitqualität, in der Vergangenheit und Zukunft verschmelzen, die Ewigkeit in die Zeit einbricht. Das »Jetzt« ist eine zeitlose und daher besonders erfahrungsintensive Zeit, obgleich sie im Nu vergeht. Beobachten kann man dieses Zeitempfinden der Zeitlosigkeit im »Jetzt« bei Kindern, wenn sie mit einer Hingabe spielen, die Erwachsenen meist verloren gegangen ist. Es ist faszinierend, wie sie mit Eifer und Begeisterung ihre Legosteine zusammenfügen, wie sie mit Enthusiasmus im Sand und im Lehm manschen, wenn sie, die Zeit und alles um sich herum vergessend, mit ihren Puppen und Autos spielen. Sie gehen, so sagen wir dann gerne, »im Hier und Jetzt auf«. Erwachsene nennen das heute gerne ein »Flow-Erlebnis«

und blicken mit Neugier und ein wenig Neid auf die Kinder, die das so problemlos können, was wir wieder lernen müssen: das »Jetzt« genießen und das Leben als Komposition von Momenten gestalten.

Die Systemtheorie erklärt uns, dass das, was wir »Gegenwart« nennen, aus der Differenz von Vergangenheit und Zukunft konstruiert wird. Im unmittelbaren Erleben des »Jetzt« – um die Raumperspektive ergänzt, sprechen wir vom »Hier und Jetzt« – wird »Gegenwart« zur spürbaren, erlebbaren Seinserfahrung. Diese Zeiterfahrung auf der Schwelle zwischen Vergangenheit und Zukunft, in der sich das Leben verdichtet, vermissen wir Erwachsene heute oft. Das macht uns zeithungrig und orientierungslos. Denn ohne Gegenwart gibt es auch keine Vergangenheit und keine Zukunft, kein Vergessen, keine Erinnerung, keine Erwartung, keine Hoffnung.

> ***»It's now or never!«***
>
> *Elvis Presley*

Im allgemeinen Sprachgebrauch wird das »Jetzt« oftmals mit dem »Augenblick« gleichgesetzt. Man kann aber auch, wie das bei Martin Heidegger zu finden ist, eine Unterscheidung treffen. Für Heidegger ist der Augenblick das »erfüllte Jetzt«, die erfüllte Gegenwart, jene besondere Form der Gegenwartserfahrung, die die Griechen einst »kairos« nannten.

Die Überschrift dieses Abschnitts ist genau genommen widersprüchlich: »Jetzt – der vergessene Augenblick«? Das »Jetzt« lässt sich nicht vergessen. Es findet statt, immer. Ob wir das wollen oder nicht, ist es – wie Nietzsche schreibt – »im Husch da, im Husch vorüber, vorher ein Nichts, nachher ein Nichts«. Unsere Formulierung zielt aber auf den Unterschied zwischen einer bewussten und einer nicht bewussten Wahrnehmung des »Jetzt«, zwischen einem den »Augenblick« ignorierenden Zeithandeln oder einem aufs »Jetzt« bezogenen Zeithandeln. Messen lassen sich weder der »Augenblick« noch das »Jetzt«. Das macht sich der Arzt zunutze, wenn er Sie bittet, einen Augenblick im Wartezimmer Platz zu nehmen. Er muss dann nicht auf die Uhr schauen, und Sie sollten es besser auch nicht tun. »Augenblick« ist ein bildlicher Ausdruck für eine kurze Zeitspanne, und Bilder werden nicht präziser und nicht schöner, wenn man sie misst. So gesehen, muss die mechanische Uhr, die der Zeit ein Zahlenkleid überstülpt, im »Jetzt« und im »Augenblick« ihre Gegner sehen. In einer auf Hochgeschwindigkeit gebrachten und durch Möglichkeitsüberschüsse schwer befrachteten Lebenswelt lässt sich beobachten, dass immer häufiger versucht wird, das »Jetzt« zu füllen. Die Wahrnehmung dessen, was sich ereignet, was im »Jetzt« geschieht, scheitert an dem, was noch zu machen ist, und an dem, was demnächst zu tun ist. Wir verlieren Präsenz, denken an das, was war, und an das, was kommt, und blockieren dadurch die Sensibilität fürs »Hier und Jetzt«. Unsere Wahrnehmungsräume füllen sich mit Dingen und Gedanken, die weder in unserer aktuellen Umgebung noch im Zeitraum des »Jetzt« stattfinden. So werden wir schließlich zu Gefangenen der Zeit und unfähig zur Wahrnehmung des Augenblicklichen. Unser »Kopfkino« kennt kein Ende. Wir schauen nicht, sondern stellen uns etwas vor. Wir hören nicht, was um uns herum ertönt, wir hören nur den Nachhall dessen, was vorher war. Das »Jetzt« ist nicht mehr länger unseren Gefühlen zugänglich. Wir verweilen nicht mehr im Augenblick, finden weder Kraft noch Inspiration und auch keine zeitliche Sattheit mehr in ihm. So verlieren wir schließlich den Kontakt zur einzig lebendigen Zeit, der des gegenwärtigen Geschehens. Es drohen Realitätsverlust, soziale Isolation und zunehmende Selbstentfremdung.

Zeichen und Indizien dafür findet man. Man könnte von einer zunehmenden »Entjetzung« sprechen, wenn man die Rastlosigkeit, die Sprunghaftigkeit und die Überarbeitung der multitaskenden Zeitgenossen und Zeitgenossinnen bei ihrem Umgang mit Zeit beschreiben will. Es scheint, dass ihnen, die mit Erwartungen und Ansprüchen meist überfrachtet sind, der Zugang zum »Jetzt« verschlossen ist, der einzigen Zeit, die einem gehört. Ihnen fehlen Zeiten, in denen das unmittelbare »Hier und Jetzt« bewusst wahrgenommen wird, Momente, in denen das »Jetzt«, und nur dieses, und der erfüllte Augenblick, und nur dieser, gelebt und genossen werden. So wird das Jetzt zu einer großen Sehnsucht.

Und dann tröstet sich der »jetztlose« Mensch und entschuldigt sich zugleich bei seinen Mitmenschen mit der traurigen Botschaft: »Eigentlich bin ich ganz anders, nur komme ich so selten dazu.« (Ö. v. Horvath)

Der Augenblick ist ein Zeitmaß, das die Uhr nicht kennt. Der Augenblick befindet sich jenseits der Uhrzeit. Er widersteht der Einschnürung ins Sekunden- und Minutenkorsett. Man erlebt kurze, lange und längere, schöne und entsetzliche Augenblicke. Während die einen auf den Augenblick warten, lassen andere einen Augenblick warten. Kurzum: Der Augenblick ist inhaltlich und formal sehr unpräzise. Und genau diese Uneindeutigkeit, diese Ungenauigkeit, diese Unschärfe sind es, die den Augenblick so interessant, so attraktiv und so anziehend und fruchtbar machen. Zumal es zwei verschiedene Augenblicke gibt, den rechten und den richtigen Augenblick.

Der rechte Augenblick ist nicht berechenbar, er ist unsicher, man weiß nicht, ob er eintrifft. Man kann ihn nicht planen, nicht terminieren, nicht prognostizieren, und doch muss man etwas tun, um ihn nicht zu versäumen. Er fällt einem zu – zufällig. Um dem Zufall eine Chance zu geben, seine Unwahrscheinlichkeit wahrscheinlicher zu machen, muss man warten können, gelassen, aber aktiv, um dann schnell zuzugreifen, die Gelegenheit beim Schopfe zu packen, wenn er plötzlich da ist. Der rechte Augenblick lässt sich nicht zwingen, das Terrain aber muss man ihm bereiten, denn: »Bereit sein ist alles.« (William Shakespeare)

Die meiste Zeit machen wir zu viel: Aber der Augenblick, für den alles sich lohnt, ist immer der Augenblick jetzt.

Kurt Aebli

Der rechte Augenblick ist ein Geschenk, der richtige ein Kalkulationsprodukt. Mit richtigen Augenblicken kommt der

Profit, im rechten Augenblick das Glück. Der rechte Augenblick entzieht sich den Zeit-ist-Geld-Imperativen. Für den richtigen Augenblick und dessen Berechnung brauchen wir Zeit, für den rechten Augenblick benötigt die Zeit uns.

Doch Abhilfe ist nah und auch im Trend. Denn mit Sehnsuchtsartikeln lässt sich gut Geld verdienen. Die Bedeutung des »Jetzt« erfährt eine Renaissance in Form von Achtsamkeits- und Focussing-Methoden, Meditations- und Einkehrtagen, Klosterurlauben und Besinnungstagen für Führungskräfte, Manager und andere Vielbeschäftigte. Dieser Trend ist, wie auch die Appelle zum Abbremsen, die das Etikett der »Entschleunigung« tragen, auch eine Reaktion auf Erschöpfungs- und Defiziterfahrungen. Wieder einmal gelingt es dem Kapitalismus – und das macht ihn so robust –, aus einem Problem, für das er selbst verantwortlich ist, ein florierendes Geschäft zu machen.

Zum einen geschieht das durch Extremsportangebote nach dem Motto »Erfahre deine Grenzen im Hier und Jetzt«, zum anderen durch Besinnungsangebote für Körper, Seele und Geist. Wir haben uns inzwischen an den Anblick von Menschen, die an Gummiseilen von Brücken springen, ebenso gewöhnt wie an Manager, die mit geschlossenen Augen und baren Fußes über feuchte Wiesen schweben. Das gehört – quasi als die andere Seite der Medaille – auch zu dieser überhitzten Zeitrafferwelt. Über die Nachhaltigkeit solch inszenierter »Jetzt«-Erfahrungen sollte man sich keine Illusionen machen. Sie sind Produkte eines nüchternen Kalküls, herbeizitiert aus Gründen des Profits. Das Lustversprechen des »Jetzt« wird durch dessen Bewirtschaftung zerstört, und das Glücksversprechen des erfüllten Augenblicks entzieht sich, wenn man ihn an die Kandare der Kalkulation legt.

Will der Mensch sich selber nicht versäumen, muss Zeit gelebt, nicht nur verplant werden. Leben aber kann man Zeit nicht ohne Offenheit für Begegnungen mit dem Unerwarteten, dem Unbekannten, Fremden und Überraschenden. Die auf die Jetzterfahrung angewiesene »Gunst der Stunde« – nicht zu verwechseln mit der »günstigen Gelegenheit«, dem Schnäppchen – wird nur ergreifen können, wer seine Tage und Wochen nicht zuplant und wer im Unvorhergesehenen nicht ausschließlich eine Störung geordneter Zeit erkennt. Nur in einem Leben mit offenen Möglichkeiten kann das »Jetzt« seine Fruchtbarkeit als erfüllte Gegenwart entfalten.

Wiederholt haben Arbeitspsychologen in Untersuchungen festgestellt, wie wichtig Sinnerfahrungen für die Arbeitsmotivation und die psychische Widerstandskraft (Resilienz) sind. Zu diesen stärkenden Sinnerfahrungen zählt auch, die Gegenwart, die Augenblicke als etwas zu erfahren, das es wert ist, gelebt zu werden. Das gelingt, wenn man sich von den Ablenkungen um einen herum und vom Alltagstrubel löst. Wir nennen diesen Zustand das »Ganz-bei-sich-sein«. Er ist kein Dauerzustand, eher eine Zeiterfahrung, die die Menschen hin und wieder brauchen, um sich als lebendig zu erfahren.

Was tun?

Geben Religionen Handlungsanweisungen, dann tun sie das mit Vorliebe durch Gleichnisse. Der Zen-Buddhismus, der des Lebens Fülle in der Achtsamkeit des Einfachen und des gegenwärtigen Moments sucht, bedient sich dabei häufig der Erzählung von Gesprächen zwischen einem Meister und seinem Schüler.

Das folgende gehört zu den ältesten Gleichnissen des Zen-Buddhismus. Es konfrontiert die zappelige »Immer weiter«-Mentalität heutiger Zeitgenossen mit der Zeiterfahrung des »Jetzt«, die Zufriedenheit und Gelassenheit vermittelt.

Ein Schüler fragte einmal seinen Meister, warum dieser immer so ruhig und gelassen sein könne. Der Meister antwortete: *»Wenn ich sitze, dann sitze ich. Wenn ich stehe, dann stehe ich. Wenn ich gehe, dann gehe ich. Wenn ich esse, dann esse ich …«*

Der Schüler fiel dem Meister ins Wort und sagte: *»Aber das tue ich auch! Was machst du darüber hinaus?«*

Der Meister blieb ganz ruhig und wiederholte wie zuvor: *»Wenn ich sitze, dann sitze ich. Wenn ich stehe, dann stehe ich. Wenn ich gehe, dann gehe ich …«*

Wieder sagte der Schüler: *»Aber das tue ich doch auch!«*

»Nein«, sagte da der Meister. *»Wenn du sitzt, dann stehst du schon. Wenn du stehst, dann gehst du schon. Wenn du gehst, dann bist du schon am Ziel.«*

▸ **Für unser Wohlergehen brauchen wir in unserem Alltag unverzweckte Jetzt-Zeiten.**
Das sind Zeiten, in denen die Gegenwart nicht nur Durchgangsstadium für etwas ist, was danach kommt, in der das »Jetzt« nur aus dem Fenster des Durchreisenden in den Blick gerät. Unverzweckte Zeiten sind Zeiten, in denen man den ***zeitlichen Moment annimmt*** – was nicht notwendig auch ein Hinnehmen bedeutet. Man sollte sie nur nicht stets dem Morgen opfern. Das ist ja auch die Botschaft des oben zitierten Zen-Meisters.

Als Übergang zu solch unverzweckten Zeiten eignen sich Meditationstechniken, die man aber, wie man das mit Krücken nach einem Beinbruch tut, irgendwann einmal wegwerfen sollte. Gelingen kann das auch durch so etwas wie Phasen des ***»kontemplativen Herumwurschtelns«***, wie zum Beispiel Gärtnern, Handwerkeln, Aufräumen, Herumspielen. Auch Wandern und zielloses Spazierengehen bereiten das Terrain für Zeiterfahrungen, die sich selbst genügen. Auf geht's!

▸ **Lernen Sie von Kindern: Kleinkinder kennen nur das Jetzt.**
Schauen Sie Kindern bei ihrem im »Jetzt« versunkenen Spielen, bei ihrem Sich-verlieren-Können in einer Sache, bei ihrem Zeitvergessen zu. Es ist nicht wichtig, was die Kinder tun, wichtig ist, wie sie es tun. Es ist eine großartige Erfahrung, mit Kindern spazieren zu gehen, ohne Ziel und ohne dabei ständig auf die Uhr zu sehen. Gehen Sie mit ihnen durch einen Park, einen Wald oder über eine Wiese. Sie werden, wenn Sie den Kindern folgen, Dinge sehen, die Sie alleine nie gesehen hätten, Geräusche hören, die Sie noch nie wahrgenommen haben, Gegenstände in die Hand nehmen,

an denen Sie bisher immer vorbeigelaufen sind. Sie werden ein befriedigendes Langsamkeitsgefühl vermittelt bekommen, wie Sie es lange nicht mehr erfahren haben. Es macht Spaß, Dinge mit anderen Augen zu sehen und ein Zeitgefühl zu erleben, das mit »Zeitwohlstand« gut beschrieben ist.

▶ **Um die eigenen Sinneswahrnehmungen zu empfinden,**
zu sehen, wie man sieht, zu hören, wie man hört, zu schmecken, wie man schmeckt, muss man der Versuchung widerstehen, mehreres, wie das heute üblich ist, gleichzeitig zu tun. Wenn man tätig ist, sollte man besser nicht auch noch zugleich nebentätig sein, wie der Zeitgeist das heute verlangt.

▶ **In Situationen, in denen vieles auf einen einprasselt, fällt es oft schwer, Distanz zum Geschehen zu entwickeln.**
Um solch eine Situation zu beenden oder zu vermeiden, kann eine Art inneres Stoppschild helfen. Der »innere Wächter« verhindert ein mehr oder weniger bewusstloses Immerweitermachen, stoppt es ab, um den Aufmerksamkeitsfokus auf das »Jetzt« und die subjektive Sinneswahrnehmung zu legen. Das kann dadurch geschehen, dass Sie einen Gegenstand auswählen, ein Objekt auf Ihrem Schreibtisch, ein Bild, ein Gemälde, ein Foto an der Wand hernehmen, das Sie still und konzentriert betrachten. Sie sollten das so lange tun, bis das Gefühl für die Zeit mehr und mehr entschwindet und dieser Gegenstand zu ausschweifenden Erinnerungen und lustvollen Phantasien anregt.

▶ **In fast keinem der vielen Bücher zum Thema »Achtsamkeit« fehlt die Botschaft, dass man durch bewusstes und tiefes Atmen zu mehr Konzentration, Lebenskraft und Vergegenwärtigung gelangt.**
Atemübungen, so muss man das verstehen, öffnen und fördern den Zugang zum »Jetzt« und zu den Augenblickserfahrungen. Dabei geht es vor allem darum, die Aufmerksamkeit auf den Rhythmusverlauf des Atems zu richten. Das Ziel ist, den

durch die Lebensverhältnisse von seiner Zeitnatur entfremdeten Menschen wieder an seine Rhythmizität heranzuführen, ganz bestimmt eine wichtige Voraussetzung für erfüllte Jetzterfahrungen. Atemübungen können also sinnvoll sein.

▸ **Sammeln Sie schöne, erfüllte Augenblicke, und bemühen Sie sich, Ihre Sammlung kontinuierlich zu erweitern.**
Nehmen Sie sich Ihre Sammlung immer mal wieder vor, blättern Sie in Ihren Erinnerungen, in Ihren schriftlichen Notizen, Ihren Fotos oder Filmen. Erzählen Sie Familienmitgliedern, Ihren Kindern und guten Freunden und Freundinnen davon. Und hören Sie nie auf, Ihre Sammlung von schönen Augenblicken zu ergänzen und zu vervollkommnen. Nur zu! Fangen Sie damit an. Nicht morgen und auch nicht übermorgen: JETZT.

(Wenn Ihnen diese Form der Wiederentdeckung des Jetzt guttut, dann finden Sie mehr davon im »Achtsamkeitsübungsbuch«. Weiss, Harrer, Dietz 2012)

Kapitel 5

Liebe Zeit

Wer nicht immerzu
gehetzt und auf dem
Sprung
sein will, wer auch mal
zur Ruhe
kommen und zufrieden
sein möchte,
muss sich fragen:

»Auf was könnte ich verzichten, was brauche ich nicht, was könnte ich sein

lassen?«

Liebe Zeit

Niemals zuvor in der Menschheitsgeschichte waren wir so frei, über Zeit zu entscheiden, wie heute. Und nie waren wir so wenig in der Lage, diese Freiheiten zu unseren Gunsten zu nutzen. Das Empfinden, nicht mehr über das eigene Leben, den Alltag und die Zeitdynamiken verfügen zu können, erzeugt Gefühle des Hin- und Hergeworfenseins, der Verunsicherung und der Ohnmacht und weckt das Bedürfnis, dagegen etwas tun zu wollen und zu sollen. »Raus aus dem Hamsterrad!«, »Jetzt mal etwas langsamer«, »Lob des Müßiggangs« – so oder so ähnlich lauten die Programme, die Aufbruchstimmung signalisieren wollen und uns auffordern, ihnen zu folgen.

Im Gespräch zu Beginn dieses Buches ist bereits gesagt worden, warum das auf Uhrzeitmanagement eingeschränkte Zeitmanagement nur mäßig erfolgreich sein kann. Die Welt und die Zeitverhältnisse sind zu vielschichtig, zu widersprüchlich und zu schnelllebig für einfache Lösungen. Es gibt weder einen richtigen noch einen falschen Umgang mit Zeit, und es gibt auch keine Lösungen von Zeitproblemen, die nicht neue Zeitprobleme im Gepäck haben. Deshalb plädieren wir für eine andere Form des Umgangs mit Zeit und dafür, sich zuallererst Übersicht und Orientierung zu verschaffen über das Geflecht der Zeitansprüche, Zeitzwänge und Zeitfreiheiten. Es geht dabei um ein möglichst realistisches Verstehen des real existierenden Zeitlebens – als eines Kompromisses zwischen den wirkmächtigen Instanzen, mit denen wir es zu tun haben. Wer über das anfängliche Interview hinaus noch mehr über unsere Art der Zeitberatung erfahren möchte, den oder die verweisen wir gerne auf den Anhang. Wer sein eigenes Zeithandeln besser verstehen will, Denkanstöße oder Zeitrat für ein zeitsouveräne(re)s Leben sucht, liest einfach weiter.

Das Geflecht des Zeithandelns

Nimmt man sich vor, das Zeitleben und die Zeitzufriedenheit zu verbessern, empfiehlt es sich, zuerst einmal in Distanz zu jenem Geflecht an zeitlichen Ansprüchen und Zeitfreiheiten zu gehen, in das man verwickelt ist. Dafür begibt man sich am besten auf die oberen Ränge einer Art Tribüne, um sich das in der Zeitarena ablaufende Zeitspiel von höherer Warte aus mit viel Distanz anzusehen. Der erste Schritt jeder Zeitanalyse – ganz gleich, ob man diese für sich selbst macht oder sie im Rahmen einer Zeitberatung erstellt – heißt daher: schauen, schauen und nochmals schauen, und das mit der Absicht, sich zu wundern. Kurzum, mit dem Blick eines Fremden auf jene Zeitwirklichkeit zu schauen, der im aktuellen Zeitspiel Raum und Zeit gegeben wird, und auf diejenige, die keinen Platz hat. Dazu schlüpfe man am besten in die Rolle eines Forschers der eigenen zeitlichen Alltagskultur. Das Ziel der Expedition heißt: Erkenne die Zeitlage, die am »Zeitspiel« Beteiligten, die Regeln und die Folgen! Stets ist die Lage eine spezifische Mischung aus dem stummen Zwang der Verhältnisse und jenen Handlungsspielräumen, die in der Verantwortung der Mitspieler liegen.

Hat man schließlich lang, genau und interessiert das Geschehen beobachtet, die Lage gründlich erkundet und sich dabei über das eine und andere gewundert, ist schon viel gewonnen. Vielen Ratsuchenden, so unsere Erfahrungen, reicht dies schon, um Licht ins Dunkel ihrer Zeitverwirrnisse zu bekommen. Es genügt ihnen zur Orientierung, klärt sie über die Spielräume ihres Zeithandelns und über jene Zeitzwänge auf, mit denen sie irgendwie klarkommen müssen. Zeitberatung kann bei dieser klärenden Suche vor allem dadurch behilflich sein, dass sie auf blinde Flecken, auf Übersehenes aufmerksam macht.

Was den Umgang mit Zeit betrifft, so hat man stets die Möglichkeit, auch anders zu handeln. Anders aber heißt nicht, völlig frei über Zeit entscheiden zu können. Im Gegenteil, es geht immer auch darum, aus dem stummen Zwang der Verhältnisse einen hör- und sichtbaren Zwang der Verhältnisse zu machen, um mit diesem dann möglichst realitätsgerecht umzugehen. Das verlangt zuweilen einen ungewohnten Blick auf die Zeit und das Zeitliche. Ein Beispiel: Nicht wenige Ratsuchende erwarten sich Hinweise, Ratschläge und Tipps für »mehr Zeit«. Erfüllt man ihren Wunsch und liefert sie, dann läuft das schnell auf eine Erhöhung des Handlungstempos oder auf die Erhöhung der Sensationen pro Zeiteinheit (Zeitverdichtung) hinaus. Wichtig ist der Hinweis, dass »Zeitgewinne« nicht nur eine quantitative, sondern auch eine qualitative Seite haben. Denken wir noch einmal an das Beispiel einer Reise nach Rom. Dieses Mal haben sich gleich drei Personen entschieden, ihren Urlaub in Rom zu verbringen. Herr A entscheidet sich für den Flug in die italienische Hauptstadt. Er steigt in Frankfurt ins Flugzeug und ist knapp zwei Stunden später in Rom. Herr B hingegen bevorzugt den Zug. Er braucht elf Stunden, um an der Stazione Termini anzukommen. Die dritte Person, Frau C, nimmt auch den Zug, fährt aber nur bis Florenz, um sich dort am Bahnhof ein Fahrrad zu leihen; mit dem durchquert sie die umbrisch-toskanische Hügellandschaft und kommt schließlich nach einer Woche in Rom an. Die spannende Frage ist nun: Welcher der drei Urlauber hat auf dem Weg nach Rom die meiste Zeit gewonnen? Darüber kann man diskutieren! Wird im Gespräch dann deutlich, dass jene Person, die die Strecke Florenz–Rom mit dem Fahrrad zurücklegte, eine andere Reise und völlig andere Zeiterfahrungen macht als jener Urlauber, der bei seiner Flugpassage viel (Uhr-)Zeit »gewonnen« hat, dann darf man das getrost als Erfolg verbuchen. Diese Überlegungen bringen uns nun – nach einem schönen Umweg – zu einem Modell dessen, wie das Zeitgeflecht, in dem wir alle handeln, auf klare Weise analysiert werden kann.

Licht ins Dunkel: das Modell »Zeitgeflecht«

Zeitberatung blickt also auf Zusammenhänge, ihr Ziel ist es, das Gleichgewicht von Zeitansprüchen im Drehkreuz der Instanzen des Zeitlebens zu verbessern. Dafür muss man das Ganze einer Situation in den Blick nehmen und nicht nur Einzelheiten. Das hat die Zeitberatung von Rotkäppchen gelernt, dessen Unglück bekanntlich daher rührte, nur auf die Einzelheiten (»Ei, Großmutter, was hast du für große Ohren!«) geachtet zu haben. Es gilt, vom reich gedeckten Tisch der vom Zeitmanagement geförderten Illusionen Abschied zu nehmen, das Zeitleben und dessen wechselnde zeitliche Zustände ließen sich nach dem Vorbild des Uhrzeigerverlaufes wie die Perlen einer Kette nacheinander aufreihen. Das gelingt nur einem Marionettenspieler, der alle Zeitfäden in der Hand hat. Ein solcher Marionettenspieler existiert indes nicht, kann nicht existieren, da er selbst – wie alle Menschen – an den Fäden der Zeit hängt. Wir alle sitzen auf der Zeit – ein schönes Bild von Ludwig Wittgenstein – wie ein schlechter Reiter auf dem Ross, und man verdankt es nur der Gutmütigkeit des Pferdes, dass man nicht abgeworfen wird.

Zeitberater beschäftigen sich in einem ersten Schritt damit, die Problemsituation zu klären. Das tun sie in unserem Fall durch den Einsatz eines Modells, das zunächst einmal etwas Ordnung in die prinzipiell unordentliche Zeitwelt der als problematisch geschilderten Situation bringt. Der Schlüssel zur Deutung der Zeitwirklichkeit kann dabei die modellhafte Darstellung des zeitlichen Geschehens sein. Denn jegliches Zeithandeln ist immer das mehr oder weniger zufriedenstellende Ergebnis unterschiedlicher Anforderungen, Ansprüche und Wünsche verschiedener Instanzen in Bezug auf unsere Zeit. Sie werden durch das Modell systematisiert. Im Zentrum des Modells stehen die Person und ihre Situation, hinzu kommen dann die folgenden Instanzen, die für das Zeithandeln die entscheidenden sind:

- ***Aufgabenzeiten*** sind zeitliche Anforderungen, die von der jeweils zu bewältigenden Aufgabe gestellt werden, und die Spielräume, die sie gewährt.
- ***Organisationszeiten*** sind die zeitlichen Anforderungen und Spielräume, die durch die formelle und informelle Organisation an die Person/en im Zentrum des Modells gestellt werden.
- ***Eigenzeiten*** sind die Zeiterwartungen, Zeitwünsche und Zeitbedürfnisse, die man als Individuum hat.
- ***Sozialzeiten*** sind jene Zeitansprüche und zeitlichen Elastizitäten, die die soziale Mitwelt (Familie, Freundschaften, Kollegium usw.) stellt und gewährt.
- ***Naturzeiten*** sind die Zeitansprüche und zeitlichen Spielräume der inneren Natur (Chronobiologie) und die der äußeren Natur (zum Beispiel Tag/Nacht).

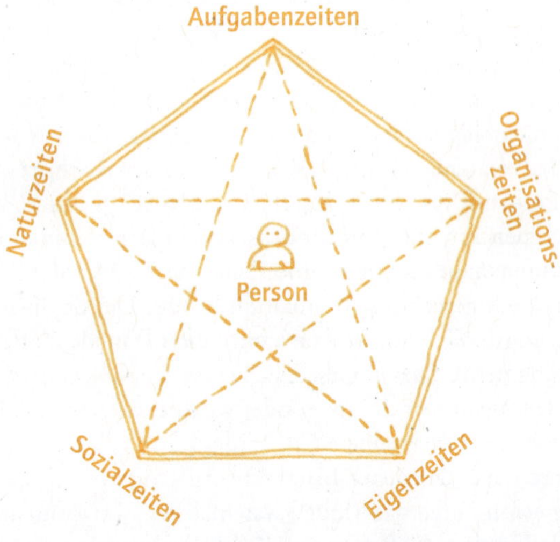

Das Modell spiegelt das Geflecht der Instanzen, die Zeitanforderungen an die Person stellen und ihr zeitliche Spielräume gewähren. Im ersten Schritt dient dieser Blick der Analyse und der Orientierung. Das Ergebnis ist ein individuelles »Zeitgeflecht«, gestrickt aus Abhängigkeiten und Spielräumen, Zeitzwängen und Zeitfreiheiten. Hierdurch können Zeitkollisionen und Zeitprobleme, aber auch zeitliche Spielräume und Elastizitäten der im Modell aufgeführten Instanzen identifiziert und lokalisiert werden. So kann mithilfe des Modells dann geklärt werden, wo die Zeitanforderungen der einen Instanz mit Zeitanforderungen einer anderen Instanz kollidieren. Und falls dies der Fall ist, kann man genauer hinschauen und sehen, in welcher Form sie sich widersprechen und wie sie das Zeitleben formieren und den Umgang mit Zeit prägen. Kurzum, das Modell »Zeitgeflecht« gibt dem, der fassungslos vor dem »Zeitproblem« steht, eine Fassung.

Im Folgenden sehen wir uns die verschiedenen Instanzen des Zeitgeflechts genauer an und stellen dann am Schluss jeweils Fragen, deren Antworten einen genaueren Blick auf die eigenen Zeitprobleme ermöglichen.

▸ ***Aufgabenzeiten*** »Wenn ich doch etwas mehr Zeit gehabt hätte, dann hätte ich nicht so viele Fehler gemacht, hätte das Geschriebene nochmals durchlesen können«, klagt der von seiner Leistung enttäuschte Schüler. »Wäre der Zeitdruck des Lektors nicht so hoch gewesen, hätte ich den Fehler vermieden, sicher aber gefunden«, entschuldigt sich der Entwicklungsingenieur in der Projektbesprechung. Ja, wenn ... Alles Tun, alles Handeln, aber auch alles Nichthandeln hat seine Zeit und verlangt seine je besondere Zeit. Mozart wusste zu schätzen, wenn die Interpreten seiner Kompositionen jenen Tempi folgten, die in der Partitur vermerkt sind. So schrieb er seinem Vater am 17. Januar 1778 in einem Brief, dass er auf den Pianisten Abbe Vogler richtig sauer sei, der seine Musik schneller gespielt habe, als es ihr und den Zuhörern guttue: »... vor dem Tische hat er mein Concert prima vista – herabgehudelt ... den

Baß spielte er meistens anderst, als es stund, und bisweilen machte er eine ganz andere Harmonie und auch Melodie. Es ist auch nicht anderst möglich in der Geschwindigkeit, die Augen können es nicht sehen und die Hände nicht greifen. (...) man kann in Passagen etliche Noten im Stiche lassen, ohne dass es jemand merkt; ist es aber schön?«

Wer Mozart spielt, Schülern Aufgaben stellt, Kinder erzieht, Brötchen backt, Schweine züchtet, Kartoffeln erntet, Projekte managt, Produkte verkauft, Mitarbeitergespräche führt, Quartalsberichte erstellt oder Autos repariert, muss wissen, wie viel Zeit man dazu benötigt. Mozarts Klage zeigt, dass dieses Wissen fehlt oder – was häufiger vorkommt – ignoriert wird. Da wird die Dauer von Teamsitzungen festgelegt, unabhängig von dem Schwierigkeitsgrad der Entscheidungen, die zu treffen sind. In der Schule ist es auch nicht der Inhalt dessen, was gelehrt wird, der über die Dauer des Unterrichts entscheidet, sondern der von der Organisation festgelegte 45-Minuten-Takt. Nichts darf in Lernanstalten interessanter und spannender sein, als dass es nicht in einer Dreiviertelstunde zu einem Abschluss gebracht werden könnte. Im Sozialamt geht's nicht viel anders zu. Dort stehen für jede Fallbesprechung 20 Minuten zur Verfügung, ohne Rücksicht auf die Dramatik des berichteten Falls. Die als problematisch erfahrenen Zeitfiguren und Zeitkonstellationen entstehen bei Missklängen zwischen Zeiterwartungen und Zeitrealität. Sie werden wahrgenommen und zum Thema, wenn die quantitativen Zeitvorgaben mit den qualitativen Zeitanforderungen der Aufgabe kollidieren. Andererseits lässt sich das Qualitätsniveau von Produkten, Entscheidungen, Diskussionen usw. durch einen mehr oder weniger zeitgerechten Umgang beeinflussen. Nirgends ist das so offensichtlich wie beim Wein. Wer dieses Göttergeschenk zu genießen versteht, wird von seinen Geschmacksnerven belehrt, dass dessen Qualität etwas mit Zeit bzw. mit den Reife-, den Ernte- und den Lagerzeiten zu tun hat. Mit der Uhr in der Hand und dem Terminkalender als App kommt man da nicht allzu weit. Beim Wein ist Zeit, wie das einstmals generell der Fall war, mit Wetter identisch. Einen guten Wein bekommt man nur mit Geduld, mit mal mehr, mal weniger langen Zeiten des Wartens und Abwartens, aber auch nicht ohne eine Portion Schnelligkeit zur rechten Zeit. Der Wein ist das beste Beispiel dafür, dass Zeit nicht nur wertvoll, sondern – im wahrsten Sinne des Wortes – kost-bar ist.

Es zählt zu den wichtigsten Aufgaben aller, die über Zeit und über Zeitvorgaben entscheiden, Bescheid zu wissen über die Zeitbedarfe der jeweiligen Aufgabe, die zeitliche Abfolge und Schrittfolge ihrer Bearbeitung. Das ist notwendiger und unverzichtbarer Bestandteil ihrer Aufgaben- und Zeitkompetenz. Denn was immer man plant und realisiert, den Bau eines Hauses, eine Ferienreise, ein Abendessen, das Erlernen einer Sprache, ein Mitarbeitergespräch: Alles hat und braucht *seine* Zeit.

Fragen Sie sich:

Gibt es Zeitvorgaben (Fristen, Abgabetermine, Ablaufpläne usw.) oder Zeitempfehlungen für die jeweilige Aufgabenbewältigung? Existieren Erfahrungswerte darüber?

In welcher Schrittfolge kann/soll die Aufgabe bearbeitet werden?

An welcher Stelle der Aufgabenbewältigung können möglicherweise Zeitverzögerungen auftreten, an welchen ließe sich der Ablauf eventuell beschleunigen?

Wie viel Zeit benötigen die anstehenden Aufgaben, um die erwartete Fertigstellungsqualität sicherzustellen?

Welche zeitlichen Vorgaben und Spielräume ergeben sich aus der Zeitlogik der jeweiligen Aufgabe (Abgabetermine, Fristen, Prozessreihenfolgen etc.)? Welche qualitativen Voraussetzungen (zum Beispiel Ruhe, störungsfreie Zeiten) benötigen die Aufgaben, um gut bearbeitet werden zu können?

▸ ***Organisationszeiten*** Um die angestrebten Ergebnisse zu erzielen, verlangen Organisationen (ein Betrieb, ein Verein, ein Großkonzern, ein Familienunternehmen etc.) Zeit. Soweit es sich um formelle Organisationszeiten handelt, sind diese Zeiten ein zentraler Teil der planmäßig geordneten Strukturen und Handlungen zur Aufgabenbewältigung. Organisationen unterscheiden sich vor allem durch ihre jeweils spezifische Zeitkultur. Sie wirkt sich nicht nur auf die Aufgabenabwicklung aus, sondern auch auf den sozialen Zusammenhalt und die Arbeitsmotivation der Mitarbeiter und Mitarbeiterinnen. Auch deshalb ist es notwendig, innerhalb der Organisation ein Bewusstsein herzustellen über die Kultur im Umgang mit Zeit, unabhängig davon, ob es sich um Handwerksbetriebe, Großunternehmen, Garagenfirmen, Verwaltungen, Ämter oder Bildungsinstitutionen, wie zum Beispiel Schulen, handelt.

Die Organisation von Arbeit ist immer die Organisation von Arbeitszeit. Es geht dabei vor allem um die Dauer, die Lage der Arbeitszeit und deren Verteilung. Unterschieden werden können formelle Organisationszeiten, dazu gehören zum Beispiel tarifvertraglich geregelte Arbeitszeiten, betriebsspezifische Überstunden-, Freistellungs- und Urlaubsregelungen, Gleitzeitregeln, Erreichbarkeitsvereinbarungen usw. Dazu gehören aber auch informelle, also nicht formal geregelte Erwartungen, Verpflichtungen, Gewohnheiten und Traditionen, wie zum Beispiel das tägliche 10-Uhr-Treffen in der Teeküche, die Abmeldung bei Arbeitsschluss bei der Sekretärin des Vorgesetzten. Besonders wirksam – und häufig auch belastend – sind die »ungeschriebenen«, an keiner Stelle festgelegten »Gesetze« der Zeitkultur einer Organisation, wie zum Beispiel: »Niemand geht vor dem Chef nach Hause.« »Wir arbeiten, bis der Kunde zufrieden ist.« »Wir sind immer für sie da.«

Je rascher der gesellschaftliche Wandel, umso häufiger stehen die Zeitentscheidungen in Organisationen zur Disposition, umso dringlicher müssen sie überprüft, verändert und angepasst werden. Die hochstandardisierten Zeitvorgaben der industriell geprägten Arbeit greifen für die verbreiteten team-

und projektförmigen Aufgaben- und Problembewältigungen von heute nur mehr begrenzt. Diese brauchen einen variableren und weniger standardisierten Umgang mit Zeit. »Flexibilität« ist dafür die gängige Bezeichnung, und so heißt auch das Programm zur Entbürokratisierung von Zeitentscheidungen. Das hierarchisch von oben nach unten exekutierte Zeitmanagement, wie es für bürokratische Organisationen – speziell für Ämter – typisch war, verliert mehr und mehr an Attraktivität. Angestrebt werden heute flexible Zeitvorgaben, die bis zur unrealistischen Hoffnung reichen, sich gänzlich, wie das kürzlich eine Bank ihren Kunden versprach, von Raum und Zeitvorgaben zu befreien. Glücklicherweise ist und bleibt das eine Illusion, denn die Befreiung von Raum und Zeit wäre nichts anderes als der Tod des Menschen und der Organisation. Aber tatsächlich verlangt die Arbeit mit dem Internet, wie wir gesehen haben, einen völlig anderen Umgang mit Zeit als die Fließbandproduktion. Ist Letztere nach der taktförmigen Zeigerlogik des Eins-nach-dem-anderen organisiert, so herrscht im weltweiten Netz das Prinzip der Gleichzeitigkeit und der Anfangs- und Endlosigkeit.

Auch in einer vielfach vernetzten Welt können organisatorische Zeitentscheidungen nicht ohne Rücksicht auf Zeitvorschriften, Zeitvorgaben, Zeitabmachungen – gesetzliche und ungesetzliche – getroffen werden. Daher sind die für die Zeitorganisation in Ämtern, Betrieben und Institutionen Verantwortlichen bei ihren Zeitentscheidungen nur in sehr eingeschränktem Umfang frei. Sie können sich nicht ausschließlich an den innerorganisatorischen Vorgaben und Notwendigkeiten ausrichten. Die Paragrafen der Arbeitsgesetzgebung sind dabei ebenso zu berücksichtigen wie die Regeln zum Sonntags- und zum Mutterschutz, die tarifvertraglichen Abmachungen genauso wie die internen Absprachen zwischen Betriebsrat und Leitung und anderes mehr. Da die Zeitordnungen von Organisationen immer auch Beziehungszeiten mitorganisieren – intern und extern –, können die zeitlichen Ansprüche, die vom familiären Umfeld der Mitarbeiter und Mitarbeite-

Fragen Sie sich:

Welche Zeitvorgaben setzt mir die Organisation?
Welche Spielräume für Zeitentscheidungen lässt sie?
Welches Zeitverhalten erwarten meine Vorgesetzten, meine Kollegen und meine Mitarbeiter von mir?
Kann und will ich diese Erwartungen erfüllen? Und was ist der Preis dafür?
Welche informellen, ungeschriebenen Zeitregelungen sind in der Organisation wirksam? Welche Zeitvorgaben machen sie? Welche Spielräume eröffnen sie?
Welche zeitorganisatorischen Regeln und Vorgaben widersprechen sich?

rinnen angemeldet werden, nicht völlig ignoriert werden, zumindest dann nicht, wenn man an deren Leistungsbereitschaft und Leistungsmotivation ein Interesse hat. Neuerdings reagieren Organisationen darauf mit Beratungs- und Bildungsangeboten, die unter der Chiffre »Work - Life - Balance« firmieren. Es handelt sich dabei um Klärungen und Abmachungen zwischen Beschäftigten und Vorgesetzten, die Zeitkompromisse zwischen betrieblichen und außerbetrieblichen Zeitansprüchen ausloten und regeln sollen.

▸ ***Eigenzeiten*** Als Eigenzeiten bezeichnen wir die Zeitansprüche der Einzelperson. Dazu zählen die Zeitbedürfnisse, aber auch die Zeitwünsche, Zeiterwartungen und auch Vorstellungen, die man an ein zufriedenstellendes und einigermaßen selbstbestimmtes Zeitleben hat. Der eine hat ein zeitintensives Hobby, die andere treibt viel Sport, steigt gerne auf Berge und fühlt sich nur dann wohl, wenn sie genügend Zeit dazu hat. Ihre Leidenschaft für Fußball macht es den einen unmöglich, am Wochenende zur Arbeit ins Büro zu gehen, während andere gerade am Wochenende Zeit und Lust haben, am

Schreibtisch zu sitzen. Die Raucher brauchen mehr Pausen als die Nichtraucher. Zuweilen begegnet man Personen, die für sich entschieden haben, alle drei Jahre für ein halbes Jahr »auszusteigen«, um irgendwo im Ausland ein Entwicklungsprojekt voranzutreiben. Man wird schwerlich zwei Personen treffen, die die gleichen Vorstellungen haben, wie sie die Zeit organisieren und mit ihr umgehen möchten. Was dem einen gefällt, lässt den anderen kalt, was die eine glaubt machen zu müssen, will die andere auf gar keinen Fall tun. Was für die einen Zeitfreiheit ist, ist für andere Zeitzwang. Zufrieden mit der Zeit, den zeitlichen Bedingungen und dem Zeitleben ist jede Person auf ihre je eigene Art und Weise. Gemeinsam betroffen aber sind alle von den Veränderungen und Dynamiken ihrer gesellschaftlichen Umwelt. Die verlangt heute mehr Zeitentscheidungen von den Menschen als jemals zuvor. Dies hat nicht zuletzt damit zu tun, dass die Möglichkeiten und Zwänge des Zeithandelns in einem riesigen Ausmaß zugenommen haben. Häufig gerät man ja schon durch die Anzahl der Zeitentscheidungen, die man tagtäglich treffen muss, unter Zeitdruck. Und so passiert es denn immer öfter, dass man mit seinen eigenen Zeitansprüchen in Konflikt gerät. Man braucht dafür Zeit,

Fragen Sie sich:

Welche Eigenzeitansprüche sind realistisch, welche nicht?
Welche Eigenzeiten sind mir »heilig«?
Welche Eigenzeiten tun mir gut, welche tragen zu meiner Zeitzufriedenheit bei, welche sind Ressourcen für mich, stocken meinen Energiehaushalt auf, fördern meine Lebenslust?
Welche Eigenzeitansprüche sind eher hinderlich, wirken belastend und kollidieren häufig mit anderen Zeiten?
Welche Zeitvorgaben und Zeitansprüche kollidieren mit meinen Eigenzeiten?

braucht sie aber auch für etwas anderes, und da beides nicht geht, braucht man noch etwas mehr Zeit, um sich für das eine oder das andere zu entscheiden. Die Herausforderung für die Einzelperson besteht zuallererst darin, die eigenen Zeitbedürfnisse wahrzunehmen, zu kennen, zu artikulieren und zu bewerten – und sie dann auf ihre Realisierungsmöglichkeiten zu überprüfen.

▸ ***Sozialzeiten*** Der Mensch lebt bekanntermaßen nicht vom Brot allein. Er lebt von dem, was ihn zu einem sozialen Wesen macht. Er lebt von der Zugehörigkeit, von der Anerkennung durch andere, der Abgrenzung von anderen, lebt von der Bewunderung durch andere, deren Anziehung und Distanzierung, von der Freundschaft, der Liebe, der Macht und der Ohnmacht, dem Konflikt und dem Streit mit anderen Menschen, von dem, was ihn zufrieden und unzufrieden, glücklich und unglücklich, heiter und traurig macht. Zur Selbsterhaltung bedarf er eines sozialen Umfelds und sozialer Beziehungen – und das braucht Zeit. Die Frage »Wie will ich meine Zeit leben?« ist keine nur individuell zu beantwortende Frage. »Meine« Zeit ist immer auch die Zeit der anderen, und die Zeit der anderen schränkt mich ein, ermöglicht mir aber auch vieles. Meine Zeitdispositionen werden beeinflusst: durch soziale Regeln, Ansprüche, Abmachungen, Erwartungen, Abhängigkeiten, Rituale und Traditionen. Das aber bedeutet, dass jede Person es mit einer Vielfalt von Zeitansprüchen der sozialen Mitwelt zu tun hat.

Sozialzeiten sind diejenigen Zeiten, die soziale Beziehungen, deren Entstehung, Entwicklung und Pflege erfordern. Es sind die Zeiten, die das Familienleben verlangt, die Freundschaften, das Vereinsleben, das Essen mit Bekannten und Kolleginnen oder auch nur der gelegentliche nachbarschaftliche »Ratsch« über den Gartenzaun brauchen. Diese hin und wieder zur »Quality Time« schöngeredeten Zeitansprüche unterscheiden sich gravierend von den Zeitansprüchen einer auf Arbeit ausgerichteten Organisation. Sie unterscheiden sich aber

Fragen Sie sich:

Wie viel Zeit und welche Zeitqualitäten braucht die Familie, welche verlangt der Freundeskreis oder das Kollegium, und welche nimmt die Mitgliedschaft im Verein in Anspruch?

Welche Sozialzeiten sind wann entlastend, welche wann belastend? Welche wirken in welcher Situation sinnstiftend?

auch untereinander in ihrem Verpflichtungsniveau. Die Vereinbarung, die gemeinsamen Kinder pünktlich vom Kindergarten abzuholen, hat einen höheren Verbindlichkeitscharakter als das schnell mal auf dem Büroflur vereinbarte Treffen mit Kollegen nach der Arbeit in der Eckkneipe. Die Kategorie der Sozialzeiten als Element des Zeitgeflechts führt unweigerlich zu Erwägungen einer Lebenswelt, in der Menschlichkeit, soziales Handeln, soziale Verbindlichkeiten und soziale Zusammengehörigkeit eine wichtige Rolle spielen. Als geselliges Wesen ist das Individuum auf Zeiten »träger Produktivität« angewiesen, auf jene Zeitqualitäten, die sich der Verrechnung in Geld und der Beschleunigung entziehen. »Der Eile«, so Max Weber, »ist die Verbrüderung in der Wurzel fremd.« Thema in der persönlichen Zeitanalyse müssen daher auch die je eigenen Zeitbedürfnisse nach Geselligkeit und sozialer Zusammengehörigkeit sein, darüber hinaus auch jene Ansprüche und Anforderungen, die das soziale Umfeld, die Lebenspartner, die Kinder, die Freunde usw. stellen.

▸ ***Naturzeiten*** Bevor man die Zeiten ändern will, sollte man wissen, dass man selbst zeitlich ist. Zweimal jährlich bekommt der Mensch es zu spüren: Er lässt sich nicht so problemlos verstellen wie die Uhrzeiger. Beim Wechsel von Normalzeit auf Sommerzeit dauert die Umstellung für den Menschen annähernd eine Woche. Der bewundernswerte, zuweilen aber auch problematische Weg der Teilbefreiung des Menschen von den Zwängen der Natur entbindet diesen nicht von den Gesetzen und Maßen seiner rhythmischen Zeitnatur. Diese Rhythmen sind der menschlichen Verfügungsgewalt teilweise entzogen – zu ihnen gehören unter anderem die schwankende Leistungsfähigkeit, der Wechsel von Aktivität und Entspannung. Unsere Lebens- und Arbeitsfähigkeit, Wohlergehen und Zufriedenheit hängen davon ab, ob wir fähig und willens sind, diese Tatsache bei unserem Zeithandeln zu berücksichtigen. Nur dann ist sichergestellt, dass sich die Natur nicht rächt und die Menschen für ihre Maßlosigkeit, der die Griechen den Namen »Hybris« gaben, bestraft. Steht das Individuum vor der Aufgabe, Zeitentscheidungen zu treffen – ganz gleich ob im Kontext politischer, bürokratischer, ökonomischer, sozialer oder privater Entscheidungen –, dann stellt sich stets auch die Frage, wie weit auf die Zeitnatur Rücksicht genommen werden soll und kann. Aufgrund seiner biologischen Zeitnatur

Fragen Sie sich:

Wie ist meine Arbeits- und Leistungsfähigkeit über den Tag verteilt? Wann bin ich arbeitsfähig, wann habe ich Pausen nötig, und welche Signale melden mir das?

Wie viel Schlaf habe ich nötig, und was geschieht, wenn ich zu wenig bekomme?

Wie wettersensibel reagiert mein Körper?

Wie früh und an welchen Symptomen spüre ich meine zeitlichen Belastungsgrenzen?

In welchem Umfang kann ich meinen natürlichen Leistungsrhythmus bei der Arbeitsgestaltung und den Arbeitsverläufen berücksichtigen?

Wann klappt dies, wann nicht, und welche Bedingungen sind dafür jeweils verantwortlich?

ist es dem Menschen unmöglich, zeitlich so zu »ticken«, wie die Geräte es vormachen, also all jene Maschinen und Instrumente, an und mit denen er arbeitet und lebt. Der Körper ist kein zeitliches Warenlager, aus dem man sich nach Belieben bedienen kann. Als Naturwesen ist der Mensch durch seine Biologie zeitlich vorgeprägt und festgelegt. Als Kulturwesen ist es ihm möglich, elastisch und in Maßen auch flexibel mit diesen chronobiologischen Vorprägungen umzugehen. Letzteres macht einen Großteil dessen aus, was wir »Zeitfreiheit« nennen. Da Freiheit und Bindung zusammengehören, sind jedoch alle Zeitentscheidungen und ist alles Zeithandeln nur unter Berücksichtigung der Maße der menschlichen Zeitnatur verantwortungsvoll zu realisieren. Für zeitliche Grenzverletzungen, Grenzüberschreitungen wird der Mensch »zur Kasse gebeten«. Kopfweh, Rückenschmerzen, Kreislaufstörungen, schlechte Laune und depressive Verstimmungen gehören zu den eher harmlosen Alarmzeichen des Körpers bei Überforderungen. Schichtarbeiter – speziell Schichtarbeiter mit wechselnden Schichten – und globalisierte Zeitzonenüberbrücker mit Jetlag können von den Folgeproblemen berichten. So kann man denn nur raten, Friedrich Schiller zu folgen und »die Natur zu seinem Freund« zu machen. Dazu muss man wissen, wie sich die eigene Leistungsfähigkeit rhythmisch über den Tag verteilt, um dieses Wissen bei der Verrichtung seiner Tätigkeiten dann zu berücksichtigen.

War's das schon? Ressourcenzeiten nicht vergessen!

Auch bei der Identifikation und der Offenlegung von Ressourcenzeiten hat sich das Modell des Zeitgeflechts bewährt. Bei Ressourcenzeiten handelt es sich um Zeiten, die die Lebensenergie, den Lebensgenuss und die Lebensfreude erhöhen, um Zeiten, die Sinn vermitteln und als sinnvoll erlebt werden. Dazu gehören insbesondere Zeiterfahrungen der Selbstwirk-

Fragen Sie sich:

Welche Zeitqualitäten, welche Zeiterfahrungen tun mir gut, welche steigern meine Arbeitsmotivation, meine Lebens- und Zeitzufriedenheit und welche mein psychisches Wohlergehen?
Auf welche Zeiterfahrungen möchte ich auf keinen Fall verzichten? Welche geben mir Kraft, welche vermitteln mir Genuss und Lebensfreude?
Welche Zeiterfahrungen würde ich zukünftig gerne häufiger machen?
Wohin gehen, was das Zeithandeln betrifft, meine Sehnsüchte und Wünsche? Was wäre zu tun, um der Verwirklichung dieser Sehnsüchte und Wünsche näher zu kommen?
Wie und an welchen Stellen lassen sich die Ressourcenzeiten und die Handlungs- und Entscheidungsspielräume erweitern, die meine Zeit betreffen?
Sind diese Zeiten problemlos oder nur mit großem Aufwand arrangierbar? Sind sie gefährdet, stehen sie durch die wachsende Zeitverdichtung unter Druck oder zur Disposition?
Was bedroht die Ressourcenzeiten? Wie lassen sich diese »Bedrohungen« abwenden?
Was kann ich tun, um die Ressourcenzeiten auch in Zukunft bewusst leben und genießen zu können?

samkeit, in denen man sich als wirkmächtig und wirkungsvoll erlebt. Das können aktive, aber auch passive Zeiten sein: Zeiten der Erholung und Entspannung, des Genusses und der sportlichen Betätigung ebenso wie der Feierabend oder befriedigende, erfolgreiche Zeiten der Arbeit und der Kooperation. Je mehr Ressourcenzeiten vorhanden sind, umso besser, umso elastischer und situationsgerechter kann man auf Belastungen, zum Beispiel auf Zeitdruck, reagieren. Die Ressourcenzeiten, in denen uns Lebensenergie zuströmt und unsere Widerstandskräfte gestärkt werden, gilt es zu erkennen, zu pflegen und zu schützen – und, wenn möglich, auszubauen. Dazu zählen auch die kleinen Riten des Arbeitsalltags, wie zum Beispiel die Rituale der Arbeitsaufnahme, des Arbeitsabschlusses und Zwischenbilanzen. Sie geben dem Tag jenen Rhythmus, der der Zeitnatur des Menschen entspricht.

Spielräume balancieren, Konflikte erkennen und vermeiden

Haben Sie es bemerkt? Das Modell des Zeitgeflechts entzieht sich der im Zeitmanagement üblichen situations- und fallübergreifenden Schematisierung. Es geht vielmehr davon aus, dass der Mensch in seiner alltäglichen Lebensführung jeweils unterschiedliche Zeitlogiken und Zeitansprüche (der Arbeit, der Familie, des Körpers, der Aufgabe usw.) zusammenführt. Diese zeitlichen Gestaltungskräfte – die nebeneinander existieren und sich gegenseitig beeinflussen – gilt es, besser zu bewältigen und zu gestalten. Es geht darum, Kompromisse und Balancen zu finden zwischen den Zeitansprüchen und Zeitspielräumen der verschiedenen Instanzen – nicht nur einmal, sondern immer wieder. Dabei kann man die Grenzen des individuellen Zeithandelns auch als Handlungschancen und Handlungsmöglichkeiten verstehen und nicht nur als Einschränkungen. Zeitstrukturen und Zeitansprüche engen ja nicht nur ein. Sie sorgen auch für Stabilität, Orientierung und Sicherheit, und sie gewähren dadurch Handlungsgewissheiten.

Das Modell zielt auf ein Zeitleben, in dem ein Gleichgewicht zwischen den individuellen Zeitvorstellungen und Zeitbedürfnissen und den notwendigen Anpassungen an die Zeitanforderungen der Um- und Mitwelt verhandelt wird. Das Modell ordnet die Gestaltungskräfte der Zeitwirklichkeit, die Einfluss nehmen auf den einzelnen Menschen, und setzt sie zueinander in Beziehung. Ändert sich bei einer der Instanzen etwas, dann kommt es auch an anderer Stelle zu Änderungen. Und das kann natürlich gleich mehrere Instanzen betreffen.

Übrigens gibt es schon Vorbilder für ein komplexes und erfolgreiches Zeithandeln in der Kommunalpolitik. Zeitpolitik wird in diesem Zusammenhang zur Verbesserung der Lebensqualität eingesetzt. Dafür haben einzelne Kommunen sogenannte Zeitbüros eingerichtet, die ihre Aufgabe darin sehen, die vielen verschiedenen Zeitpläne, die das Alltagsleben der Einwohner prägen, miteinander abzustimmen. In Italien existiert dafür sogar eine gesetzliche Grundlage, die Gemeinden über 30 000 Einwohnern die Aufgabe zuweist, die kommunalen Zeitpläne nutzerfreundlich zu gestalten. Die Öffnungszeiten von Ämtern und Serviceeinrichtungen, die Zeiten für Kinderbetreuung, die kulturellen Angebote, die Fahrpläne des öffentlichen Nahverkehrs usw., sie alle werden mit der Hilfe und Unterstützung der Zeitbüros koordiniert. Der Erfolg zeigt sich unter anderem auch darin, dass es in vielen norditalienischen Städten nicht mehr nur Flächennutzungs-, sondern auch Zeitnutzungspläne gibt, die sicherstellen, dass öffentliche und auch private Dienstleistungen dann zur Verfügung stehen, wenn sie gebraucht werden. »Runde Tische« sorgen für Zeitkompromisse und einwohnerfreundliche Zeitarrangements.

Das Modell des Zeitgeflechts eignet sich in vielen Bereichen für das Aushandeln solcher Zeitkompromisse, denn es ist eine Art Sehhilfe für das, was als »Zeitproblem« beschrieben und bewertet wird. Es hebt die Zeitfiguren des zur Debatte stehenden »Zeitproblems« auf eine Art Hebebühne und macht das Zeitgeflecht der Problemsituation sozusagen »von unten« einsehbar. So wird transparent und lokalisierbar, was zuvor uneinsehbar und unzugänglich war. Damit ist die notwendige Voraussetzung und Grundlage geschaffen für eine Inspektion der als problematisch erlebten Zeitsituation.

Häufigster Anlass und Ausgangspunkt für den Einsatz des Modells sind Kollisionen und Konkurrenzen von Zeitansprüchen, nicht enden wollender Zeitdruck und eine kraft- und lustraubende Unzufriedenheit, die »etwas mit Zeit und dem Umgang mit ihr zu tun haben könnte«.

Diese Kollisionen unterschiedlicher Zeitansprüche sind im Alltagshandeln nichts Besonderes. Sie gehören einfach zu unserer Zeitnormalität, und solange die Beteiligten keinen Leidensdruck spüren, ist alles noch »im grünen Bereich«. Wenn aber der Umgang mit Zeit zu Unzufriedenheit, Unlust und Verdrossenheit führt, ist das schnell etwas anderes. Im Rahmen solcher »Problemsituationen« hat uns die Erfahrung gezeigt, dass die Menschen zwar auf sehr unterschiedliche Art und Weise mit den Zeitverhältnissen unzufrieden sind. Aber die in diesem Zusammenhang auftretenden Zeitkollisionen können sich ordnen lassen zu »Typen«, also wiederholt vorkommenden Konstellationen. Diese wiederum trifft man schwerpunktmäßig in unterschiedlichen Berufen an. Kollisionen zwischen Natur- und Organisationszeiten treten häufig in Berufsfeldern auf, in denen mit den Rhythmen der Natur gearbeitet wird, so etwa bei Gärtnern, Bauern, Winzern und Hebammen. Bei Tätigkeiten, die stark an den Uhrzeitmodus zeitlicher Abläufe gebunden sind – zum Beispiel Lokführer, Piloten, Nachrichtensprecherinnen, Lehrerinnen usw. – trifft man gehäuft Zeitkollisionen zwischen Organisationszeiten, Aufgabenzeiten und Naturzeiten an. Personen, die die Zeit anderer Personen planen und ordnen – dazu zählen Managerinnen, Bauleiter, Führungskräfte, Schulleiterinnen usw. –, kommen oftmals in Situationen, in denen ihre Sozialzeiten mit ihren Aufgaben- und Organisationszeiten in Konflikt geraten. Während Menschen, die ihre Eigenzeiten relativ frei leben können – Künstler, Kinder und Rentnerinnen –, nicht selten über Zeitkonflikte mit organisatorischen Zeitvorgaben klagen.

Es lohnt sich also der Blick auf die am häufigsten auftretenden Zeitkollisionen.

▸ ***Aufgabenzeiten vs. Organisationszeiten*** Dies ist nach unseren Erfahrungen die am häufigsten vorkommende Zeitkollision. Sie gehört in der Arbeitswelt zur alltäglichen Normalität. Die Beispiele sind wohlbekannt: Da werden Mitarbeitern von Vorgesetzten Zeitvorgaben gemacht, die manchmal schon auf den ersten Blick einer realistischen Projektabwicklung entgegenstehen. Mal mit mehr, mal mit weniger Absicht wird Zeitdruck gemacht, zum Beispiel durch eine zu enge Fristsetzung, um den Arbeitseinsatz und den Leistungswillen der Beteiligten zu erhöhen. »Führung durch Zeitdruck« heißt diese Strategie, die sowohl die Folgebereitschaft als auch die Arbeitsmotivation der Mitarbeiter und Mitarbeiterinnen strapaziert und nicht selten auch überstrapaziert. Diese reagieren mit Widerstand, Unlust, indirekter Arbeitsverweigerung, zuweilen aber auch mit Flucht in die Krankheit, mit Aktionismus und Hektik. Ähnliche Verhaltensweisen kennt man als Reaktion auf organisatorische Zeitvorgaben, die, ohne dass der Sinn und der Nutzen für die Mitarbeiter plausibel gemacht werden, der Zeitverdichtung bzw. der Arbeitsintensivierung dienen.

Doch nicht nur in Produktionsbetrieben oder im Handwerk kollidieren Aufgabenzeiten und organisatorische Zeitvorgaben häufig. Auch in sozialen Berufen ist das oftmals der Fall, besonders dort, wo es um Pflegedienstleistungen geht. Meistens werden die Pflegezeiten von ökonomischen und gesetzlichen Vorgaben so weit eingeengt, dass weder die anstehenden Aufgaben vernünftig erfüllt werden können noch den Bedürfnissen der zu Pflegenden auf menschliche Weise entsprochen werden kann.

▸ ***Naturzeiten vs. Organisations- und Aufgabenzeiten***
Jeder Langstreckenpilot und jeder Schichtarbeiter, jede Nachtschwester und jeder Bäcker kennt die Kollision von Organisationszeiten und Naturzeiten zur Genüge. Sie kennen sie nicht nur, sie bekommen sie zu spüren – als Widerspruch: Die Arbeit muss, und das möglichst gut, getan werden, dies allerdings in einer Situation, in der die Signale der eigenen Zeitnatur nach Schlaf verlangen. Solch eine Kollision ist immer auch ein Angriff auf die Gesundheit. Die Rhythmen der Zeitnatur geraten durcheinander, das Bluthochdruckrisiko steigt,

die Konzentrationsfähigkeit sinkt. Da der Körper in der Nacht anders als am Tag arbeitet, wächst das Krankheitsrisiko, und die Wahrscheinlichkeit von Schlafstörungen steigt. Belegt hat die Wissenschaft auch die Zunahme von Arbeitsunfällen, Fehlern und Qualitätsmängel aufgrund von Übermüdung und nachlassender Konzentration. Darüber hinaus werden die Gemütslage und die Lernfähigkeit durch Belastungen gegen die innere Zeitnatur beeinflusst. Die zeitliche Organisation biologischer Systeme untersuchenden Chronobiologen sprechen in diesem Zusammenhang von einem »sozialen Jetlag«. Dieser kann im Alltag zu gravierenden Problemen durch Übermüdung und Konzentrationsmängel führen. Belege dafür sind die »großen« Unglücke dieser Welt: Der Tankerunfall der Exxon Valdez, die Nuklearkatastrophe von Tschernobyl und das Chemieunglück von Bophal/Indien sind allesamt unter den Händen übermüdeter Arbeiter geschehen, zu Zeitpunkten also, als die Konzentrationsfähigkeit des Aufsichtspersonals am absoluten Minimum war.

Sozialer Jetlag

Ein Zeitrat von Till Roenneberg

Die innere Uhr der meisten modernen Menschen ist meist viel zu spät dran, um sie rechtzeitig für die herkömmlichen Arbeitszeiten zu wecken. Diese Aufgabe haben wir daher Aufweckgeräten übertragen. Mittlerweile benutzen 85 Prozent der Bevölkerung an Arbeitstagen einen Wecker, um rechtzeitig wach zu werden. Der Gebrauch von Weckern hat eine ganz einfache, oft übersehene Konsequenz: Wer nicht von alleine wach wird, hat seinen biologischen Schlaf noch nicht beendet. Die meisten Menschen häufen unter der Arbeitswoche ein Schlafdefizit an, da ihre innere Uhr sie zu spät einschlafen lässt und sie mit dem Wecker zu früh aufwachen. An freien Tagen gehen daher die meisten von uns sehr viel später ins Bett, aber schlafen wesentlich länger als an Arbeitstagen.

Die Diskrepanz zwischen der zirkadianen (alle inneren Rhythmen betreffenden) Innenzeit und der sozialen Außenzeit haben wir den »sozialen Jetlag« genannt, da unser wöchentliches Schlafverhalten so aussieht, als flögen wir am Freitag nach New York und am Sonntagabend zurück. Im Gegensatz zum Reisejetlag, den wir nach wenigen Tagen loswerden, weil sich unsere innere Uhr an den neuen Licht-Dunkel-Wechsel anpasst, ist sozialer Jetlag chronisch. Nur 13 Prozent der Bevölkerung werden von diesem modernen Syndrom verschont! Sozialer Jetlag ist vergleichbar mit einer Dauerfrühschicht, auch wenn dieses Syndrom bei »echten« Schichtarbeitern viel stärker ist (vor allem, wenn sie in Rotationsschichten arbeiten). Aus der epidemiologischen Forschung wissen wir, dass diese Lebensumstände Stress für zirkadiane Uhr und Schlaf bedeuten. Die Folge sind geschwächte Abwehrmechanismen, sodass Schichtarbeiter die meisten Krankheiten (Krebs eingeschlossen) mit erhöhter Wahrscheinlichkeit bekommen. Seit die zirkadiane Belastung von Erwerbstätigen – auch außerhalb der Schichtbetriebe – durch das soziale Jetlagprinzip quantifizierbar ist, häufen sich die Erkenntnisse, dass sozialer Jetlag auch gesundheitliche Folgen hat, vom Konsumverhalten (Nikotin, Koffein, Alkohol) über Depressionen bis hin zu metabolischen Syndromen. (Mehr dazu in: Roenneberg/Winnebeck: Sozialer Jetlag und seine Folgen, in Schlaf 4/2014)

Till Roenneberg ist Professor am Institut für Medizinische Psychologie an der Ludwig-Maximilians-Universität München. Sein Forschungsgebiet ist die Chronobiologie.

▸ ***Eigenzeiten vs. Sozial- oder Aufgabenzeiten*** Bei dieser Kollision geht es meist um die Rückstellung bzw. um die Frustration der eigenen zeitlichen Ansprüche, um Zeitansprüche der Familie, des Freundeskreises, des Kollegiums zu erfüllen, oder um unvorhersehbare Zeitansprüche, die Arbeitsaufgaben erfordern. Man fühlt sich gestresst und kommt, so die lauten und leisen Klagen, nicht mehr zu sich selbst, geht sich selbst verloren. Zeichen für das Zu-kurz-Kommen von Eigenzeiten sind Sinnfragen und Sinnkrisen (»Wozu mache ich das hier alles?«, »Das kann doch nicht alles sein!«). Nach dem Sinn des Lebens wird gerne gefragt, wenn die eigenen Zeitansprüche über längere Zeit zurückgestellt wurden oder nicht wahrgenommen und nicht akzeptiert werden. Das geschieht in manchen Firmen und Institutionen relativ offen und direkt. Indirekt geschieht es häufig in jenen Vorzeigeorganisationen, die ihre Mitarbeiter nach dem Prinzip führen: »Tu, was du willst, aber sei profitabel!« Speziell Letztere beanspruchen ihre Mitarbeiter und Mitarbeiterinnen rund um die Uhr. Solche Organisationen regeln die Arbeitszeiten sehr offen und elastisch, verlangen und erwarten von ihren Beschäftigten im Gegenzug jedoch oftmals überlange Arbeitszeiten und ein überdurchschnittliches Engagement. Gesorgt wird unter anderem für hervorragende betriebliche Sport- und Freizeitmöglichkeiten, für gutes Essen und eine vorbildliche Gesundheitsförderung. Man fährt mit den Kollegen in den Urlaub, nutzt den ärztlichen Dienst der Organisation, bekommt Dienstauto, Dienstkleidung und Dienstwohnung gestellt. Allein für Eigenzeiten und Eigeninteressen bleiben bei dieser Rundumversorgung weder Raum noch Zeit. Diese einzuklagen, das nun wiederum verbietet die Dankbarkeit gegenüber der so netten und fürsorglichen Organisation, die sich ja so sehr um einen kümmert.

▸ ***Sozialzeiten vs. Aufgabenzeiten*** Jede Führungskraft – vorausgesetzt, sie lebt nicht als Single – kennt die rivalisierenden Zeitansprüche von Arbeit und Privatleben, kennt den Konflikt zwischen »das muss noch fertig gemacht werden« und den Erwartungen derer, die zu Hause auf den Beginn des gemeinschaftlichen Abendessens warten. (»Mama / Papa, wann kommst du endlich?«). Die Zeitkonflikte eskalieren, wenn man einen Teil der Arbeit, wie das die Mobilgeräte heute nicht nur ermöglichen, sondern auch provozieren, mit nach Hause nimmt. Schnell weiten sich solche Kollisionen zu Dreieckskonflikten zwischen familiären Zeitansprüchen, organisatorischen Zeiterwartungen und Aufgabenansprüchen aus. Den Kürzeren ziehen in diesen Fällen – das zumindest sagen unsere Erfahrungen – die Zeitansprüche des Sozialen (»Der Job hat mich meine Ehe gekostet!«). Um sie nicht ganz untergehen zu lassen, müssen die sich heute aufdrängenden Fragen der Erreichbarkeit und der Abgrenzung gestellt werden.

Fragen Sie sich:

Zwischen welchen Zeitelementen des Geflechts kollidieren bzw. widersprechen sich die Zeitansprüche?
Wie sehen diese Kollisionen/Widersprüche/Konkurrenzen im Detail aus? Wann und unter welchen Bedingungen treten sie auf und wann nicht, und wie äußern sie sich? Wie wird mit ihnen umgegangen?
Wer leidet, wer profitiert von den Zeitkollisionen? Welche Folgen haben sie?

Fragt man aber nach den »Schwachstellen«, also den Zeitkollisionen, dann empfiehlt es sich, auch nach den Spielräumen des Zeithandelns, also nach den Zeitfreiheiten, zu fragen. Die nämlich entscheiden über die Handlungsmöglichkeiten beim Umgang mit den Zeitkonflikten und Zeitkollisionen. Sinnvoll ist es daher auch zu fragen:

Wie sehen die zeitlichen Entscheidungs- und Handlungsspielräume in den Zeitelementen des Zeitgeflechtes aus?
Lassen sich diese vergrößern, erweitern und eventuell elastischer gestalten?
Wie hoch wäre der Aufwand, und zu welchem Preis könnte das geschehen?
An welchen Stellen, in welchen Bereichen lässt sich auch beim besten Willen nichts ändern?

▸ *Eigenzeit vs. Naturzeit* Hier handelt es sich um eine Kollision, die allen, die schon einmal vor einem Fernseher eingeschlafen sind, bekannt sein dürfte. Und auch die kennen sie, die sich von ihrer spannenden Lektüre oder ihrem anregenden Gesprächskreis nicht rechtzeitig trennen können und die Folgen am nächsten Morgen spüren. Handelt es sich dabei um seltene Einzelfälle, dann lohnt es sich nicht, über solch eine Kollision von Eigen- und Naturzeit lange zu reden. Erst wenn dieser Zeitkonflikt, meist ein Pflicht-Neigungs-Konflikt, zu einem Dauerzustand oder zu einer Gewohnheit wird, lohnt es sich, einmal genauer hinzuschauen, um Folgeprobleme individueller (gesundheitlicher) oder auch sozialer Art zu vermeiden. Ein krasses Beispiel dafür konnte man einmal einer Zeitungsmeldung entnehmen. Da wurde berichtet, dass sich koreanische Computerspieler, die über mehrere Wochen die Signale ihres Körpers missachteten, zu Tode gespielt haben. Aber in solch hartnäckigen Fällen ist dann auch die beste Zeitberatung am Ende ihres Lateins.

Wer sein eigenes Zeitgeflecht von Zeitansprüchen und zeitlichen Spielräumen auf den Prüfstand stellt, sollte also nach Kollisionen der Zeitinstanzen suchen.

»Dauerbrenner« der Zeitverwirrung

Die Zeitsituationen, die uns immer wieder geschildert werden, sind allesamt spezifische Zeitsituationen mit besonderen Zeitproblemen. Sie sind dies auch, weil sich die Menschen, die einen Zeitrat suchen, unterscheiden: Frauen haben oftmals andere Zeitprobleme als Männer, Führungskräfte andere als Selbstständige und Arbeitslose andere als Angestellte. Junge Menschen klagen nur selten über die gleichen Zeitkonflikte und Zeitkollisionen wie ältere. Der Zeitfrust von Alleinlebenden unterscheidet sich vom Zeitfrust der Familienmenschen, und bei diesen wiederum erleben jene mit kleinen

Kindern nicht die gleichen Zeiten als unbefriedigend wie jene mit halbwüchsigen Kindern.

Es gibt keine zwei Problemsituationen, die identisch wären. Ein jedes Geflecht von Zeitansprüchen und Zeitspielräumen unterscheidet sich vom anderen. Und doch gibt es Themen, Fragestellungen und Problemkonstellationen, die immer wieder auftauchen.

Es sind dies vor allem die drei folgenden thematischen Schwerpunkte, mit denen wir uns näher beschäftigen wollen – und sie sind allesamt den herrschenden gesellschaftlichen Zeitdynamiken und Zeittrends geschuldet. Das sind:

- der Umgang mit den Anforderungen zunehmender ***Flexibilität***,
- der Umgang mit ***entgrenzten Zeiten*** (Rund-um-die-Uhr-Gesellschaft),
- der Umgang mit wachsender ***Zeitverdichtung*** (Multitasking).

▸ ***Flexibilität*** Sich jederzeit und überall auf geänderte Anforderungen und Bedingungen einer Situation rasch und problemlos einstellen zu können bezeichnen wir als Flexibilität. Insbesondere zeitliche Flexibilität verlangt eine hohe Veränderungsbereitschaft, Umstellungsfähigkeit und Beweglichkeit in Bezug auf kurzfristige Umweltveränderungen.

Von der Zunahme zeitlicher Flexibilisierung erwartet man sich in erster Linie Wachstumseffekte, insbesondere die Steigerung ökonomischer Effizienz. Flexible Mitarbeiter und Mitarbeiterinnen werden heute im Arbeitsleben gesucht, sie werden bevorzugt und befördert und für ihr flexibles Verhalten belohnt.

Andererseits wird die Zunahme von Flexibilität dort problematisch und bedrohlich, wo sie mit Verlusten an Sicherheit, Stabilität und Orientierung einhergeht. Dies geschieht vor allem dann und dort, wo mit der Zunahme an Beweglichkeit die bis dahin sicheren Fundamente und stabilen Strukturen brüchig werden und wo eine umfassendere Verfügbarkeit der Mitarbeiter die bestehenden Verbindlichkeiten, Routinen und Zuverlässigkeiten ins Schwanken bringt. Beispiele dafür gibt es genug. Dazu gehören die Mitarbeiterin im Supermarkt, die nur noch auf Abruf für Kurzfristarbeitseinsätze angefordert wird, der Manager, der zu Kurzfristreaktionen gezwungen ist, weil sich die Geschäftsführung nicht festlegen will, der Freiberufler, der den spontanen Änderungswünschen des Kunden ausgesetzt ist und seine Wochenendplanung daher immer offen halten muss.

Die Folgen sind wachsende Verunsicherung, Mehrbelastungen und steigender Orientierungsbedarf. Um die Vorteile der Flexibilisierung ausschöpfen und ernten zu können, müssen daher Flexibilisierungs- und Stabilisierungsmaßnahmen Hand in Hand gehen. Das ist nicht zuletzt deshalb nötig, weil die von Flexibilisierungsmaßnahmen Betroffenen die Sicherheit haben müssen, bei den diesbezüglichen Aktivitäten nicht mit »wegflexibilisiert« zu werden oder dabei den Boden unter den Füßen zu verlieren.

Um Veränderungen in Gang setzen, ertragen und steuern zu können – nichts anderes ist Flexibilität –, haben die Menschen seit alters Rituale als stabilisierende Elemente, als eine Art Geländer durch die Zeiten, in die Abfolge ihres Zeithandelns eingebaut. Rituale stabilisieren das Leben und dessen Zeitfluss. Sie verleihen diesen Sicherheit und Kontinuität und machen so Veränderungen erträglich. Sie nehmen dem Neuen den Schrecken des Unbekannten und Unsicheren. Es wäre für die Menschen nicht auszuhalten, wenn kein Tag dem anderen gliche, wenn sich täglich alles ändern würde und Tag für Tag sämtliche Entscheidungen neu getroffen werden müssten. Rituale und manche Konventionen sind eine Art soziales Rückgrat im Leben. Sie bilden einen festen Rahmen, einen Rückhalt in veränderungsfreudigen, sozial organisierten Umwelten. Sie sichern die Balance, die durchaus auch wacklig sein kann, zwischen Stabilität und Wandel, und verleihen Verhaltenssicherheit. Das Ritual des Familienfrühstücks ist dafür exemplarisch. Obgleich es in unserer flexibilisierten Welt fast nur noch an Sonn- und Feiertagen lebendig ist, stiftet es einen unersetzbaren familiären Zusammenhalt und stabilisiert Familien durch seine Kräfte der Vergemeinschaftung. Wo man um der Flexibilität willen auf Konventionen, Traditionen und Rituale verzichtet, sie abschafft oder ignoriert, steigen die Risiken des Scheiterns, des Sichverirrens, des Orientierungsverlusts. Davon berichten können die vielen, die, nach einem flexiblen Arbeitstag zu Hause angekommen, erschöpft in den Sessel fallen und sich fragen, was sie eigentlich an diesem Tag getan haben.

Dass Flexibilität Stabilität braucht, kennen wir aus dem Straßenverkehr. Je mehr beschleunigt, je umfassender flexibilisiert wird, umso notwendiger und dringlicher werden ergänzende Sicherungs- und Sicherheitsmaßnahmen. Die gesetzliche Verpflichtung zum Anlegen von Sicherheitsgurten gehörte ebenso dazu wie der serienmäßige Einbau von Airbags und die Pflicht zum Tragen eines Sturzhelms bei Motorradfahrern. Wir kennen diese Dialektik aus der Geschichte der Motorisierung: Was als »Freiheitsbewegung« begann, endet als Staugefängnis. Es ist paradox: Je mehr Zeit wir gewinnen, umso weniger haben wir, je beweglicher, je schneller, je flexibler wir werden, desto geringer die Bewegungsfreiheit. So richtig flexibel und ganz, ganz schnell kann man nur im gefesselten Zustand sein.

Eine den Sicherheitsgurten und Helmen im Straßenverkehr vergleichbar stabilisierende Funktion übernehmen Routinen und Gewohnheiten in der Arbeitswelt. Sie entlasten von den Flexibilisierungszumutungen der Verunsicherung, da man mit ihrer Hilfe weiß, was auf einen zukommt. Beispiele aus der Arbeitswelt sind dafür: Wochenanfangsmeetings, Wochenabschlussmeetings, regelmäßige Treffen, gemeinsame Essen usw. Man sollte also Meetings, wie das oftmals der Fall ist, nicht als Zumutung sehen. Es empfiehlt sich auch hier wieder, etwas genauer hinzusehen, um das Sinnvolle vom Sinnlosen, das Zwecklose vom Zweckvollen zu unterscheiden.

Daher wäre es kontraproduktiv, solche Meetings ohne gute Gründe zu streichen oder gar zu bekämpfen. Zudem wäre es nicht nur anstrengend, sondern auch ökonomisch dumm, alles immer wieder erneut zur Disposition zu stellen – eine Einsicht, die auch von der Hirnforschung unterstützt wird. Diese weist auf den relativ niedrigen Aufwand an Aufmerksamkeit hin, den wir für Routinen und Rituale brauchen. Mit anderen Worten: Routinen und Rituale besitzen eine hohe Energieeffizienz.

Flexibilität braucht Stabilität – dies ist eine Erkenntnis, die sich Führungskräfte gut merken und entsprechend handeln, wenn sie mal wieder weitreichende Zeitentscheidungen treffen!

▸ ***Entgrenzte Zeit*** Es ist das Unglück von uns Menschen, dass wir uns eine Welt geschaffen haben, die uns das Leben so viel angenehmer gemacht hat, uns aber nicht dazu befähigt hat, die Grenzen unseres Tuns und Lassens zu erkennen, zu achten und zu akzeptieren. Weil das so ist, stellen sich in unseren Beratungsgesprächen auffällig häufig, offen und versteckt, Fragen der Selbstabgrenzung, der Grenzziehung, der Grenzverletzung, der Begrenzung und auch der Überwindung von Grenzen – von räumlichen, sozialen und zeitlichen Grenzen.

Folgen wir den übereinstimmenden Aussagen unserer Gesellschaftsanalytiker, so leben wir heute in einer Welt voller Entgrenzungen, das betrifft räumliche, soziale und zeitliche Grenzen. Die einstmals scharfe Grenze zwischen geregelten Arbeitsstunden und ungeregelten Überstunden ist heutzutage so antiquiert wie die traditionelle »Fünf-Tage-Arbeitswoche«. Man spricht – nicht ganz frei von Schönrednerei – von zeitlicher Entgrenzung, und das, obgleich Arbeitsmediziner immer wieder warnen, dass man für diesen zeitlichen »Mauerfall« nicht nur mit der vagen Aussicht auf eine mögliche Karriere »belohnt« wird, sondern auch mit Schlafstörungen, Rückenproblemen und Herzbeschwerden. Statistiken lassen keinen Zweifel daran, dass die Entgrenzung, speziell in den Führungsetagen, längst zur Normalität gehört: Die Mehrheit der Manager empfängt, liest und beantwortet ihre beruflichen E-Mails auch in ihrer privaten Umgebung, annähernd alle beantworten sie sofort, nicht wenige unterbrechen sogar ihr Essen dafür. Der lange Arm der Arbeit reicht weit hinein in das, was man ehemals Privatleben nannte.

Die Auflösung der institutionellen Grenzziehungen zwischen den arbeits- und lebensweltlichen Zeitstrukturen und Zeitregeln führt dazu, dass die Belastungen ansteigen und sich intensivieren, dass der Entscheidungsbedarf wächst, der Entscheidungsdruck steigt und durch die Verdichtung von Handlungsnotwendigkeiten die Zeitnöte ausweitet. Solche Auf- und Zudringlichkeiten haben die private Lebenswelt einem immer stärkeren ökonomischen Imperativ ausgesetzt. Vor allem gilt das für Familien. Ihnen wird durch die zunehmende Entgrenzung eine aufwendigere und kompliziertere Balance zwischen den unterschiedlichen Zeitansprüchen ihrer Mitglieder und denen externer Personen und Institutionen aufgebürdet. Die hierdurch notwendig werdende Koordination von Beruf, Privat- und sozialem Leben erfordert eine hohe Virtuosität beim Jonglieren mit sich widersprechenden und unvereinbaren Anforderungen. Dies ist bereits längst zum alltäglichen Ausnahmezustand geworden. Verloren gehen dabei Orientierung und Übersicht. Das wiederum führt dazu, dass der Druck zunimmt, langfristig wirksame Festlegungen zu vermeiden und sie durch rasch korrigierbare Kurzfristentscheidungen zu ersetzen.

Doch der Mensch ist ein begrenztes Wesen. Die Grenzen seiner Zeitlichkeit sind unwiderruflich vorgegeben. Andere Grenzen setzt er selbst. Er setzt sie sich und seiner sozialen Mitwelt, um sich sichtbar zu machen, abzugrenzen und Profil zu gewinnen. Vorgesetzte grenzen sich von Untergebenen ab, Ärztinnen von Patienten, Lehrer von Schülerinnen. In der Begrenzung macht der Mensch sich zum Herrn seiner selbst. Ohne Grenzziehung lebten wir, falls das überhaupt möglich wäre, in einer Welt der Zeit-, der End- und der Maßlosigkeit. Grenzen schaffen Identität. Die Grenze, der Zaun unterteilt den Raum in ein Diesseits und ein Jenseits, in ein »mein« und »dein«, die Zeitgrenzen unterscheiden das Heute vom Gestern und Morgen. Grenzen schaffen Ordnung, Übersicht und Verhaltenssicherheit. Menschen bedienen sich grenzziehender Zeitmarker, um die eigenen Zuständigkeiten und Verantwortlichkeiten zu markieren.

Die Grenzen entlasten, während die Grenzenlosigkeit des »wann Sie wollen, wo Sie wollen« verunsichert. Entgrenzungen führen zum Anstieg des Zeit-, Energie- und Orientierungsaufwands. Diese Zeit, Energie und Orientierung fehlen dann an anderer Stelle – und in der Mehrzahl der Fälle ist es die Familie, die unter den belastenden und überfordernden Folgen der Entgrenzungen zu leiden hat. Ein zufrieden machendes Zeitleben fordert von uns die Kunst, Grenzen zu setzen und zu achten, aber auch, sie dann manchmal überschreiten zu können.

Kurzum, Entgrenzung braucht Grenzen: Grenzen der zeitlichen und der räumlichen Erreichbarkeit, Grenzen der Zeitverdichtung und der Dauerbelastung, Grenzen zwischen Beruflichem und Privatem, Grenzen eigener Zeitansprüche und Grenzen fremder Zeitansprüche, Grenzen für Störungen und Unterbrechungen.

»Der Verzicht nimmt nicht. Der Verzicht gibt. Er gibt die unerschöpfliche Kraft des Einfachen.«

Martin Heidegger

▸ ***Zeitverdichtung*** Wie macht man aus einem Tag, in dem der Uhrenmensch vor allem eine Ansammlung von Stunden, Minuten und Sekunden sieht, einen guten Tag? Einen Tag, der einen zufrieden macht, auf den man am Feierabend gerne zurückblickt und von dem man anderen gerne erzählt? Die Antwort ist einfach und doch unendlich schwierig zugleich: Zufrieden kann man sein, wenn man am Abend das Empfinden hat, man habe genug getan. Aber was ist »genug«? Kein Vorgesetzter, keine Kollegin und kein Mitarbeiter sagt einem: »Es reicht, es ist genug.« Aber wer nicht weiß, wann es genug ist, wer unsicher ist, ob er sein Ziel erreicht hat, wird zum Opfer eines unstillbaren Wunsches nach mehr und immer mehr Zeit, um endlich dort zu landen, wo man sicher sein kann, genug getan zu haben. Doch solange wir bei unserer Suche nach dem »genug« immer nur auf die Uhr blicken, so lange suchen und hoffen wir vergebens. Die Zeit der Uhr kennt kein »genug«.

Wenn Uhrzeit, die nicht zufrieden macht und kein »genug« kennt, und Geld, das nicht glücklich macht und auch kein »genug« kennt, eine enge Verbindung eingehen, machen sie Tempo aus der Zeit. Investiert man dann weiterhin Geld in Tempo, heißt die Rendite nicht »mehr Zeit«, sondern »mehr Tempo«. Aber Uhrzeit und Geld sind maßlose Größen und kennen daher kein »genug«, keinen Feierabend und kein zufriedenes Zurücklehnen. Sie senden keine Sättigungssignale aus und liefern auch keine Kriterien für das, was genug oder zu viel oder zu wenig ist. Solche Kriterien und Maße aber braucht der Mensch.

Wo das Wissen um die Endlichkeit des eigenen Daseins auf eine unendliche, grenzen- und maßlose Welt trifft, wo das jeweils Erreichte nie reicht, herrschen endloser Zeitdruck und Dauerunzufriedenheit.

Maße fürs »genug«

Sie wollen heute mal eine Stunde früher nach Hause gehen, weil Ihr Vierjähriger Geburtstag hat? Tun Sie's! Tun Sie's auch gegen alle von innen und von außen kommenden mahnenden Hinweise, »das oder dies müsse noch fertig gemacht werden«.

Sie haben eine Menge Stunden vorgearbeitet und wollen einen freien Tag als Ausgleich nehmen? Tun Sie's! Es lohnt sich für Sie, Ihre soziale Mitwelt und auch für die Firma.

Sie sind zu Ihrer eigenen Überraschung bereits eine Stunde vorher mit jener Arbeit fertig, die Sie sich für den Tag vorgenommen haben? Belohnen Sie sich! Nicht durch neue Arbeit. Legen Sie die Füße auf den Tisch, oder gehen Sie eine Stunde früher nach Hause, und trödeln Sie dabei

Weniger ist mehr: Auswählen, Verzichten, Ignorieren und Verpassen

Wer nach Maßen fürs »genug« sucht, kommt nicht umhin, eine Auswahl zu treffen zwischen dem, was man tut, und dem, was man lässt. Das gilt für alle Gesellschaften, die Freiheit an der Menge ihrer Handlungs- und Entscheidungsmöglichkeiten misst. Je umfangreicher die Zahl der Optionen, umso größer die Freiheit. Doch Vorsicht! Trifft das wirklich zu? Wahlfreiheit geht mit dem Zwang einher, auswählen, bewerten, entscheiden und verzichten zu müssen. Wachsen die Möglichkeiten, steigt auch die Menge dessen, was man verpasst und auf was man zu verzichten gezwungen wird.

Wer nicht immerzu gehetzt auf dem Sprung sein will, wer auch mal zur Ruhe kommen und zufrieden sein möchte, darf sich nicht fragen: Was könnte ich noch tun, noch alles kaufen und erleben? Sondern er muss sich fragen: »Auf was könnte ich verzichten, was brauche ich nicht, was könnte ich sein lassen?« In einer Welt, die wie die unsere überfüllt ist mit Gütern, läuft man Gefahr, von der Masse der vielen Möglichkei-

mal wieder auf dem Heimweg, so, wie Sie's seit der Schulzeit nicht mehr gemacht haben.

Beobachten Sie die Zeitsignale Ihres Körpers, und reagieren Sie darauf. Die dem Menschen angeborene Rhythmizität erzeugt körperliche und psychische Bedürfnisse, verlangt einen rhythmischen Wechsel von Arbeit und Pause, Anspannung und Entspannung.

Beginnen Sie Ihren Arbeitstag und neue Arbeitsphasen wie »Projekte« mit einer kleinen Zeremonie, und beenden Sie diese ebenso mit einer solchen, wie einem gemeinsamen Abendessen.

Markieren Sie Anfänge und Abschlüsse, und setzen Sie Maße des »genug«. Sie sollten wissen, wann es »genug« oder noch nicht »genug« ist, wann es »reicht« oder noch nicht »reicht«.

ten erdrückt oder erschlagen zu werden. Vermeiden lässt sich das nur, wenn man auswählt, verzichtet, ignoriert und vieles verpasst. Das muss man können. Kann man es nicht, muss man das Auswählen, das Verzichten, das Ignorieren und das Verpassen lernen.

Vorbilder für die Kultur des »Lassens« gibt es viele, vom wohnsitzlosen, genügsamen Altgriechen Diogenes von Sinope bis zum 2200 Jahre später zurückgezogen in den Wäldern Massachusetts lebenden und schreibenden Henry David Thoreau. Beide haben ihren Zeitgenossen vorgemacht, was es heißt, den Königsweg der Freiheit zu begehen, der schlicht heißt: »Nein danke!«

Die Rechnung ist relativ simpel: Wachsen die Entscheidungs- und Handlungsalternativen, steigen der Zeit- und Kraftaufwand: Zeit braucht man bereits zum Sichten des Angebots, Zeit und Energie zum Abwägen, Entscheiden und Filtern. Dann muss man sich auch noch mit den erwartbaren Folgelasten, unter anderem der fachgerechten Entsorgung, beschäftigen. Warum nicht die Wahlmöglichkeiten einmal eingrenzen? Schon deshalb scheint uns das sinnvoll, weil völlig ungewiss ist, ob der Zeitgewinn, der einem beim Kauf eines Geräts versprochen wird, jenen Zeitaufwand der Suche nach dem gegeigneten Instrument jemals wieder wettmacht. Annähernd jede Wahl ist auch eine Qual. Sie ist von Alternativen umstellt und deshalb stets von der Unsicherheit begleitet, das Falsche entschieden und das Bessere verfehlt zu haben. Denn je mehr man tut, desto mehr hat man auch nicht getan. Das macht auf die Dauer keine gute Laune. Vielleicht sollte man überlegen, ob nicht nur Zigarettenschachteln, sondern auch Verpackungen von Multifunktionsgeräten mit deutlich lesbaren Warnungen beschriftet werden sollten. Unser Vorschlag wäre: »Dieses Gerät kann Ihnen wertvolle Lebenszeit stehlen!«

Ein letztes Mal – Was nun, was tun?

Ein letztes Mal – Was nun, was tun?

Versuchen Sie nicht, sogleich alles anders zu machen. Wer das will, lässt alles so, wie es ist. Nicht alles also, aber das eine oder andere könnte man beim Umgang mit der Zeit vielleicht ändern. Aber wie?

Erstens: Fall Sie sich vornehmen, an Ihrem Umgang mit der Zeit etwas zu ändern, dann fangen Sie sogleich damit an, nicht demnächst und nicht in naher Zukunft – jetzt, sofort!

Zweitens: Erwarten Sie nicht, ein Leben ohne Zeitprobleme führen zu können. Das kriegt keiner wirklich hin. Denn das Leben besteht nun mal aus vielen kleinen Zeitproblemen. Und gut ist ein Leben, wenn es einem gelingt, sich die schönsten davon rauszusuchen.

Drittens: Machen Sie sich nicht auf die Suche nach mehr Zeit. Sie werden scheitern. Mehr Zeit gibt es nicht. Aber andere Zeiten, von denen Sie in Ihrem Leben mehr haben, die gibt es. Mehr Zeit brauchen Sie übrigens auch gar nicht, denn täglich kommt neue nach.

Wenn Sie sich jetzt daranmachen, Ihr Zeitleben zu ändern, dann empfehlen wir Ihnen:

- Sehen Sie sich, was Sie ändern wollen, zuerst einmal genauer an, möglichst aus der Distanz und aus unterschiedlichen Blickwinkeln.
- Fragen Sie sich, was Ihnen das, was Sie ändern wollen, bisher auch an Vorteilen gebracht hat.
- Klären Sie im Detail, was Sie ändern und – ganz wichtig – was Sie nicht ändern möchten, was bisher gut läuft.
- Begeben Sie sich auf eine Art Veränderungsexpedition, und gehen Sie davon aus, dass es anders kommen kann, als Sie es sich vorgestellt haben.

- Gehen Sie tastend nach dem Prinzip von Versuch und Irrtum vor; erproben Sie die Möglichkeiten und Grenzen des eigenen Handelns, und entscheiden Sie sich für das, was realistisch ist.

Und noch etwas als Wegzehrung: Geht's um Zeit sowie den Umgang mit ihr, sind wir alle ein Leben lang Dilettanten. Wir haben deshalb auch alle Freiheiten, die Dilettanten haben. Nutzen wir sie!

Und jetzt, liebe Leserin, lieber Leser, möchten Sie vielleicht wissen, wie es die Autoren so mit der Zeit halten. Nun, ein paar Hinweise wollen wir Ihnen dazu geben.

Zu unserem Bedauern müssen wir gestehen: Die Praxis unseres Zeithandelns erreicht nur in den seltensten Fällen das Niveau unseres Zeitdenkens. Damit müssen und damit können wir auch ganz gut leben. Darüber hinaus versuchen wir unseren Zeitalltag nach folgenden Prinzipien zu gestalten:

- Wir tauschen, wenn und wo möglich, Geld- und Gütergewinne in Zeitwohlstandsgewinne.
- Wir lassen uns nicht die Zeit, sondern die Arbeit stehlen.
- Wir stehen morgens auf und denken: Irgendwas ist immer nicht zu tun.
- Wir sparen nur jene Zeiten, die wir nicht haben.
- Wir folgen dem Rat Karl Valentins, schauen morgens auf die Uhr und merken uns die Zeit für den ganzen Tag.
- Wir suchen nur solche Arbeiten, für die es sich lohnt, das Nichtstun zu unterbrechen.
- Gelegenheiten zur Zeitverschwendung lassen wir nicht ungenutzt vorübergehen.

Ansonsten halten wir uns an Goethe: »Mein Rat ist daher, nichts zu forcieren und alle unproduktiven Tage und Stunden lieber zu vertändeln und zu verschlafen, als in solchen Tagen etwas machen zu wollen, woran man später keine Freude hat.«

Anhang

Zum Nach- und Weiterlesen

Aveni, Anthony: *Rhythmen des Lebens. Eine Kulturgeschichte der Zeit*, Stuttgart 1991.

Baeriswyl, Michel: *Chillout. Wege in eine neue Zeitkultur*, München 2001.

Blumenberg, Hans: *Lebenszeit und Weltzeit*, Frankfurt am Main 1986.

Borst, Arno: *Computus – Zeit und Zahl in der Geschichte Europas*, Berlin 1990.

Cipolla, Carlo M.: *Die gezählte Zeit. Wie die mechanische Uhr das Leben veränderte*, Berlin 1997.

Dohrn van Rossum, Gerhard: *Die Geschichte der Stunde. Uhren und moderne Zeitordnungen*, München/Wien 1992.

Elias, Norbert: *Über die Zeit*, Frankfurt am Main 1988.

Geißler, Karlheinz A.: *Wart mal schnell. Minima Temporalia*, Stuttgart 2002

Geißler, Karlheinz A.: *Lob der Pause. Von der Vielfalt der Zeiten und der Poesie des Augenblicks*, München 2012

Geißler, Karlheinz A.: *Alles hat seine Zeit, nur ich hab keine*, München 2014

Gronemeyer, Marianne: *Das Leben als letzte Gelegenheit. Sicherheitsbedürfnisse und Zeitknappheit*, Darmstadt 1996.

Levine, Robert: *Eine Landkarte der Zeit. Wie Kulturen mit Zeit umgehen*, München/Zürich 1999.

Opitz, Florian: *SPEED – Auf der Suche nach der verlorenen Zeit*, München 2012.

Roenneberg, Till: *Wie wir ticken. Die Bedeutung der Chronobiologie für uns*, Köln 2012.

Rosa, Hartmut: *Beschleunigung. Die Veränderung der Zeitstrukturen in der Moderne*, Frankfurt am Main 2005.

Weitere Informationen und Hinweise zum Thema sowie zu Publikationen von Karlheinz A. Geißler unter: www.timesandmore.com

Zeitberatung statt Zeitmanagement

Zeitberatung, die »zeit-gemäße« Alternative zum Zeitmanagement, zielt auf eine breitere Realitätseinsicht und auf die Bereicherung der Wahrnehmung qualitativer Zeiterfahrungen. Zeitberatung befreit die Zeit aus dem Würgegriff von Zeigern, Zahlen und Zifferblättern. Sie macht den Zeitrat suchenden Personen die an sie herangetragenen Zeitansprüche bewusst und transparent und stellt sie den je eigenen Ansprüchen an den Umgang mit Zeit und an die Zeitgestaltung gegenüber. Zeit und Leben, so das Zeitverständnis der Zeitberatung, sind eine Einheit, der Mensch ist zugleich Täter und Opfer der Zeitverläufe. In einer Situation kann er sich als Herr der Zeit fühlen, in einer anderen erlebt er sich als deren Knecht. Das aber bedeutet, dass er sich im Hinblick auf den Umgang mit Zeit nicht viel mehr als eine souveräne Form der Abhängigkeit erhoffen kann. Diese zu leben ist keine leichte Aufgabe.

Zeitberatung lehrt uns, so mit den Zeitproblemen und Zeitkonflikten umzugehen, dass sich der Leidensdruck bei den Betroffenen reduziert und die Lebensqualität erhöht. Man rechnet nicht mit Hagelschlag an einem Sommertag und auch nicht mit der fiebrigen Erkältung der fünfjährigen Tochter, man wird von einem Computerabsturz überrascht und noch mehr von dem Sachverhalt, dass es dem Chef plötzlich eingefallen ist, sich eine Auszeit von drei Wochen zu nehmen, die – der »Zauberberg« lässt grüßen – sich unversehens auf mehrere Monate verlängert hat.

Zeitberatung unterstützt ihre Klienten, mit zeitlichen Brüchen, zeitlichen Kollisionen und Verwerfungen, temporalen Widersprüchen und Zeitparadoxien zu leben. Sie hilft ihnen, das Veränderbare zu verändern und sich mit dem Unveränderlichen zu arrangieren. Es ist schon vieles erreicht und manches gewonnen, wenn die Zeitratsuchenden erkennen und lernen, dass man die Zeit nicht managen, sparen oder vertreiben, hingegen schätzen und lieben kann. Zeitberatung hilft den Zeitratsuchenden, bei der Wahrnehmung und Bearbeitung ihrer Probleme die zeitliche Perspektive einzunehmen, unterstützt sie, ihr Zeitverständnis und ihre Zeitvorstellungen zu überprüfen und, falls nötig, zu verändern, und ermutigt sie, unterschiedliche Zeitqualitäten wahrzunehmen, zu bewerten und zu koordinieren. Darüber hinaus unterstützt sie die Ratsuchenden, die Effekte und die Folgen von Zeitentscheidungen zu erkennen und sie im Hinblick auf das eigene Zeithandeln einzuschätzen.

Was also ist Zeitberatung? …

Zeitberatung ist die von außen unterstützte Beschäftigung mit Problemen, die das Zeitleben verursacht. Der Zeitberatung geht es in erster Linie um die Stärkung der Ressourcen und Kompetenzen von Personen, Teams und Organisationen bei der Aufklärung, der Erklärung, der Bewertung und der Bewältigung des Zeithandelns. Es geht darum:

- ein Bewusstsein für zeitliche Dynamiken und zeitliche Zusammenhänge zu schaffen,
- zeitliche Spielräume zu erkennen, ihre Grenzen einzuschätzen und sie zu nutzen,
- Zeitzwänge und zeitliche Abhängigkeiten wahrzunehmen, in ihrer Reichweite und Intensität zu erkennen und mit ihnen souverän umzugehen,
- den kompetenten Umgang mit unterschiedlichen Zeitqualitäten zu fördern.

… und was kann sie leisten?

- Aufklärung über Zeitdynamiken der Um- und Mitwelt speziell über Veränderungen der Zeitbedingungen und Zeitanforderungen;
- Informationen über zeitkulturelle Unterschiede der Zeitwahrnehmung, der Zeitvorstellungen und der Zeitwirklichkeiten;
- Systematisierungen der verschiedenen Zeitansprüche und deren Kollisionen und Widersprüche;

- Hilfestellung bei der Bewältigung der Balance und der Koordination widersprüchlicher Zeitansprüche;
- Erweiterung des Blickfelds bei der Wahrnehmung von Zeitrealitäten und potenziellen »Zeitproblemen«;
- Unterstützen bei Maßnahmen zu Veränderungen problematischer Zeitverhältnisse;
- Unterstützung beim Treffen von Zeitentscheidungen speziell im Hinblick auf deren Zeitkonsequenzen;
- Förderung der Sensibilität für Zeitvielfalt, unterschiedliche Zeitqualitäten und deren verschiedene Produktivitäten;
- Förderung eines entlastenden und gesundheitserhaltenden Umgangs mit Zeit;
- für Organisationen: die Entwicklung produktiver, zielfördernder formeller und informeller Zeitkulturen;
- für Gruppen und Teams: eine Abstimmung unterschiedlicher Zeitansprüche, Erhöhung zeitlicher Verbindlichkeiten, kompetenterer Umgang mit Zeitkonflikten;
- für Einzelpersonen: eine Verbesserung ihrer Zeitkompetenz und ihrer Potenziale für zeitsouveränes Handeln; Sensibilität für Zeitvielfalt, Zeitqualitäten, Zeitmuster, Zeitformen und deren Zusammenspiel.